"中国新闻学丛书"编辑委员会

顾　问：柳斌杰　南振中

主　任：李　彬　赵月枝

委　员：（按姓氏笔画顺序排序）
　　　　王君超　王润泽　王维佳　王鹏飞　史安斌　吕新雨
　　　　李　珮　李　彬　李希光　杨萌芽　吴　玫　吴　靖
　　　　张　垒　张　桐　赵月枝　胡　钰　俞　凡　洪　宇
　　　　程曼丽

"中国新闻学丛书"出版委员会

主　任：杨国安　杨萌芽

委　员：（按姓氏笔画顺序排序）
　　　　马　龙　王鹏飞　纪庆芳　杨　波　杨国安　杨萌芽
　　　　陈建恩　郑　鑫　胡玲霞　姜　畅　谌洪波　薛建立

记录世界：国际新闻采访与写作

温宪 著

河南大学出版社
HENAN UNIVERSITY PRESS

·郑州·

图书在版编目（CIP）数据

记录世界：国际新闻采访与写作 / 温宪著. -- 郑州：河南大学出版社，2023.4
ISBN 978-7-5649-5300-3

Ⅰ.①记… Ⅱ.①温… Ⅲ.①新闻采访②新闻写作 Ⅳ.①G212

中国版本图书馆CIP数据核字（2022）第160759号

责任编辑　韩　璐　姜　畅
责任校对　辛德萱
装帧设计　翟淼淼　郭　灿

出版发行	河南大学出版社
	地址：郑州市郑东新区商务外环中华大厦2401号　邮　编：450046
	电话：0371-86059715（高等教育与职业教育出版分社）
	0371-86059701（营销部）
	网址：hupress.henu.edu.cn
排　版	河南大学出版社设计排版部
印　刷	河南瑞之光印刷股份有限公司
经　销	全国新华书店
版　次	2023年4月第1版
印　次	2023年4月第1次印刷
开　本	710 mm×1010 mm　1/16
印　张	15
字　数	277千字
定　价	46.00元

（本书如有印装质量问题，请与河南大学出版社营销部联系调换。）

总序：新时代　新征程　新闻学　新探索

李　彬　赵月枝

中国共产党成立一百年前夕，酝酿有年的"中国新闻学丛书"开始问世。"中国新闻学"自然指立足于中国的新闻学，它离不开中华民族5000多年源远流长的文明史、中国人民近代以来180余年屡挫屡奋的斗争史、中华人民共和国70多年正道沧桑的发展史，以及其中蔚为大观的新闻与传播实践史，包括新闻学与传播学的学术传统。同时，由于主流传统同马克思主义道统水乳交融，中国新闻学又始终心系天下，关注人类命运共同体及其新闻传播实践，离不开《国际歌》寄寓的国际主义情怀——"英特纳雄耐尔"（international）。充分展现这些学术内涵，乃是这套丛书的学术工作任务，而非一篇总序所能应对的。而说明丛书的缘起，至少可以彰显"中国新闻学"的立意与定位。

早在2002年，范敬宜甫任清华大学新闻与传播学院首任院长之际，高瞻远瞩，身体力行，积极倡导以马克思主义为指导，建设具有"中国特色、中国气派、中国作风"的新闻学及其学科体系与教育体系，一时影响广泛。2008年，由于金融危机爆发以及全球资本主义体系性危机进一步加重，"马克思归来"日益成为汇聚中外前沿学术思想的时代强音，而如何赓续中国新闻学的马克思主义中国化传统，进而创新网络时代的马克思主义新闻学，愈发成为中国新闻学人迫在眉睫的时代使命。

党的十八大后，随着新时代的气息春风徐来，新闻学也迎来前所未有的良机。2016年，习近平主持召开哲学社会科学工作座谈会并发表讲话，强调加快构建中国特色哲学社会科学及其学科体系、学术体系和话语体系，并重点建设具有"支撑作用"的学科（其中引人注目地提到了新闻学），令人倍感鼓舞。

为了响应新时代召唤，中信改革发展研究基金会（后面简称"中信基金会"）于2014年成立，聚集了一批各学科守正创新的一流学者，致力于推进中国特色、中国气派、中国风格的哲学社会科学建设。2017年，中国特色新闻学研究会在清华成立伊始，就与中信基金会密切合作，举办了首届"中国特色新闻学高级研讨班"。其间，我们同来自五湖四海的青年学者一起，从不忘本来、吸收外来、面向未来的视角畅谈了理论逻辑与历史逻辑有机统一、普遍意义与中国特色若合一契的中国新闻学构想。

在此基础上，中信基金会将"中国新闻学丛书"作为重点研究项目列入基金会工作计划。之所以亮出"中国"的旗号，当然不是也不可能是"囊括四海，并吞八荒"，而只是凸显梁启超所谓"中国之中国、亚洲之中国、世界之中国"的历史意识，表明更自觉地面向中国实践、更深入地扎根中国大地、更自信地践行中国道路的学术追求，也就是中信基金会的三句宗旨——坚持实事求是、践行中国道路、发展中国学派。

——坚持实事求是。丛书作者术有专攻，论著也是各抱地势，但无论是深入历史，还是透视现实；无论是穷究学理，还是钻研实务：无不遵循实事求是的治学精神，如一代马克思主义新闻学家甘惜分晚年希冀的"立足中国土，请教马克思"。

——践行中国道路。坚持实事求是为的是践行中国道路，正如解释世界为的是改变世界。何谓中国道路？一句话，就是中国共产党领导的革命、建设、改革所开辟的道路。而这条道路的灵魂在于社会主义，即习近平所言，中国特色社会主义不是别的什么主义而是社会主义。中国新闻学说到底也是为社会主义新闻业立魂，立言，立心。

——发展中国学派。随着中国道路日渐开阔，文化自觉与学术自觉日益醒悟，中国学派也呼之欲出。事实上，近代以来，特别是新中国成立70多年以来，中国新闻学已经取得长足进展，从梁启超到邵飘萍，从邹韬奋到范长江，从邓拓到穆青，从延安窑洞人民广播的手摇发电机到数字时代融媒体，一代代中国记者以及学者以其辛勤耕耘和开创性工作奉献了无数心血和智慧，也为中国新闻学及其学派奠定了厚实基础。现在的关键在于我辈是否具有足够自信，摆脱制约中国新闻学想象力与创造力的"学术殖民"心态，用中信基金会理事长孔丹的话说，将"他信"变为"自信"，将著书立说的立足点从"彼岸"转到"此岸"。

19世纪初，西方文脉俨然在欧陆，德国柏林洪堡大学等更是文化圣城，吸引着东西南北的欧美知识精英，而在立国不过六十多年的美国，哈佛文人R. W. 爱默生（Ralph Waldo Emerson）却提出了美国文化走自己路的主张，发表了美国文化的独立宣言《美国学者》("American Scholar")。如今，经过建设和改革开放锻造的中华人民共和国，已经进入建设中国特色社会主义的新时代，发展中国学派以审视中国经验、提炼中国理论、贡献中国方案,更可谓名正言顺、水到渠成。

2019年立春时节,河南大学新闻与传播学院与河南大学出版社同意,将这套丛书纳入河南大学献礼中华人民共和国成立70周年的重点图书。河南,向称中原,数千年来一直被视为中华文明的腹心,一句"逐鹿中原"总能激荡人心。而河南大学又是百年名校,文脉悠长,俊采星驰,校友中就包括一代中国名记者邓拓。"中国新闻学丛书"能够落户河南大学,也是得其所哉。

大鹏之动,非一羽之轻也;骐骥之速,非一足之力也。十多年来,我们一直勉力耕耘,与各方有生力量一道推进中国特色、中国气派、中国风格的新闻学建设,这套丛书就是一批阶段性成果。我们深知,无论是中国特色社会主义事业,还是中国特色社会主义学术事业,都不可能一蹴而就,也不可能仅凭少数人埋头苦干就获得成功,而需要持之以恒的扎实工作,更需要一批又一批、一代又一代的中国学者共襄此举。

2022年6月

李　彬,清华大学新闻与传播学院教授,河南大学黄河学者(2013~2018)

赵月枝,清华大学人文讲席教授,加拿大皇家学会院士

自 序

今天,我们在新冠疫情全球大流行的背景下,在一个全新的线上课堂平台(雨课堂)上开始"国际新闻采访与写作"这门课程。这必将在我们的人生中留下深刻的记忆。

2020年2月3日上午10时,清华大学五万余名师生同上了一堂历史性的一课。在课堂中,师生回顾了梅贻琦校长在1936年4月写过的一段话:"夫国难维已至此,然吾人决不可自坏其心理上之长城;大局虽不可知,然而吾人自己之职责,决不可放弃,万一不幸,本校亦当在此'水木清华'园中,上其'最后之一课'。国家虽弱,正气不可不存。"

这是令人荡气回肠的一段话,时间过去80多年,今天读来,竟然还是这般贴切。

我们今天不得已通过雨课堂上课,我们的课堂互动、相互交流、面对面那份亲近等课堂体验可能会打折扣,但真正的清华学子,真正的国之栋梁,在任何情形下,都不会停下追求思想自由、汲取知识的脚步,更何况我们还有着前人没有的高度信息化交流手段,我们还有今天的雨课堂。

南非第一任民选非洲裔总统曼德拉曾为了反对种族主义的信仰坐牢27年,其中有近20年铁窗生涯是在大西洋中罗本岛监狱度过的。罗本岛是距开普敦7英里、面积仅有8平方公里的弹丸之地。1996年2月,经过南非政府狱政部的批准和罗本岛监狱管理部门的具体安排,我成为在罗本岛监狱采访的第一个来自中华人民共和国的新闻记者。此后,我又曾于1997年8月、12月两次踏访罗本岛。曼德拉当年所在的B区牢房关押着最危险的政治犯,他被关押在5号牢房。牢房本身仅有4平方米左右,当年,身高1.83米的曼德拉躺下后,头顶着有铁窗的那面墙，脚便可触到有铁门的另一面墙。在这极为狭小的牢房内，他只需迈三步便能从牢房的一头走到另一头。曼德拉的意志没有消沉，他就是在这样局促的牢房内，在这样漫长的岁月中，不断进行着思考，还上了"罗本岛大学"，最终带领南非人民赢得了反对种族主义斗争的胜利。曼德拉就是在这种常人难以想象的环境中，锤炼出了超乎常人的勇敢、坚毅、忍耐、平和、大度、乐观和极为博大的胸怀。

曼德拉之所以成为伟人，是因为他有着这样一种坚守。有了这种坚守，再狭小的牢房也限制不了他宽广的国际视野。今天，在我们自己的雨课堂上，我们也可以从中领悟这种精神力量。

我们这门课程为"国际新闻采访与写作"。国际新闻来源于我们生活着的这个世界，而当今世界正处于"百年未有之大变局"。

这个世界很乱，这个世界总是在变，但为什么我们现在处于"百年未有之大变局"呢？其中一个原因，就是在现代科学技术的助力下，我们这个世界变小了，变成一个利益关系相互交织的地球村了。

记得2009年11月，我在美国南卡罗来纳州帕里斯岛兵站就"如何打造海军陆战队"进行采访时，时任帕里斯岛兵站公关事务副主任的莎朗中尉告诉我"我们人少，我们最棒，我们自豪"，并说美国海军陆战队可在48小时内成建制地部署到世界任何一个地方。在互联网的帮助下，帕里斯岛兵站所发生的事情分分秒秒会传遍整个世界，同时，来自世界各地类似的各种信息呈天文数字级别的猛增态势。大变局中，中国的国际新闻采访与写作也面临着新的挑战。

作为国际社会中愈发引人瞩目的一员，中国是世界的中国。国际新闻是中国和整个国际社会的刚需。国际新闻采访与写作也就成为有志于睁大眼睛观察、记录世界的人学习的刚需。随着中国已经步入世界舞台的中央，这种与时俱进的学习更成为迫切的需求。

几十年前，当我还在中国社会科学院研究生院新闻系攻读时，学术界就曾有过新闻到底有学无学的争论。在国际新闻报道一线摸爬滚打数十载后，我更倾向于认为包括国际新闻在内的新闻是有学的，但绝不是竞相"炳炳烺烺，务采色，夸声音而以为能也"之学。

国际新闻采访与写作显然不是坐在象牙塔内学出来的，这是一门实践性很强的学问，是实干出来的。"道人之所不道，到人之所不到"是国际新闻工作者永无止境的追求。

国际新闻采访与写作可简化为做事与做人，两者互为倚靠，其基础是做人。这是一个永无止境的学习过程。

让我们先来解剖一只麻雀。

2020年2月19日

目 录

解剖一只麻雀：重大国际新闻发生之后…………………………… 001

国际新闻之水常新：你是否足够敏锐…………………………… 012

国际新闻工作者：特殊素质造就的人…………………………… 021

国际新闻采访：现场！现场！现场！…………………………… 032

国际新闻采访：探究真相………………………………………… 052

国际新闻采访：眼光及观察力…………………………………… 072

国际新闻采访：专访的含金量…………………………………… 091

国际新闻采访：世界丰富多彩…………………………………… 105

国际新闻采访：美国的深海……………………………………… 117

国际新闻写作：消息、导语与标题……………………………… 134

国际新闻写作：通讯的挥洒……………………………………… 147

国际新闻写作：通讯的激荡……………………………………… 165

国际新闻写作：分析与述评……………………………………… 188

国际新闻写作：评论的要素……………………………………………… 200

国际新闻写作：评论的光芒……………………………………………… 210

解剖一只麻雀：重大国际新闻发生之后

2020年1月3日，时任美国总统特朗普在社交媒体推特上发了一张美国国旗的照片。这一条没有任何文字说明的推特立即在整个世界引起轩然大波。

很快，整个世界铺天盖地滚动报道一条逐渐具备所有新闻要素的消息：2020年1月3日凌晨时分（"when"，即何时），美军用无人机（"how"，即如何）在伊拉克巴格达国际机场附近（"where"，即何地）展开空袭，导致伊朗"圣城旅"指挥官苏莱曼尼（"who"，即何人）丧生（"what"，即何事）。

2020年1月3日，这个世界上发生了很多事情，其中带有"2020年1月3日"电头的国际新闻有：

（1）应国家主席习近平邀请，基里巴斯共和国总统塔内希·马茂将于1月4日至11日对中国进行国事访问。这是2019年9月27日中基复交以来，基里巴斯总统首次访华，也是2020年新年伊始中国接待的首场国事访问。

（2）多哥洛美大学新开设中文系并迎来首批21名新学生。这标志着西非国家多哥的首个大学中文专业正式启动。由于该校此前仅设置中文选修课程，该专业的启动意味着多哥高校的汉语教学从学分选修迈向专业教育。

（3）德国联邦劳动局最新公布的数据显示，2019年德国就业人数为4526万人。德国政府指出，这是自两德统一以来该国就业人数的最高水平，该数字已连续14年保持增长。

以上新闻都具有"首次""首场""首批""首个""最高"等重要因素，但为什么苏莱曼尼遭暗杀这件事会立即成为轰动世界的国际新闻？除了其背后所关联的新年伊始、美伊（美国与伊朗）关系、两伊（伊朗和伊拉克）关系、运用高科技手段实施斩首行动等错综复杂的观察视角外，最重要的因素是"who"，也就是说，苏莱曼尼是谁？

苏莱曼尼在很长时间内是一个远离公众视线的神秘人物，是"最不能碰的伊朗人"。

在这个地球村不同地方的人，对苏莱曼尼的解读全然不同。各国媒体用各种方式，图文并茂地解读这一重大国际新闻。美国驻华大使馆也没有闲着，他们也发了一条微博，对苏莱曼尼进行解读。

那么，苏莱曼尼到底是怎样的一个人？

1957年，苏莱曼尼出生在伊朗一个贫农家庭。入伍前，他只接受了5年义务制教育，做过建筑工人、水利机构合同工，靠微薄的工资为父亲还债，补贴家用。

伊朗是一个政教合一的国家。出身卑微的苏莱曼尼能够在伊朗出人头地，必有过人之处。他是长期在刀尖上舔血、枪林弹雨中走出来的伊朗军方重量级指挥官。

伊朗曾号称世界第五大强国。1979年，伊朗发生伊斯兰革命，推翻了美国支持的巴列维国王，霍梅尼成为伊斯兰共和国最高领袖。苏莱曼尼是一个典型的热血青年，在22岁时成为霍梅尼"500人团"（伊朗伊斯兰革命卫队的前身）的一员。

1980年，苏莱曼尼参加了两伊战争。两伊战争打了8年，双方死伤逾百万人。一将功成万骨枯，经过血腥浸泡的苏莱曼尼逐渐升任为伊朗军队的高级指挥官。

20世纪90年代，苏莱曼尼加入"圣城旅"。这是伊朗伊斯兰革命卫队的精锐部队，拥有伊朗最先进的装备和最忠诚的战士，直接听命于伊朗最高领袖，主要战场是在海外，被视为伊朗最神秘的部队。一般认为，苏莱曼尼于1997年左右掌握了"圣城旅"的指挥权，最终成为伊朗中东战略的策划者和执行者。美国情报机构慢慢了解到，伊朗在叙利亚、伊拉克、黎巴嫩等国一系列军事活动的背后，有一个叫苏莱曼尼的神秘人物。

2007年，伊拉克境内美军数量达到历史最高的17万人。在伊拉克城市巴士拉的残垣断壁之间，什叶派武装民兵与美军周旋激战。陷入鏖战的美军，每天都有伤亡。

2011年，叙利亚内战爆发。就在那一年，苏莱曼尼晋升为少将，这是当时伊朗的最高军衔。也是在那一年，"圣城旅"作为伊朗伊斯兰革命卫队对阿萨德政府的情报与军事支援进入叙利亚。"圣城旅"支持的黎巴嫩真主党和伊拉克什叶派武装也以支持阿萨德政府的立场参战。

2014年，"伊斯兰国"席卷伊拉克，占领摩苏尔并对城内大肆破坏，同为什叶派的伊拉克政府不得不向伊朗求援。此时的苏莱曼尼已经从幕后走向台前，亲自到伊拉克前线和年轻战士一起战斗，很高调。这时美国与伊朗的关系很微妙，在对付"伊斯兰国"一事上，美国和伊朗有共同目标，但伊朗更本质的战略目的是反美、反以色列、反沙特阿拉伯，这一点美国越来越不能容忍。

2019年，美国与伊朗关系恶化，伊朗继续发挥对伊拉克的影响力，美国则计划在减少中东驻兵的同时通过其他手段遏制伊朗。因此，时任美国总统特朗普第一时间在推特上呼吁，伊拉克想要自由、不想被伊朗统治和控制的数百万人应该站出来反抗伊朗的干预。这使得2019年伊拉克大规模反政府游行背后的原因变得更为复杂。

2019年10月初开始，伊拉克境内爆发了大规模的抗议示威运动。游行队伍中出现了反伊朗的口号。伊拉克民众多次冲击伊朗驻当地使领馆，并纵火。

如此背景下，作为伊朗驻外力量的指挥官，苏莱曼尼主张镇压伊拉克国内的反伊朗声音。此举公开将矛头直指美国。苏莱曼尼发布了一个具挑衅意味的视频对美国总统喊话，随即，其控制下的民兵武装开始对美国设施展开袭击。在这些袭击中，让特朗普无法忍受的底线被触碰了——美国人伤亡。

美国在随后的声明中强调伊朗操控的民兵组织要为此次袭击负责。这被视为导致特朗普下令斩首苏莱曼尼的直接原因。任何一个重大国际新闻的背后都有着极为深刻的前因，也因此会引来多米诺骨牌式的后果。

在苏莱曼尼之死引起的轩然大波中，最为引人注目的反馈便是此举将引发第三次世界大战。有美国记者说："苏莱曼尼是最不能碰的伊朗人，他的死或彻底改变美伊关系。"

在堆满了干柴的中东，离战争爆发总是只差一颗火星，现在美国是不是点着了这颗火星？美国前副总统、民主党总统候选人拜登说："特朗普总统将炸药扔进了一个火药箱。"美国国防部前副助理部长安德鲁·埃克萨姆认为："这件事不意味着战争，不导致战争，也不制造战争风险。它就是战争。"

到这时为止，因苏莱曼尼遭暗杀所引发的国际事件已是一石激起千层浪，呈现出黑云压城城欲摧的态势。此后发展更是一波三折，出人意料。当然，第三次世界大战并没有因此打起来。以审视的目光回顾这一过程，可以看到这样几个时间节点：

这个时候的世界最关心的是美国和伊朗的下一步动作。2020年1月4日至6日，伊朗宣布全国哀悼3天。伊朗政府声称要进行"无情的复仇"。伊朗最高领袖哈梅内伊史无前例地亲自主持召开伊朗的最高国家安全会议。5日，伊拉克国会通过一项决议——要求驻扎在该国的外国军队撤离。这里所指的外国军队，当然包括大约5000名美军。

2020年1月7日，苏莱曼尼在其家乡下葬，数十万当地民众涌上街头为苏莱曼尼送行。同日，伊朗议会通过一项紧急动议，决定将美军、美国国防部列为

"恐怖组织"。伊朗外长扎里夫在接受美国有线电视新闻网采访时表示，美军杀害苏莱曼尼是一种国家恐怖主义行为。

特朗普则威胁如果伊朗对美国发动军事行动，美国将对伊朗52处设施，包括文物古迹发动军事打击。与此同时，美军加紧向伊朗周边调兵。

当时的伊朗总统鲁哈尼则在推特上针锋相对地说："那些提到数字'52'的人，也应该记得数字'290'，永远不要威胁伊朗民族。"

数字"52"与"290"的背后，到底有何玄机？

1979年，伊朗扣押了52名美国人质，达444天。1988年，美国巡洋舰文森斯号击落伊朗航空公司655号航班，290名乘客遇难。这两个数字的背后，是美伊两国历史上的深仇大恨。

在剑拔弩张之时，伊朗驻华大使馆和时任伊朗核谈判首席代表赛义德·贾利利同于1月8日在推特上发出伊朗国旗。这样的操作立即令人想到特朗普1月3日的推特，正所谓"以其人之道，还治其人之身"。

果然，1月8日凌晨，在伊拉克的美军阿萨德等军事基地遭到伊朗发射的数十枚导弹的袭击。伊朗伊斯兰革命卫队当天发表声明称，此次袭击是为了给此前被美军炸死的苏莱曼尼将军复仇。声明警告，如果美国对此报复，必将得到最强报复。

全世界都在盯着美国会做出何种反应。等了一夜，特朗普于1月8日发表电视讲话。"只要我还是美国总统，就永远不允许伊朗拥有核武器。"似乎很是强硬，但话锋一转，特朗普说，"我们没有人员伤亡，我们所有的士兵都是安全的。我们的军事基地受到的破坏很小……伊朗看来也有所让步，这对所有各方都是好事……我们的导弹很大，很强，很精准，致命且迅速。事实是，我们有这支伟大的军队和强大的装备，但不代表我们必须使用它。最后，我要告诉伊朗人民和伊朗的领导人，我们希望你们有光明而伟大的未来……美国已经做好准备，拥抱我们所有人都寻求的和平。"

整个世界都因此松了一口气，相关报道多为180°大转弯。

与此同时，另外一件事慢慢吸引了大家的眼球，那就是，1月8日清晨，一架乌克兰航空公司的波音737客机，在伊朗德黑兰省伊玛目·霍梅尼国际机场起飞后不久就在罗巴特·卡里姆县境内坠毁。关于这起空难的原因，伊朗与西方在刚开始时便各执一词。

1月8日，据伊朗伊斯兰共和国通讯社报道，伊朗道路与城市建设部通信与信息中心负责人卡西姆·比西表示，该客机坠落的原因为发动机故障导致的机体起火，如果飞机坠落是因为被导弹击中，机体肯定会在空中就爆炸了。此前有消息称，乌克兰客机坠毁原因是被导弹击中。据目击者称，当时飞机下落时正在着火，最后与地面相撞发生爆炸。飞机的路线表明这架飞机最初是从机场边界向西行驶，在出现技术问题后向右转，坠机事故发生时该飞机正试图返回机场。

但越来越多的证据表明，这架客机是被击落的。加拿大总理特鲁多公开表示，这架客机是被伊朗导弹击落的，但可能并非出于其本意。

三天以后，即1月11日，伊朗军方承认，由于操作失误，意外击落了乌航客机。原因是该航班离开伊玛目·霍梅尼国际机场后，靠近了伊斯兰革命卫队的一个敏感的军事中心，当时该中心正值人员轮换，处于高级警戒状态。在此情况下，飞机被意外人为错误击中。

至此，苏莱曼尼被暗杀一事的热点戏剧性地被转移。回顾一下在此期间相关的国际新闻报道，会令人有所反思。

对于这种突发的、重大的国际新闻，每时、每天都有新的进展，记者报道时最基本的底线是要确保其客观、真实、全面。

在乌克兰客机一事上，有些媒体以"称西方说法不合逻辑 指美国造谣为救波音"为引题，以"伊朗驳斥导弹打客机说"为主题进行报道。事实证明这样的标题最终显得尴尬。

面对这样重大的国际新闻，媒体工作人员常常是熬夜加班，紧盯新闻进展，以便能抢先一步发布新闻，但在未能确认事实之时，切不可预设立场，以偏概全。

对重大的国际新闻进行报道时，能够到现场采访是非常宝贵的。在该事件中，有的中国记者在北京采访了伊朗驻中国大使，有的记者在华盛顿采访了美国国务院新闻发言人，还有的中国记者很难得地赶到了飞机失事现场。

在现场，看到什么要客观表述，哪怕是白描式的报道，也能够给读者提供所需要的信息，不能画蛇添足。

有一则报道这样写道："8日……记者赶到坠机现场，迎面扑来一股烧焦了的气息，发动机残骸一半在这边，一半在那边，机翼碎片一块在前方，一块在后方，整个飞机没有一块是完整的。现场到处是残肢，还有散落的遇难者遗物。<u>记者注意到附近就是一片居民区，可以想象飞行员在最后关头为避开居民区所做的巨大努力，否则这起空难必将导致更多伤亡。</u>记者在现场看到一名乘客散落的日记本，上面记载着去年夏天他刚刚结婚，以及结婚那天他心情的激动紧张。现场还有小女孩的一只小红靴子。"

联系到后面被确认的真实情况，其中画线部分显然经不起历史检验。

国际新闻报道的最高境界是能够经受历史检验，不仅要真实、客观，更要有深度，有视野，有远见。

这个世界上的任何国际热点问题绝不是一个点，也不是一条线，而是一个矛盾体，其前因后果错综复杂。一个好的国际新闻工作者在这样复杂的国际问题面前，视野应是全方位的，要全面地观察和剖析事件。

也就是说在雪崩般的真假信息面前，更重要的是"why"。

苏莱曼尼被杀事件集中体现出美伊矛盾，而这个矛盾的背后有着一团乱麻般历史、政治（包括地缘政治）、经济、宗教、军事等深层次因果关系。

苏莱曼尼被杀一事引起"蝴蝶效应"。中外媒体都在从各个视角深挖这件事的前因后果，为民众答疑解惑。

当被杀事件是否会引起第三次世界大战这一讨论吸人眼球时，有的媒体以"美伊矛盾是否引燃中东火药桶"为题做了深度报道。该报道从过去十年美国在中东部分国家驻军人数变化、美国在中东驻军人数及军事设施分布等角度，判断发生地区大规模冲突的可能性不大。

当特朗普1月8日说美国实现了能源独立，不再需要中东石油后，有的媒体做了"美国到底需不需要中东石油"的深度报道，从"美国真的不需要中东石油""美国是如何实现能源独立的""美国制裁对伊朗石油产业造成多大打击""中东局势变化牵动石油市场"几个角度进行探讨。

当伊朗导弹打击美国基地后，有的媒体很快从"美两处遭袭基地有多重要""伊朗到底动用了什么导弹""伊朗是否会攻击美国本土""美伊军力对比如何等角度"做了深度报道。

随着事态的发展，媒体相继从"伊朗击落民航客机，暴露战争制度缺陷""伊朗防空系统为何识别失误""美国官员凭啥提前判断：美伊对峙，伊拉克最受伤""伊朗哪些目标是美国眼中钉，美伊在中东都有哪些代理人""1979年以来，美伊曾经历的三个危急时刻""伊朗打击美军基地留下三大谜团""美伊此番博弈得与失"等各个角度进行深度分析。

国际评论是重大国际新闻报道的核心竞争力，在此期间，"美伊需克制，莫让嘈杂淹没和平呼声""警惕战争样式正发生颠覆性变化""形势恶化不符合任何一方利益""中东和平稳定是世界所盼""情报霸权让美国更加任性""单边军事行动没有出路""美国搅乱中东对谁都没有好处""美国对伊朗'心理战'适得其反"等都成为国际评论的角度。

对于国际评论而言，贵在说新话，有观点。对于同样一件事情，有不同观点亦属正常。

有一篇题为《警惕战争样式正发生颠覆性变化》的评论认为：

在美国粗暴地对苏莱曼尼实施暗杀行动后，伊朗愤然宣布退出伊核协议，如今又实施了"复仇"行动，中东进入动乱新周期的可能性急速升高。

首先，"定点清除"或令全球性恐怖活动大幅增加。美国以"反恐"名义杀死另一个国家的军方领导人，从表面上看，似乎美国取得了战术上的胜利，但实际上却犯了战略性错误。美国把"定点清除"定位为"境外军事行动"是缺乏法理依据的，大大超出了《联合国宪章》中所谓自卫的武力权限，这种行动意味着美国可以随心所欲地界定敌人和发动战争，想清除谁就清除谁，这是非常危险的。美国的这种做法给世界各国敲响了警钟。

此外，一旦定点清除技术扩散、恐怖组织复制这种模式，很有可能令全球性恐怖暴力活动大幅增加。美国打开了"潘多拉魔盒"将导致中东安全形势更加恶化，美国在中东的日子也不会太平，双方甚至多方相互报复将进入恶性循环。

其次，战争样式凸显颠覆性变化。信息化、无人化、智能化是未来战争的基本样式，战争制胜机理正发生重大改变。传统的航母、飞机等作战平台还没有使用，但战争已开始或结束。虽然美国相对伊朗有绝对的优势，但伊朗并非没有还手之力。伊朗发出威胁，美国若反击，将袭击以色列、阿联酋等美国中东盟友。伊朗还可协调中东多个民间武装打代理人战争，既可达到目的又避免与美直接兵戎相见。同时，伊朗还能用无人机、导弹攻击美国在中东的设施，美国通过霍尔木兹海峡的货轮也将暴露在危险之下；运用网络技术攻击美国政府、军事、金融等多领域系统；发起针对美国的国际舆论攻势等等。由此可见，未来美伊双方较量既有传统的战场拼杀，也有多领域的"混合拳"。

再次，中东乱局恐将长期存在。美国近期的一系列行动反映出其对中东价值的重新认识。当前，中东地区的大国博弈多元化，很多国家雄心勃勃，使中东地区和平充满了变数。因此，美国在中东的危机感，会令其使出以往不愿用、不常用的招式，又增添一份不确定性。

有人提出不同意见：

他完全不应该有如此杞人忧天的、如此杯弓蛇影的心理，我觉得他这样胆小的心理完全不值得。

自从30年前海湾战争之后，世界上很多国家的军队，都加大了对军事科技研发的投入，都瞄准了以美军为代表的北约军队，都开始向美军、向北约接轨了，当然也包括咱们国家军队在内。

这就要求我军整体作战形态和作战样式也必须要有新的变化，以适应这样的世界军事新变革，也就是战争式样正发生颠覆性变革的需要，而不是与之相脱轨，从而使得咱们的国家军队，使得我军的整体作战能力和整体作战样式能够做到比以往上一层楼、上一层新台阶。这就要求必须主动适应这一世界军事发展的新变革的需要，从而也就使得我军的整体的作战样式和作战形态发生一个新的而且是革命性的和颠覆性的变化。

在国际新闻报道中，事实很重要。整个事件动态发展过程是由一系列事实串联而成的，但一些事实却被有意无意地扭曲了，其背后原因值得国际新闻报道工作者们深思和借鉴。

第一，伊朗是否曾策划袭击美国大使馆？

这个问题关乎美国暗杀苏莱曼尼是否具有正当性。1月10日，特朗普曾表示，他之所以下令刺杀伊朗将军苏莱曼尼，是因为苏莱曼尼一直在策划针对美国大使馆的袭击。"我可以透露，我认为很可能是四个大使馆。"但是这次袭击有多紧急、目标是哪里、什么时候实施，白宫没有说清楚，其相关表态有时候一天一变。

美国国务卿蓬佩奥也说，苏莱曼尼正在"积极策划"袭击事件，美国"基于情报评估"实施了本次行动，以挽救该地区的美国人。

美国国防部部长埃斯珀1月12日说，没发现任何明确证据显示伊朗方面对美国大使馆"意图不轨"，尽管他"理解总统的忧虑"。众议院情报委员会主席希夫表示，总统在情报问题上"含糊其辞"，过分夸大危机态势。

美国有线电视新闻网1月13日报道，两名美国国务院官员爆料，参与大使馆安保工作的国务院官员当时并未被告知四处美国大使馆面临着"迫在眉睫的威胁"。在不知晓任何所谓威胁的情况下，美国国务院此前未向任何美国大使馆就"具体危险"发出警告。虽然一名美国国务院高级官员表示，袭击发生前，美国国务院向所有美国大使馆发出过"全球警告",而美国国务院发言人也证实这一说法,但该警告并非针对特定大使馆,也没有就即将发生的袭击发出警告。美国国务院一名高级官员称,当美国政府为空袭苏莱曼尼辩护时,他感到"措手不及"。美国国务院没有给出有关大使馆面临"迫在眉睫的威胁"的分析报告。

1月14日,特朗普在社交媒体上写道:"假新闻媒体与他们的民主党伙伴,正在努力判断苏莱曼尼的袭击究竟是不是'即将发生',以及我的团队是否达成一致。"特朗普说:"两个问题的答案都是非常肯定的'YES',不过这并不重要,因为他有着可怕的过往!"

报道称,民主党人对此表示强烈反对。民主党议员目前正试图通过立法以限制特朗普未经国会批准就对伊朗动武的权力。民主党参议员墨菲指出:"除非是为了对即将发生的袭击进行防御,否则不能在没有国会同意的情况下,就对另一个国家采取军事行动。"他表示:"现在很明显这是一项违法的行动,也让美国变得更为不安全。"民主党及部分共和党议员表示,特朗普政府未能提供袭击即将发生的证据。

伊拉克总理迈赫迪1月5日在议会特别会议上透露,关系紧张的沙特和伊朗此前正就缓和矛盾展开对话,伊拉克则承担中间人的角色。苏莱曼尼本次赴伊拉克就是专程传达伊朗给沙特的回信。迈赫迪当天原定与苏莱曼尼举行会谈。谁知刚到巴格达机场,苏莱曼尼就遭美军"暗杀"。

更多的细节也不断透露出来,有人说空姐是奸细;还有人在议论实际上是蓬佩奥一直在吹耳边风,杀掉苏莱曼尼。

第二,苏莱曼尼是不是联合国认定的恐怖分子?

在美国国务院例行发布会上,人们不断追问女发言人奥特加斯:美国对苏莱曼尼采取的军事行动是不是暗杀?

这位发言人坚称美国采取的并不是暗杀行动,因为苏莱曼尼是经过联合国安理会认定的恐怖分子,而且她还信心十足地要求在场质疑的记者回去查找相关资料来印证她的表述。

真实的情况是,联合国安理会第1747号(2007)决议中明确指出,苏莱曼尼作为伊朗军方的关键人物被列为国际制裁对象,而并非恐怖分子。

从文件中看,苏莱曼尼是因为伊朗核问题而遭到的制裁,同时被制裁的还有大量涉及伊朗导弹部门的个人和实体,因此从联合国的官方文件上就可以轻易得出结论:苏莱曼尼根本就没有被安理会认定为恐怖分子。从逻辑上来看,在伊朗核协议签订之后,这份制裁令就应当予以撤销,然而联合国没有及时撤销这一制裁。

美国此举关乎国内政治、选情。在进行军事行动后,特朗普的国内支持率水涨船高,几乎达到三年来的最高点。

第三,伊朗导弹发射到底有无伤亡?

1月8日,伊朗向美军阿萨德空军基地发射数十枚导弹。伊朗媒体当天称:"初步评估显示美国在伊朗的导弹袭击中遭受重大伤亡,有大约80名美军人员被打死,还有近200名美军人员受伤。"但该媒体随后在推特上发文,称其无法"独立核实"该伤亡数字。

特朗普在其后的讲话中称:美军在伊朗空袭中"都挺好""零伤亡",并将其归功于美军防范周密,预警系统奏效。

1月16日,美军方改口承认,伊朗上周发射导弹袭击美军驻伊拉克基地,至少造成11名美军人员受伤。此后又有报道显示,真正的受伤人数更多。从原本的零伤亡增至11人后,五角大楼又陆续公布了20、34等多个数字,一直到前不久公布说美军受伤人数上升至64人。

第四,乌克兰客机是技术故障还是被击落?

上文已经提及,乌克兰国际航空公司一架波音737-800客机1月8日早晨从德黑兰霍梅尼国际机场起飞后不久坠毁,机上176人无一生还。伊朗方面刚开始称是技术故障,最后伊朗军方11日发表声明,承认失事客机是被伊朗军方"非故意"击落的,称这一事故是"人为错误"导致。

对客机黑匣子如何进行破解,也有不同说法。

第五,哈梅内伊办公室是否被攻占?

从1月11日开始,伊朗爆发针对政府的抗议游行。随后有消息说,伊朗最高领袖哈梅内伊的办公室被攻占,哈梅内伊出逃,伊朗变天了。事实是,网络上的消息源头是推特上一个生活在瑞典的反伊朗记者发的一条阿拉伯语消息,美国某网站驻白宫的记者未经核实便使用英语转发了这名瑞典记者的信息。

2020年2月4日,特朗普在美国国会发表国情咨文时,提到2008年复活节那天在伊拉克阵亡的美国陆军上士克里斯托弗·哈克的遗孀和孩子,他说:"杀害哈克中士的恐怖分子是苏莱曼尼,他提供了致命的路边炸弹,杀死了哈克。苏莱曼尼是伊朗政权最残忍的屠夫,一个杀害或伤害了数千名在伊拉克的美国军人的怪物。""这就是为什么上个月,在我的指挥下,美国军队进行了一次完美的精确打击,杀死了苏莱曼尼,永远结束了他邪恶的恐怖统治。"

从苏莱曼尼遭暗杀这一件事的前因后果,人们可以看到,面对这个充满变化的世界,从事国际新闻报道的工作者需要一个能全方位扫描、收集、辨析海量信息的大脑，需要一双能透过现象看本质、看联系、看趋势、察利弊、明是非的慧眼，需要一种可以条分缕析、切中要害、令人心悦诚服的全媒体表达能力。

21世纪的中国需要更具国际视野、有着洞悉世界能力的专业"看世界者"。

国际新闻之水常新：你是否足够敏锐

关注国际新闻的人是有趣的，专业的国际新闻工作者是幸福的，因为你每天都面对一个变化着的新鲜世界。

"人不能两次踏进同一条河流，因为这不是同一条河，他不是同一个人。"古希腊哲学家赫拉克利特说。这句话很有辩证思维。他把存在的东西比作一条河，认为人不能两次踏进同一条河，因为当人第二次进入这条河时，不仅河里的水流不再是原来的水流，过河的人也已经不再是完全一模一样的人了。一切都在运动着、变化着。"万物皆流，无物常驻。"在他看来，宇宙万物没有什么是绝对静止和不变化的。

我们所讨论的国际新闻就像是一条永远流淌着的巨大河流，每时每刻，每分每秒都是新鲜的，不一样的。

国际新闻有着诸多解释和定义。有人说人类社会从分散发展走向整体发展，从相互隔绝到彼此了解，国际新闻功不可没。有人曾经比喻"新闻是历史的草稿"，那么国际新闻无疑是国际关系和国际社会发展的原始记录。人类社会从"国际化""世界化"到"全球化"，背后绝对不能缺失国际新闻的身影。还有人曾经比喻，新闻就是人类社会肌体上感知外界变化的皮肤，那么国际新闻也在感知着国际社会的冷暖与风雨，和谐与冲突。还有人认为：如果说人类社会的进程是一个钟表，那么历史就是这个钟表上的时针，制度和法律是这个钟表上的分针，而新闻是这个钟表上的秒针；如果说新闻应忠实地记录人类社会进程的瞬间，国际新闻则记录了人类社会最大的、也是差距最明显的共同体形式——国家之间与国际社会上的每一个瞬间。

在我看来，新闻来源于生活。国际新闻来源于这个大千世界丰富多彩的日常生活。生活是活生生的存在。上述比喻和定义没有确切解释为什么在日复一日的生活中，有的事件就成为新闻，有的事件就如流水般一去不复返，没有留下任何痕迹。

国际新闻不可能记录国际社会的每一个瞬间，只能记录某些瞬间。我们需要认识到，那些被记录下来的瞬间有哪些共性使其成为国际新闻，进而帮助我们更为敏锐地捕捉那些足以成为历史性瞬间的国际新闻。

2018年2月6日，世界现役推力最大的运载火箭"猎鹰重型"，带着一辆红色特斯拉电动跑车，从美国佛罗里达州肯尼迪航天中心升空，飞向遥远的火星。这是美国企业家马斯克名下Space-X公司的壮举。两年之后，这辆跑车已经在太空中飞行了16亿公里。

由于时差的关系，2018年2月6日这个事件发生时正值北京午夜。第二天早上，人们看到了铺天盖地的相关报道。比较醒目的标题有：《Space-X成功发射"猎鹰重型"完全碾压世界其他火箭》《在中国人都在睡觉时，美国人完成一项远远把中国抛离的壮举！》。新华社的相关报道标题是《"猎鹰重型"首飞成功看点何在》，这个标题显得更加心平气和一些。这些铺天盖地的报道向受众提供了哪些信息？

很吸引人眼球的一些说法是这样的："这枚火箭的成功发射已经令人类'登陆和殖民火星'的梦想变得愈发现实起来，重返月球更是不在话下……""真正让中国人震惊的是，我们国家不仅目前根本没有这种量级的火箭，而且我们距离造出这种量级载荷的火箭还要大概10年之久。更重要的是，我们国家要拼命追赶的居然还是美国的一家私人企业。""这次美国人是用纯粹的实力告诉了我们中国人，为何他们仍然是全世界最强的国家，以及我们与他们的差距还有多么巨大。"

新华社的新闻分析则从"运力仅次登月火箭""风险优势共存""新太空竞赛"这样几个角度来解读这个瞬间的意义。

这个瞬间之所以成为国际新闻，甚至是一条重要的国际新闻，它至少具备了这样几个要素：第一是"新鲜"，它是最新发生的事实，也是一件奇事，就是新奇；第二是"重大"，它是世界现役推力最大的重型运载火箭，同时这个事情又与登陆和殖民火星有关，分量足够重大；第三是"涉我"，本来是美国发射火箭，因为与中国的发展现状做了对比，从这是美国一家私人公司干的事情看到中美两国科技发展机制的不一样，再加上中国正在大力发展航空航天事业，于是就与中国有了对比关系和一系列相关评论。

当国际上发生的事情至少有了"新鲜""重大""涉我"这三个要素之后，就可以称之为国际新闻。一般而言，越"新鲜"、越"重大"、越"涉我"，国际新闻的分量就越重。具体到每一条国际新闻而言，上面三个要素并非等量齐观，而是各有侧重。

2018年春节前，土耳其向叙利亚阿夫林地区发动了进攻。在这个持续动态发展的国际新闻中，"涉我"因素并不突显，但却突显"新鲜"和"重大"这两个要素，该事件因搅动着整个地区及美俄等大国关系，所以格外引人注目。

也是在那个春节前，马尔代夫政局发生变故。一个印度洋小国的政局之所以引起我们关注，"涉我"的因素明显占有更大的比重。首先是因为马尔代夫是不少中国旅游者的目的地，特别是在春节期间，马尔代夫政局发生变故直接影响到中国游客的安全，为此中国外交部一而再，再而三地发布警告，告诫人们在此情形下，不要前往马尔代夫。其次是印度在这场政局变动中扮演着微妙的角色，而这又在更大的地缘政治中晃动着中印博弈的身影。

这个世界的有趣还在于它的关联性，没有一件事情是孤立存在的。一个重大国际新闻事件的发生，可以从它的上游、下游即来龙去脉中拉出一整条新闻链。

在有关"猎鹰重型"火箭的报道中，人们既拉出了"钢铁侠"马斯克、私人企业、全世界最大的网络支付平台 PayPal、特斯拉、火星、月球、长征五号、马云、马化腾等一连串相关新闻点，还把马斯克的母亲梅耶也拉了出来。

于是，出现了这样一条国际新闻：马斯克妈妈才是真强大！三个孩子的单亲妈妈，打5份工，把儿子培养成亿万富豪！

在有关马斯克妈妈的报道中，人们发出这样的赞叹：一次次走出人生的舒适区，一次次将人生清零，又一次次创造奇迹，无论顺境或逆境，无论年少或年华老去，梅耶永远以百分百的热情去拼、去闯，去赢得自己梦寐以求的一切。她说过一句话：The best time is now（最好的时光即为当下）。2018年初，1948年出生的梅耶发表了自己的"70岁宣言"："今年4月我就要满70岁了，我不会退休，我相信我的70岁依然会精彩万分！"

马斯克与母亲都有一个共同的气质：无论在任何年龄，无论遭受任何境遇，从不放弃自己，反而更勇于挑战自己。马斯克自己也说，他的成长受到母亲的影响。所以他知道，他只需要努力向前奔跑，自会把非议抛在身后。生活，从不辜负全力以赴的人！

在观察国际新闻之所以成为国际新闻的时候，我们看到每一条国际新闻都有着横向、纵向相互交织的关系链。

叙利亚局势是当今世界一个极为典型的关系错综复杂的热点国际问题。叙利亚除政府与反政府武装的内战外，还与邻国土耳其、伊朗、以色列、伊拉克、黎巴嫩、沙特阿拉伯有着盘根错节的利益关系，与根本不接壤的俄罗斯、美国、欧盟国家也有着战略利益关系。其中，叙利亚与邻国土耳其之间的关系格外复杂。

当今世界愈发密切的联系使得"蝴蝶效应"成为观察国际新闻的重要思路。

有关"蝴蝶效应"概念的阐述是：一只南美洲亚马孙河流域热带雨林中的蝴蝶，偶尔扇动几下翅膀，可能在两周以后引起美国得克萨斯州的一场龙卷风。其原因就是蝴蝶扇动翅膀，导致其身边的空气系统发生变化，并产生微弱的气流，而微弱的气流的产生又会引起四周空气或其他系统产生相应的变化，由此引起连锁反应，最终导致其他系统的极大变化。"蝴蝶效应"的意思后来也引申为一个最初不起眼的小事情却能引起一连串意想不到的巨大反应。这一概念指出了世间万物之间是有联系的。

敏锐是一种见人所未见之联系的深刻眼光。当其他人只看到一个点时，你看到一条线；当其他人看到一条线时，你能够看到一个面；当其他人只看到一个面时，你努力看透一个多侧面的立体。一个尽可能多侧面的立体，最接近事物的本真，因而也最为深刻。

敏锐是捕捉国际新闻的必备素质。恰如捕捉美好需要一颗爱美之心和一双慧眼，捕捉国际新闻同样需要一颗为发现新闻而兴奋的心，一双时刻在捕捉新闻的慧眼，一个时刻在掂量、分析，处理所闻、所见信息的大脑。敏锐需要积累，需要磨砺，需要理智，也需要激情。

如何敏锐捕捉不断变化的重大国际新闻，我在自己的国际新闻工作中有过成功的实践。

自20世纪70年代末中国改革开放以来，中国逐渐加大派驻驻外记者的步伐。在20世纪八九十年代，世界上有两个国家对中国国际新闻工作者来说极为神秘，这两个国家当时都没有与中国建交，一个是以色列，另一个便是南非。

中国与南非国家关系的发展经历了一场极为特殊、艰巨、微妙复杂且旷日持久的外交斗争。在这场斗争的背后，是费尽移山心力的外交谋略，是峰回路转、一波三折的大悲大喜，是冷酷理智与炽热感情间的剧烈冲撞，是以经济发展、国力增强和国际地位上升为后盾的综合实力的博弈。这是中华人民共和国外交史上一个极具戏剧性的章节，也是对一名中国国际新闻工作者的严峻考验。

历史上，中国一直支持南非人民反种族主义政权斗争。1994年新南非成立，曼德拉出任南非总统，但曼德拉领导下的南非政府并未迅速与中华人民共和国建立外交关系。

自1991年以来，南非行政首都比勒陀利亚的比陀瑞尔斯大街972号挂出了"中国国际问题研究所驻比勒陀利亚南非研究中心"的铜牌，来自中华人民共和国的外交官们在这个特殊机构中为中南两国建交做了大量工作，其中到任仅约半年的孙国桐大使还因心脏病发作倒在这一重要工作岗位上。

1995年5月30日，第二次被派驻非洲的我驾车离开津巴布韦首都哈拉雷，一路南行，驱车1200多公里后进入南非约翰内斯堡北部地区，从而将人民日报驻南部非洲记者站正式迁往南非。

作为人民日报常驻南非的首任记者，加强中国与南非两国人民之间的了解、促进中华人民共和国与南非早日建交成为我最为关注，也是最为重要的任务。因为，当时的我已经非常清醒地认识到：我所面对的是一个千载难逢的捕捉重大国际新闻的好机会，尽管究竟能否捕捉得到在当时仍是一个巨大的悬念。这是一个不断考验新闻记者对新闻敏感度的过程，也是一个完美诠释何为国际新闻、如何敏锐捕捉国际新闻的生动案例。

在与中华人民共和国建交问题上，曼德拉一直存有矛盾心理，也一直试图开创一个所谓"双重承认"的先例，这自然是中华人民共和国无法接受的。

1995年11月18日，我在曼德拉位于约翰内斯堡北部郊区的官邸内当面就中南两国关系问题采访曼德拉，他对我说："你知道，现在我们正在努力解决外交关系问题。我必须根据南非人民的利益行事。但是，我很想与中华人民共和国建立外交关系，我准备就此进行谈判。"曼德拉的这一番话微妙地表达出急于同中方谈判的意愿。

在南非非洲人国民大会内部，曼德拉在是否与中华人民共和国建交问题上握有最终决定权。进入1996年之后，中南两国关系又经历了几番风雨，南非执政党给曼德拉的压力不断增大。1996年9月5日，人民日报发表了题为《"双重承认"此路不通》的署名评论。我本人参与了这篇评论的写作。这是人民日报首次公开批驳南非政府"双重承认"的企图，对曼德拉最终下定决心与中华人民共和国建交起到了极大的推动作用。

观察、分析世界上任何热点问题，一定要观大势，看联系，重研判。

时至1996年，在中国与南非关系的问题上，一些内外因素都在经历着从量变到质变的微妙变化。

在这个过程当中，我一直密切关注事态发展。凡是与中国和南非关系相关的活动，我都赶赴现场采访。只要一有机会，我都会与包括南非外交部官员在内的各方人士接触，做工作。

当然，我最为关注曼德拉本人的动向，并利用一切可能的机会当面做推动中国与南非关系发展的工作。

我所撰写的《黑人骄子曼德拉》一书出版后，我一直想找机会将书当面送给曼德拉本人。1996年3月1日下午，刚刚从斯威士兰出访归来的曼德拉临时决定在比勒陀利亚总统官邸举行新闻发布会。在那之前，曼德拉的身体常常出现不适。在新闻发布会即将结束之时，我高声向曼德拉喊道："祝您身体健康！

我们也同南非人民一样希望您身体健康。您的身体健康是南非人民的幸事。"想必这一番话感动了曼德拉。他大声告诉我："我们已经派了一个代表团到北京，以考察南非同中国建交的事情。"

就在那一刻，我将两本《黑人骄子曼德拉》交给了他本人。他在其中一本上为我题词："To Wen Xian, Compliments and best wishes to an outstanding journalist."。

1996年11月27日，我正在案头忙于似乎永远忙不完的事情，突然接到一个信息预报："曼德拉总统将于27日下午4时在约翰内斯堡官邸处就南非外交关系中的重大问题举行新闻发布会。"

以往，曼德拉总是在每次外事活动后通过回答记者问的方式就国内外大事做出回应，像这样主动在官邸内发布新闻的做法实属罕见。虽然这一信息并未说明具体内容，但我的新闻直觉告诉我此事非同寻常。我立即放下手头事务，驱车赶往曼德拉官邸。

当我赶到曼德拉官邸外时，现场还没有几个人，过了一会儿，南非外交部负责中国事务的范内科克先生匆匆赶到。此前几天，我还同他一起就中南关系问题坦率深谈。打过招呼后，范内科克悄声告诉我："咱们上次谈后我们又给曼德拉总统写了报告，今天总统要谈与中国的关系问题，所以我来了，总统决定与中国建交……"然后他意味深长地点了点头说："是个好消息！"

听罢，我周身热血立即沸腾起来，每一根神经都迅速进入一级战备状态。

在经过严格的安全检查后，各方记者被带到这所深宅前院的草坪处。草坪上已提前摆了五个沙发。

下午4时20分，身着深色花衬衣的曼德拉在南非外长恩佐、副外长帕哈德等人陪同下来到现场。

现场气氛相当凝重。曼德拉同在场记者用"今天你怎么显得那么紧张？"等玩笑尽力缓和气氛，随后，他戴上眼镜宣读了题为《南非与大中国地区关系》的声明。在这项声明中，曼德拉宣布南非决定在今后12个月内与中华人民共和国建交。

曼德拉的宣布犹如投下一枚重磅炸弹，顿时引爆了在场的记者们。曼德拉说："中华人民共和国在世界上人口最多，中国的经济增长率大约每年在10%左右，中国是联合国安理会常任理事国。除了一些小国外，中国几乎被世界上所有国家承认。我们是与中华人民共和国没有外交关系的国家中最大的国家。对此，我们深表遗憾。"

作为在场唯一一位来自中华人民共和国的新闻记者，我的激动与兴奋之情难以言表。在这一历史性的场合，曼德拉欣然与我合影留念。他一面握着我的手，一面乐呵呵地这样对我说："喔，升格了！"

我急如星火地驾车回到人民日报记者站，时值北京时间11月27日晚11时。我用电话向北京编辑部急报这一重大消息后，便开始紧张的文字报道工作。当我把稿件传回，可以稍喘一口气时，大脑却早已兴奋过度，再也平静不下来了。这一重大消息惊动了全世界，在南非的华人更是激动万分。对我来说，这又是一个不眠之夜，静夜中，我思前想后，感慨万千！为了这一天，我们做了多少工作，付出了多少代价！我一时百感交集，两行热泪泉涌般淌了下来。

我据此撰写的独家报道《特别新闻发布会》荣获当年中国国际新闻奖一等奖。

在曼德拉宣布将与中国建交后的一年中，新闻界依旧暗流涌动。有的南非记者刚刚参加完中国驻南非研究中心主任官邸的中餐招待会，转过身来便抛出"与中国建交是否明智"的奇文。

为了以正视听，我一直想就此采访曼德拉。但那时专访曼德拉已经成为几乎不可能的事情。在这种情形下，我一直密切关注曼德拉的动向，以捕捉采访时机。

1997年11月28日，我得知曼德拉将在当天下午就一些白人农场主遇害一事举行新闻发布会。我立即拿起早已拟好的采访提纲前往发布会现场，并抢占了前排左边一个最为机动灵活的位置。曼德拉的新闻发布会结束后，其他记者纷纷转身离去，我趁着曼德拉转身回房间之际，主动上前与他握手问候，随后便开始提问："一年前，您正是在这里宣布南非将同中国建交，今天我能不能就此向您问几个问题？"曼德拉真是个好人。他当场答道："噢，问吧，没问题。"我随之将准备好的问题一一问出。曼德拉回答说："我们赞赏和感谢中国政府和人民在支持南非人民反对种族主义斗争中所起的作用。我们也赞赏中国在促进世界和平中所起的作用。正是基于这种考虑，我们决定与中国建立正式外交关系。"在谈到两国建交后的前景时，曼德拉说："中华人民共和国是世界上人口最多的国家，中国也是联合国安理会常任理事国。在促进世界和平与稳定方面，中国可以发挥关键作用。此外，中国还是世界上经济发展迅速的国家。对我们来说，与中国建立正式外交关系符合我们两国人民的利益……"这个时候，曼德拉的新闻秘书转身才发现正在进行的专访，赶快过来打断说："还有几位客人在等着总统。"曼德拉笑着对我说："对不起，今天只能谈到这里，她是我的上司，我得听她的安排。"

我根据这一采访，发回了报道，起到了正本清源的作用。

1997年12月28日，中国国务院副总理兼外交部部长钱其琛抵达南非，完成中国与南非正式建交的历史使命。

12月29日，曼德拉会见钱其琛。本来规定只是拍摄会见现场而不采访，但几位台湾记者连珠炮般地向曼德拉提问，让身在现场的我血脉偾张，当即高喊："曼德拉总统！"在场的所有人被这一声高喊震住了，都转过身来。曼德拉也将头转向了我。我再一次提出了不久前单独采访曼德拉时提出的问题："您认为中国和南非两国正式建交后发展前景如何？"早在曼德拉脑内的答案如行云流水般流淌出来："正如你所知，中国是联合国安理会常任理事国，是世界上十分重要的国家。南非与中国建立外交关系符合双方的根本利益，我们两国的发展都将因此受益。"

第二天，西方各大通讯社和南非各大媒体均以曼德拉的这番回答作为标题和导语做了重点报道。

1997年12月30日上午，中国国务院副总理兼外交部部长钱其琛与南非外交部部长恩佐正式签署两国建交联合公报。

1998年1月1日，比勒陀利亚下着小雨。中国驻南非大使馆开馆仪式庄严举行，五星红旗在众人瞩目中冉冉升起。

如今，中国与南非同为金砖国家，在国际舞台上发挥着举足轻重的作用。当年，曼德拉最终以"道义勇气"做出了一个有战略眼光的决定。在短短二十年里，中国与南非一起在世界民族之林中"升格了"！一句"升格了"，既表明南非与中国的关系从此进入一个新的发展阶段，更从一个侧面说明国际社会对中国不断发展壮大的承认和赞赏。中国不仅与南非的国家关系升格了，中国在整个国际社会的地位也升格了！

独家新闻，既是一名驻外记者的追求，也是每个新闻媒体的追求。作为一名中国驻外记者，能够以敏锐的目光捕捉到这一"重大"的"涉我"的独家国际新闻，是我一生的荣耀。

在网络及通信手段如此发达的今天，抢到独家新闻对一名驻外记者而言近乎天方夜谭。没有深厚的积累，没有长期的跟踪观察，没有敏锐的新闻眼光，没有孜孜以求的敬业精神，就无从捕捉重大国际新闻这条"大鱼"。

在海量信息面前，独家新闻有更为广义的理解。在人们不仅想愈来愈快地知道"发生了什么（what）"，而且愈来愈重视"为何发生（why）"的时候，独特视角、独特见解、独特解析也应成为国际新闻工作者的努力目标。

《流浪地球》之所以成为现象级电影，除了内容之外，还在于这是一部3D电影，它比非3D的电影看起来更立体，更真实，感观上更为震撼。国际新闻本身是比3D电影维度更多的客观存在。专业的国际新闻工作者恰如戴上眼镜观看3D电影的人，与别人相比，他们有着不同的视野。不一样的视野，就能看到不一样的世界，看问题，想问题，办事情就不一样。换言之，他们的眼界乃至境界就不一样。

迅猛发展的通信技术和高速发展的交通运输技术不断突破时间与空间的限制，使得地球村变得越来越小，国际新闻的保鲜期已经以秒计算，原来对我们似乎不那么重大的新闻更加重大，国际关系更加紧密。

在经过四十余年的改革开放之后，中国已经史无前例地走到世界舞台的中央，中国也在推动着"一带一路"等前所未有的发展倡议。在这样的变化下，对于中国专业的国际新闻工作者来说，国际新闻意味着前所未有的宽阔视野。

只有看到联系，方能看得通透；只有敏锐，方能看到玄机。探究国际新闻的路上有山川，有城邑，有甘苦，有精益。从事国际新闻采访与写作恰似走在一条充满各色风景的远游之道上，"古之游也有道：遇山川则究其形胜厄塞；遇平原则究其饶确与谷木之所宜；遇城邑则究其阴阳流泉，而验人心之厚薄、生计之攻苦；遇农夫野老则究其作力之法、勤惰之效；遇舟子则究水道之原委；遇走卒则究道里之险易迂速与水泉之甘苦羡耗，而以古人之已事，推测其变通之故"（包世臣《小倦游阁记》）。

国际新闻工作者：特殊素质造就的人

从事国际新闻报道是一种工作，是在做事。做好一名国际新闻工作者，是在做人。在做事与做人之间，无疑做人更为重要，这是国际新闻的工作性质所决定的。

在几十年的经历中，我看到做人很重要。我所谈到的是一种努力标准，对有志于从事专业国际新闻报道工作的人来说，必须努力使自己成为一个更为合格的中国国际新闻报道工作者。

凡·高曾经说过："我宁愿死于激情，也不愿死于无聊。"

大家可能有过在大海中游泳的经历。如果天气不好，海面风浪较大，海水很凉，这时候要下海游泳，人们就会犹豫，就会在海边长时间徘徊。一旦下到海里游了起来，你会发现大海可能并不像你刚开始想得那样可怕，不仅如此，你或许还会在海中别有一番感受，也因此得到一份别人没有的珍贵经历。

人生的很多抉择就如同要不要下海游泳一样。"世界那么大，我想去看看"，国际新闻工作者就是一名职业的"看世界者"。

人生就是一场经历。如果你是一名国际新闻工作者，你会见到许多不同的事物，见到各种各样的人，你也因此有着不同于常人的开阔眼界。一生中能有看世界的经历是幸运的，有了这一份经历，你会对大到整个人类社会，小到自己的人生多几分独到的理解与认识，前提是你要肯于思考。你的工作能帮助人们更为客观、真实地认识世界；你的见识能结晶为优秀作品，进而推动不同人民间的相互理解乃至社会进步。

国际新闻工作者是挺立时代潮头的人，而我们所处的时代是一个风云突变、迅猛发展的时代。

20世纪80年代，我在中国社会科学院研究生院新闻系学习时，学习工具是一个笔记本、一支笔，面前是一块黑板。21世纪初，我在清华大学经管学院学习时，学习工具仍是一个笔记本和一支笔，但老师们已开始使用电子版的课件。现在，大家使用的是笔记本电脑，老师们使用的是电子版的课件。

国际新闻工作者的任务是报道，报道是需要装备的。几十年来，我经历了这种装备的变化。20世纪70年代，中国驻外记者使用明码电报发稿，将稿件先转换成汉语拼音，人名、地名依照明码电报本发码，传回国内后，编辑部再将汉语拼音转换为汉字发稿。我曾在夜班编辑部干过将拼音转换为汉字的工作，手中也有一个明码电报本，碰到同音字时比较麻烦，如"Junshi"，到底是"军事"还是"均势"？

　　再比如通讯，这类题材通常时效性不太强，记者们用中文写好稿件，连同照片一起航寄回国，编辑部收到后再编辑发排。

　　有一些时效性很强的稿件曾经通过电话传稿。如邓小平访问美国时，前方记者采访后将电话打回国内，接电话者需要认真记录，然后整理出来，编辑后发排。因国际长途费用很高，这种做法常常作为非常手段使用。

　　20世纪80年代初，出现了文传机，这对中国驻外记者来说是一大革命。记者可以将写好的稿件通过文传传到国内，国内编辑再将收到的稿件直接在文传纸上编辑后发排。

　　使用文传机传稿持续了很长时间。20世纪90年代中期，非洲中部大国扎伊尔（今刚果民主共和国）发生战乱，我前往采访时遇到的最大问题是找不到文传机发稿。我当时带着一个很沉重的文豪机，可以在那台机器上写稿，然后打印出来，但最终必须通过文传机传稿。我先后找了联合国几个机构求助，都被婉拒，还曾经为了发稿跨国回到卢旺达，发完稿后再前往扎伊尔继续第二天的采访。不过最终我还是想办法找到联合国某机构解决了发稿问题。

　　电子邮件的发明进一步解决了这个大问题，驻外记者的发稿变得方便了许多，但因网络问题，发照片曾一度受到限制。在一次关于技术问题的征求意见会上，我提出，理想目标是驻外记者可以在任何时间、任何地点顺畅地发回文字和照片。应该说，这个问题现在已经解决了，我们已经能够做到在世界上任何角落顺畅地发回文字、照片和视频。

　　然而，我们现在面临着新的问题和挑战。

　　新媒体、自媒体的迅猛发展既为国际新闻工作者提供了更为宽广的平台和机遇，也使国际新闻工作者面临着更为严峻的挑战，甚至有人对这一行业的前景充满担忧。

　　在新媒体如此迅速发展的今天，国际新闻工作的意义何在？前途何在？对传统媒体而言，这个问题尤其尖锐，即便在新闻业最为发达的美国，这样的困惑与纠结仍然存在。

　　我在美国工作时，曾有传闻说《纽约时报》发行人苏兹伯格在讲话中说若干年内纸质媒体将消失。我为此专门进行了核实，得到的答复并非像一些人所理解的那样。然而，挑战仍然是存在的。在美国，确实有一些著名纸质媒体转型，甚或消亡。《新闻周刊》创办于1933年，与《时代》《美国新闻与世界报道》并称美国三大周刊，2003年全球发行量高达400万份。但因广告量严重下滑、发行量大幅下跌以及读者大量流失等原因，《新闻周刊》曾决定将纸质版停刊，并表示全数字化版本"将针对流动性强兼具舆论导向影响力的读者，他们希望在复杂的背景下了解世界时事"。2014年3月7日，纸质版《新闻周刊》又恢复印刷，在美国和欧洲发行，首期发行7万册。

《基督教科学箴言报》自2009年4月起停止出版纸质日报，专注于自己的网络版报纸。甚至一些已经转型的新媒体，如《赫芬顿邮报》也遇到用户流失、创新不足、长期亏损、定位不清等问题。2018年1月18日，《赫芬顿邮报》宣布终止其开放的博客自媒体撰稿平台的运行，推出两个由编辑主导的封闭的内容产品取而代之。

我去《华尔街日报》采访时，他们也谈到在新媒体迅猛发展之时传统媒体该如何应对，在他们的工作现场也可以看到融入了很多新媒体的元素。

《纽约时报》专栏作家托马斯·弗里德曼是我很关注的一位新闻工作者。他在中东当过驻外记者，也当过白宫记者，曾三次获得普利策奖，其近年来的著作《世界是平的》《世界又热又平又挤》很有影响力。我在《纽约时报》参观时，便见到弗里德曼等曾获普利策新闻奖的人的画像挂在那里。

弗里德曼有一本专著，名为《媒体的真相：致年轻记者》，中文译本2007年出版，他在书中所表达的一些观点至今仍有值得借鉴之处。弗里德曼曾说，不要认为新闻正在远离我们。传送媒介从纸张变成电脑，记者被重新命名为"内容提供者"。受欢迎的出版物会流行，真人秀会兴旺，但是好奇心、充满活力的研究、敏锐的分析和雅致的文风是绝不会过时的。如果说有什么区别，那就是它们越稀有，这些特性越弥足珍贵。他还说，当前新闻的不景气也赶走了那些不准备把新闻当作职业的人。如果你们是新闻事业的真正信仰者，如果这是你们一生的工作，那么就没有什么能改变你们的想法。甚至在新闻最萧条的阶段，你们也仍能发现富有活力的迹象。

越是一个全球化的社会，越是一个联系愈发紧密的地球村。越是先进的通信手段，越彻底地打破时间与空间的距离与障碍，国际新闻越成为人们必不可少的需求，区别仅仅在于现在的国际社会对国际新闻与国际新闻工作者的要求更高。

世间360行，国际新闻工作者需要具有什么样的素质？

关于这个问题，从事中国国际新闻事业的一些前辈有过论述。有人说，记者应该是杂家，必须多阅读、勤走动、细观察、爱提问、详记录、常深思。有人说，记者的生活就是铁脚、马眼、神仙肚。我的看法是：

中外文字，听说读写，国际新闻工作者要有深厚的文字功底；

大千世界，包罗万象，国际新闻工作者要有广阔的视野；

行业分工，深钻小众，国际新闻工作者需要术有专攻；

见微知著，举一反三，国际新闻工作者要有极敏锐的知觉；

四洋七洲，八方奔波，国际新闻工作者需要亲历现场；

三教九流，男女老幼，国际新闻工作者要有亲和顺畅的沟通能力；

条分缕析，解惑释疑，国际新闻工作者要有极深刻的思想；

定格历史，格局宏大，国际新闻工作者要有长远的眼光；

召之即来，倚马可待，国际新闻工作者要有高效的行动；

娓娓道来，心悦诚服，国际新闻工作者要会故事化的表述；

厅堂厨房，生存顽强，国际新闻工作者需要掌握多种技能。

…………

国际新闻工作的特质决定了一名优秀的国际新闻工作者是特殊素质打造的人。

一、国际新闻工作者要有深厚的文字功底。这个道理显而易见，要了解、认识、表达这个世界，必须使用文字这一工具。中国的国际新闻工作者不仅需要尽可能熟练地掌握一门或几门外语，还需要具有尽可能深厚的中文功底，这就需要有古文、诗歌、音乐、艺术的滋养。文字功底是需要一辈子打造的功夫。唐人柳宗元在论及自己读书为文之道时曾言："本之《书》以求其质，本之《诗》以求其恒，本之《礼》以求其宜，本之《春秋》以求其断，本之《易》以求其动。此吾所以取道之原也。参之穀梁氏以厉其气，参之《孟》《荀》以畅其支，参之《庄》《老》以肆其端，参之《国语》以博其趣，参之《离骚》以致其幽，参之太史公以著其洁。此吾所以旁推交通而以为之文也。"

宋代诗人陆游在公元1208年（南宋嘉定元年）所写的《示子遹》一诗可资借鉴："我初学诗日，但欲工藻绘。中年始少悟，渐若窥宏大。怪奇亦间出，如石漱湍濑。数仞李杜墙，常恨欠领会。元白才倚门，温李真自郐。正令笔扛鼎，亦未造三昧。诗为六艺一，岂用资狡狯？汝果欲学诗，工夫在诗外。"

二、国际新闻工作者要有广阔的视野。大千世界，包罗万象，林林总总，五彩缤纷，一名优秀的国际新闻工作者必须眼界特别开阔，不仅能由点到线，到面，到立体，还能古今中外，融会贯通。

有成就的国际问题专家和国际新闻工作者都有着极为广阔的全球视野。基辛格在《论中国》一书中有过这样一段很有历史感的论述:"在距今3000多年的商代中国有书写文字时,古埃及正处鼎盛时期,希腊辉煌的城邦尚未兴起,罗马帝国的建立还是1000年以后的事情。而今天有十多亿人仍在使用直接从商代延续下来的书写体系,无论书籍还是会话中,依然饱含从古代文化典籍中汲取的养分,例如关于战争策略和宫廷权谋的警句格言。"在日本问题研究中,美国学者鲁思·本尼迪克特《菊与刀》一书被视为经典。她在书中有这样一段视野相当开阔的论述:"在美国全力以赴与之战斗的敌人中,日本人是最琢磨不透的。这个主要对手,其行动和思维习惯与我们如此迥然不同,以致我们必须认真对待,这种情况在其他战争中是没有的。正如前此1905年的沙俄一样,我们作战的对手是一个不属于西方文化传统,而又充分武装和经过训练的民族。……刀与菊,两者都是一幅绘画的组成部分。日本人生性极其好斗而又非常温和;黩武而又爱美;倨傲自尊而又彬彬有礼;顽梗不化而又柔弱善变;驯服而又不愿受人摆布;忠贞而又易于叛变;勇敢而又懦弱;保守而又十分欢迎新的生活方式。他们十分介意别人对自己的行为的观感,但当别人对其劣迹毫无所知时,又会被罪恶所征服。他们的士兵受到彻底的训练,却又具有反抗性。"

三、国际新闻工作者需要术有专攻。21世纪的国际关系中更多地融入了经济、科技、军事、文化等领域内高精尖的元素,而所有这些领域内又有着更为精细的分支发展。虚拟经济与实体经济到底应是一个什么样的黄金比例关系?区块链、5G、元宇宙等又是什么?在人工智能的发展中,如何把握伦理道德的底线?

所有发展中所出现的新问题都需要国际新闻工作者进行专业的解惑答疑。如果没有长期的学习、跟踪、观察与研究,国际新闻工作者是做不到这一点的。

人无全才,视野开阔与术有专攻间要有辩证关系。

四、国际新闻工作者要有极敏锐的知觉。国际新闻工作者的视觉、听觉、触觉、反应、联想、观察应是极为发散、极为敏锐的。千里之堤,溃于蚁穴。能够敏锐观察到那个可能导致堤溃的蚁穴的人是敏锐的。国际新闻工作者必须是敏锐的,要能够见人所未见。当众人熟视无睹的时候,你如何能独辟蹊径?反向思维、多向思维常常是不二法门。在上文中我已提及,如果没有长期的跟踪、观察和敏锐的判断,我就不可能抓住曼德拉宣布将和中国建交这条"大鱼"。

五、国际新闻工作者需要亲历现场。国际新闻工作者应该坐得住,更要跑得开。他们的脚步永远是匆忙的,他们的身影永远是坚定的。他们一定会尽可能地走出去,出现在重大新闻事件现场,用第一手资料进行报道。他们应强烈地认识到,在通信手段极为发达、信息爆炸的今天,一名国际新闻工作者靠在网上查阅资料拼装稿件是一件很没有出息的事情。驻外记者是国际新闻工作的前锋,应该是重大新闻事件的第一现场见证人。在网络、大数据迅猛发展的今天,一名优秀的国际新闻工作者应努力成为第一"新闻源",而不是人云亦云,在网上抄来抄去。

六、国际新闻工作者要有亲和顺畅的沟通能力。善交朋友是国际新闻工作者的一大功夫。杰克·海敦在《怎样当好新闻记者》一书中说,"新闻事业就是一个跟人打交道的行业","消息来源是必须加以培植的"。国际新闻工作者一定不会与他人格格不入。他们必须能够在最短的时间内与遇见的任何人尽可能融洽地交流,以获取相关信息。

周恩来曾说,记者在外面要广泛开展交友工作,要同"上、中、下、左、中、右"人士交朋友。并且教导我们不仅要当好一名记者,还要做一名中外友好交往的使者。

七、国际新闻工作者要有极深刻的思想。好的国际新闻工作者一定要勤于思索,不断思索个体、团体、社会、国家乃至整个国际社会的方方面面,并形成自己独到的见解。他们的眼睛永远在搜寻着,他们一直处于迅速接收、消化、判断、处理信息的过程中。

在激烈的媒体竞争中,焦点已不再是发生了什么,而是为何发生,国际新闻工作者要能够透过现象看本质,条分缕析,拨云见日。做到这样,就是高人一筹。

八、国际新闻工作者要有长远的眼光。眼光一般指观察、鉴别事物的能力,这一素质与上面所讲的要有深刻的思想有着密切关联。之所以将这一点专门提炼出来加以强调,是因为国际新闻工作对于这一能力有着格外严苛的要求。

任何一个国际热点问题都有着深刻的政治、经济、历史、社会、文化、民族、宗教等极为错综复杂的联系。任何一个关乎着本国长远战略利益的国际问题都需要国际新闻工作者对其现状有真实、客观、全面、深刻的认识、理解和报道,也需要其对整个局势的发展做出研判和政策建议,以便于相关部门采取应对措施。这就需要国际新闻工作者具有长远的眼光。

说一个人很有眼光,是一个极高的评价。一位有眼光的国际新闻工作者一定有着强大的思想力。就像下棋一样,善于博弈者一定能看到未来的三步、五步、十步。登上北京景山的万春亭,目光短浅的人只看到眼前的故宫、北海,看不到更远处天际线边的西山,因而错过了落日的美景。在现实生活中,错过美景事小，对大的国际形势的误判却会给小到个人、大到国家造成巨大的伤害。最为典型的误判就发生在2016年的美国总统大选上，很多人对此都有误判，也因此造成不少国家政策上的被动应对。

九、国际新闻工作者要有高效的行动。一个突发、重大的国际新闻发生时，最是考验国际新闻工作者的功力。无论是采访还是写作，要想做到说走就走，倚马可待，需要常备不懈的状态和厚积薄发的功力。

十、国际新闻工作者要会故事化的表述。国际新闻工作者需要会讲故事，把新闻娓娓道来，让受众心悦诚服。

专门将这一点作为国际新闻工作者所应具备的素质要求提出来是与中国目前在国际上的地位及相对应的需求有关。中国前所未有地走到世界舞台中心，受到了更多关注，各种声音都有。为了给中国的发展创造更为有利的国际舆论环境，中国国际新闻工作者不仅需要全面、客观、真实地报道外部世界，也需要全面、客观、真实地向外部世界介绍中国。

当今世界，任何空洞的说教都无法打动人，国际新闻工作者不仅要学会用事实说话，更要用故事说话。

十一、国际新闻工作者需要掌握多种技能。国际新闻工作者必须具备多种技能，他们一定不是书呆子，除了会读书，他们必须能够掌握包括生存、新媒体运用、计算机、驾驶、会计、烹饪等多项技能。

十二、国际新闻工作者要有强烈的使命感。处于改革发展新时期的中国需要良好的外部环境。一名中国国际新闻工作者的所作所为必须服务于中国和中国人民的根本、长远、战略利益。在纷繁复杂的国际事务和众说纷纭的舆论场中，中国国际新闻工作者必须具有强烈的是非观念、冷静的政治头脑和旗帜鲜明的政治立场，也必须要有强烈的使命感。

使命与人生密切相关。在人的一生中，我们时时刻刻都在做选择。无论是在工作、学习，还是在人生道路的选择中，具有辩证思维和反向思维特别重要。在我的人生旅途中，反向思维曾多次帮助我化解胸中块垒，进而通过奋斗开拓出一片新天地。

人们都听说过吃亏是福，这就是一种反向思维。我从自己的人生经历中深刻体会到，吃苦也是福。

改革开放后，中国新闻机构加大了驻外记者的派驻步伐。驻外记者，特别是欧美国家的驻外记者往往令人羡慕，其竞争也十分激烈。

前往撒哈拉沙漠以南的非洲大陆工作并非我的初衷。当我被告知将被派往津巴布韦工作时，我也曾辗转反侧。在苦思以怎样的精神状态进入撒哈拉沙漠以南的非洲之时，反向思维再一次帮助我开阔了胸襟。

1991年8月7日下午，就在即将踏入非洲大陆前夕，我在北京城东的一间陋室内，趁着一份难得的清静，将自己反锁在屋内，极力清理着思绪，在日记本上写下了这篇《行前抒怀》。

> 昨日注销了户口，今晨再次打点了行装，准备阶段就此告一段落。
>
> 窗外蝉声阵阵，依然是一个高温闷热的天气。据说津巴布韦绝不会有这样热的天气。
>
> 喝一口掉了把儿的瓷杯中的花茶，望着那张床席、那个儿子喜爱的毛毛熊玩具及屋内的一切，这都将化为温馨的回忆，在南半球角落中的寂寞时节时时泛起。
>
> 我不过是一个恍似一团矛盾体的人，有时自我矛盾得连自己都难为情。三年来这种步步退却、不断否定自己的过程，是更加成熟、现实的标志，抑或软弱的妥协、苟且的随遇而安？
>
> 我将走入非洲，那块令许多人摇头，几乎是饥饿、疾病、动乱代名词的土地。
>
> 我将目睹维多利亚大瀑布的壮观、大津巴布韦的神秘、乞力马扎罗山的白雪、好望角的波浪……谁能说这不是一次难得的人生阅历和机会？异域风情的吸引力或许不亚于那些繁华的都市。
>
> 我将力争到那块大陆上的最南部，用一支笔尽力勾勒出它的容貌。这里也许潜伏着众多机遇，对吃国际新闻这碗饭的人来说，谁又能说这不是诱人的魅力？
>
> 我将尽可能地沉下去，到部落，到荒漠，到大洋，到峰巅，到我能够去的一切地方。去寻找，去思索，去描述，谁又能说这不是一个令刚烈汉子兴奋的挑战？
>
> 我将会很忙，很忙……
>
> 也许，事实将轰毁我的梦想；也许，这不过又是一次令人不屑的天真。但我以这样一种精神状态迎接未来的生活，毕竟强于哭丧着脸去拥抱那巨大的未知数。
>
> 我知道我并非步入天堂，而是在迈向地狱。我将经历心理和生理上的各种磨难。琐屑的烦恼、愤慨的不平、屈辱的忍让、痛苦的误解都在那里等待着、嘲弄着它们的对手；寂寞的折磨、无助的牵挂、失态的盛怒都在那里备好了燃烧的干柴。

面对花冠与荆棘，我带着同样的微笑走来了，走来了；面对机遇与陷阱并存的岁月，我迈着毫不回避的步伐，走来了，走来了……

走吧，昂然、坦然地向前走吧！

走吧，怀着眷恋和期待，携着温馨与苦涩，像汉子一样，向前走吧！

人生或许是没有意义的。如有意义，或许就在于它是一个不断奋斗的过程。

奋斗，奋斗！奋斗是一场悲壮的人生活剧。悲壮的活剧才感人，奋斗的人生才值得一活，西西弗式的无意义但悲壮的奋斗和努力。

或许是一种神示。18年前离开行伍时那曾给很多战友留下印象的壮语今日想来竟格外贴切：

"有志男儿四海为家不曾恋，除奋斗无退路只有永向前。"

我是这样想的，也是这样去做的。于是，我便有了在非洲大陆5年多的奔波生涯，也收获了不少"第一次"。

我曾前往仍在内战之中的莫桑比克、安哥拉和扎伊尔实地采访；我曾全程采访坦赞铁路；我曾深入马拉维、斯威士兰、莱索托等对许多中国人来说仍是那样神秘，以及当时乃至现在尚未与中国建交的国度进行采访；我曾多次领略非洲大陆最南端的纳米布沙漠、维多利亚大瀑布、好望角、赤道线等多个世间奇观；1996年2月27日，当我第一次踏访曾关押过曼德拉近20年的罗本岛时，那里仍然是一座监狱，我是第一个踏访罗本岛监狱的中国记者；在南非乃至整个非洲大陆唯一的库伯格核电站，在神奇般将煤化为油的塞孔达合成燃料厂，在世界最深的南非金矿，在南非钻石大楼，在充满血腥气的博伊帕通、沙佩维尔等黑人城镇，我都是第一个深入现场进行采访的中国记者；1996年11月27日下午4时，在曼德拉宣布南非将同中国建交的现场，我是唯一来自中华人民共和国的新闻记者。

所以，无论是学习还是就业，都要有一些辩证思维。世界是丰富多彩的，到任何一个地方去，都会有自身的精彩。

十三、国际新闻工作者要有不灭的激情。较之世界上诸多行当，做国际新闻报道工作的人是幸运的，因为你每天都能面对许多全新的事物，你的头脑每日都将接受挑战的刺激。只要你保持一颗好奇的心，这个世界永远是令你新奇的。

卓别林有一部电影，表现的是工人们在流水线上日复一日、年复一年地重复劳动，枯燥至极。然而，只要你喜欢，国际新闻工作其实是最不枯燥的职业，但你想做好它，却需要不灭的激情。

弗里德曼也说过，"没有激情、好奇心、独立精神和社会使命感，就没有报道，就不能走出自己的小天地，进入冲突与喧嚣的真实世界""当你看到那种有深度、客观的新闻时，你的脉搏会情不自禁地加快，会受到极大的震动，更不要说由你亲自去采写这种新闻了。你又一次感受到新闻所具有的原始的冲击力""几十年来，百老汇一直濒临死亡，以至于人们给它起了个绰号——'了不起的病人'。当时最有名的表演之一就是音乐剧《平步青云》。其中有很刺激的表演，很吸引人。一位名叫比比的舞蹈演员被选中进行这个表演，她感到非常兴奋。然而她周围的其他合唱队队员却在抱怨，她们觉得'在舞蹈中没有安全感'，'没有得到提升和发展'。比比对此进行了反驳。她说：'我不想再听到有关百老汇要灭亡的话。因为我刚到这里，我的事业才刚刚开始。'"

十四、国际新闻工作者要有顽强的韧性。不如意事常八九，要有水滴石穿般的顽强韧性。

新的一天刚刚开始，你可能感到诸事不利，但需尽快调整情绪，没有什么了不起的。

你辛辛苦苦采访回来的稿子可能被毙掉。没有什么了不起的，重新再来。

你可能工作得非常努力，但因人际关系等因素感到没有得到公正对待，也没有什么了不起的，冷静对待，调整自己。人心都有一杆秤，第二天太阳总会升起的。

你应是勇敢的，但不鲁莽；是兴奋的，但不失冷静；是繁忙的，但很有序；是成功的，但对暂时的失败、困难、挫折有极强的承受能力。

这样的人一定是成功的，在享受成功后短时的快感之后，他又会将目光瞄准未知的事物，又在为未来的成功辛勤劳作，而未来永无穷尽！

十五、国际新闻工作者要兢兢业业。世间360行，敬业是任何一个行业都要求的素质，国际新闻工作对此也有着特别严格的要求。

国际新闻面对的是永远在变动的大千世界，它要求我们用格外准确、真实、全面、客观、深刻、负责任的文字对它进行描述、表达和分析。一字之差，谬以千里，因此要格外认真、仔细，精益求精，慎之又慎。

只要你喜欢国际新闻工作，它就能带给你独特的乐趣。

记得在巴黎学习时，一位印度同学谈及国际新闻工作时说，一名好的国际新闻工作者干别的都不会愉快，即使让他成为一个富翁。

工作着是幸福的。

上述的这些素质又有内在的相互联系。

没有深厚的文字功底，不可能有更为广阔的国际视野；没有广阔的国际视野，文字功底便缺少滋养坚实的基面。

没有亲历现场，便没有活生生的第一手信息；没有含金量很高的亲和沟通，现场亲历的含金量便大打折扣。

没有深厚的文字功底、广阔的国际视野、术有专攻、现场亲历和含金量高的沟通交流，深刻思想与长远眼光便成为无源之水；没有深刻的思考与长远眼光，经历再多也会熟视无睹，也讲不好故事。

高效的行动力需要多种技能的支撑；多种技能的娴熟运用势必如虎添翼，锦上添花。

没有使命感，难有激情，也不会愈挫愈勇，更不会兢兢业业，想成为一名出色的国际新闻工作者更无从谈起。

强烈的使命感、鲜明的是非观念、冷静的政治头脑、不断进取的激情、锲而不舍的精神，永远是相辅相成，相得益彰的。

有梦想就有希望，有艰辛才有光荣，有付出才有收获，有努力才能成功。

"No pain, no gain."，这是永远的真理！

国际新闻采访：现场！现场！现场！

2021年8月15日，阿富汗塔利班进入首都喀布尔，控制总统府。在这场美国历史上最为漫长的20年战争结束后，美军在喀布尔国际机场仓皇撤离的场景成为全世界关注的焦点。在阿富汗首都喀布尔以"总台报道员"身份出镜的记者的每日现场报道吸引了众多眼球，因为他们在现场！

2019年10月21日，新华社驻美国记者发回了这样一张照片：在第70届国际宇航大会开幕当天的第一场全会活动上，"在这个会议上，我想念一个重要的航天局。中国（航天局）去哪儿了？"这一提问被1000多名现场听众用手机投票的形式置顶于会场大屏幕上。

这个会议在美国首都华盛顿会议中心举行。根据会议日程安排，当天本应该发表演讲的中国国家航天局副局长吴艳华没有出现。在现场观众"集体施压"下，即将担任国际宇航联合会主席的帕斯卡莱·埃伦弗罗因德将其归因于"时间冲突"，但并未就此做进一步解释。而真正的原因是：中国代表团赴美签证受阻。

这件事情的大背景是：一段时间以来，美方对中方的学者、学生、企业界人士和科技人员等赴美采取了拒签、拖延签证申请、吊销赴美长期签证、盘查骚扰等措施，阻挠中美正常的人文交流与人员往来，也损害了中方人员的人身安全与合法权益。这一情况的发生表明美国已将贸易战扩大到本应造福人类的国际科技合作领域，为中国科研人员的正常国际交流活动频频制造障碍。

这是一件"涉我"的重大国际新闻。美国的这一做法不得人心，这张照片很生动地说明了这个问题。

如果新华社记者不在现场，就拍不到这张提问被置顶的照片，便也没有这篇图文并茂、很有说服力的国际新闻报道。

国际新闻报道之所以成为实践性很强的活动，就因为它来源于现场，倚赖于亲历，艰难困苦，玉汝于成。

If your photographs aren't good enough, you're not close enough.（如

果你的照片拍得不够好，那是因为你靠得不够近。)

——罗伯特·卡帕

罗伯特·卡帕是匈牙利裔美籍摄影记者，20世纪最著名的战地摄影记者之一，他报道过5场重要战争，包括中国的抗日战争。

1936年，法西斯主义在许多国家相继抬头，西班牙佛朗哥内战爆发。战争是残酷的。一天，卡帕正在第一线的战壕，一名战士跳出战壕，准备向敌人发起冲击，突然，他的身体停住了，子弹击中了他的头部。卡帕面对这突如其来的事情条件反射地按下了快门。这是一张在一瞬间发生的、充满悲剧英雄色彩的照片，也因这张后来发表在《生活》杂志上名为《倒下的士兵》的照片，卡帕名扬天下。

因为他身在战争一线，所以他的照片最大的特点就是真实。从摄影技巧上来说，他的拍照水平难说是一流的，《诺曼底登陆》等照片甚至是模糊不清的。从技术上说，他所使用的焦距、光圈、快门可能都不太对，但并没有人为此挑剔。人们都知道他是在用生命拍照，因而心生尊重。

国际新闻工作者身在重大新闻现场之所以重要，就是因为你可以尽可能近地接近重大新闻事实真相，也因此避免了以讹传讹。国际新闻工作是一个用文字、用图片、用声音、用图像记录事实、记录真相、记录真实历史的实践活动。我们必须敬畏文字，敬畏事实，敬畏真相，敬畏历史。否则，轻则产生歧义，重则歪曲历史。要知道，在这个网络时代，一个有意无意的"误会"会产生"蝴蝶效应"，会极大地扰乱人心。

"事不目见耳闻，而臆断其有无，可乎？"这是苏轼于1084年在《石钟山记》一文中发出的感慨。那一年，苏轼游览了今位于江西北部湖口的石钟山。在那之前，北魏地理学家、散文家郦道元认为石钟山得名是因为它"下临深潭，微风鼓浪，水石相搏，声如洪钟"。唐人李渤亲临考察后在潭上得到两块石头，敲击时发出铿锵的金石之声，认为这才是山名为"石钟"的缘故。苏轼对这两种说法均提出质疑，随后亲临石钟山，最终不仅描绘出石钟山下巨大的石头洞穴和裂缝这一特殊的地形构造，还道出了风浪与山石孔洞冲撞激荡而发声的原理，从而揭示了石钟山得名的真正由来。

在日常生活中，以讹传讹比比皆是。当问及何处为非洲大陆最南端时，不少人皆答"好望角"。我则告之：好望角处有一黄色木牌，那上面明明白白地写着，好望角为非洲大陆最西南端，真正的非洲大陆最南端为厄加勒斯角。我之所以能够如此清楚此事，是因为我曾多次赴好望角和厄加勒斯角现场踏访。

"我在现场"可以纠正以讹传讹。对于国际新闻工作者而言，它还有着更为重要的意义。

"我在现场"所见到的事实与重大新闻真相不能画为等号。有些时候，看到眼里的事实并非全部真相，或只是冰山一角，甚或是假象。然而，只要身在现场，便有助于了解更多的真相，识破假象，进而最大限度地接近全部真相。

在现代科技迅猛发展的情形下，"我在现场"已经有了新的含义。通信卫星、无人机等科技的发展已经使国际新闻工作者不必真正"身"在现场，便可以观察、拍摄到现场情况，进而进行必要的分析、研究和报道。这种技术一般运用在自然灾害现场报道或战地现场报道中，从一定意义上来说，这仍然是"我在现场"原则的延续。

一、只有做到"我在现场"，才能最为真实地记录历史；只有做到"我在现场"，才能捕捉到真正意义上的独家新闻

1991年苏联解体，时任人民日报驻苏联记者周象光亲历这一事件，并发回报道，这也成为他任驻外记者一职时最为荣耀的事情。以下为相关报道：

红场易旗纪实

公元1991年12月25日晚7时许。莫斯科。隆冬中的红场。

由于莫斯科电视台头天就预报了戈尔巴乔夫将在今晚7时发表辞职演说，许多人便预料克里姆林宫顶上将要更换旗帜。莫斯科市民，还有许多外地人冒着凛冽的寒风赶来观看这一历史性场面。一些人带着半导体收音机来到红场，一面等，一面收听戈氏的辞职讲话；电视和摄影记者在选择拍摄角度；人们在谈论着自己的看法，并不时抬起头来，眺望着在暮色中飘动着的苏维埃社会主义共和国联盟国旗。人群中，有的举着苏联国旗，有的举着过去加盟共和国的国旗。

看得出来，此时此刻，人们的感情是十分复杂的，对联盟的解体态度也很不一致。有人在高声呼喊口号："苏联万岁！"一对来自乌克兰的老年夫妇说："怎么能没有联盟呢？苏联分裂成15个国家，就不再是一个大国了。"一位来自雅罗斯拉夫尔的工人说："这标志着俄罗斯又复兴了，现在就看叶利钦有没有办法防止饥民造反啦！"几名女青年说："换旗是自然的，因为苏联已经不存在了。"来自格鲁吉亚

的一个俄罗斯人反对易旗,这时,人群中开始争论起来。他们的观点各异,有的甚至截然对立,对戈尔巴乔夫和叶利钦的评价也不尽一致。有一位中年妇女插进来无可奈何地说:"挂什么旗都可以,只要让人们有吃的就行,因为我有6个孩子。"一位来自萨拉托夫的青年工人说:"这么大的事件应当举行一个仪式,现在的做法未免太简单了。要知道我们几代人生活在这面旗帜下,我从小就知道我是苏联人,没想到这么突然就改变了祖国。"另一个人说:"举行不举行仪式无所谓,重要的是不能再像过去那样只说空话不干实事。"

　　7时25分,戈尔巴乔夫电视讲话结束了,苏联总统府的屋顶上出现了一个身影。人们屏住了呼吸。7时32分,那面为几代苏联人熟睹的镰刀锤子旗开始徐徐下落、下落……7时45分,一面3色的俄罗斯联邦国旗取而代之,升上了克里姆林宫上空。此时此刻,广场上的人们意识到,克里姆林宫已成为俄罗斯的总统府,苏联从地图上消失了。

　　莫斯科的夜空开始飘起雪花,气温明显下降。但仍有不少人陆续来到红场。人们还在红旗落地的地方发表自己的看法,还在那里争论……

　　另一位非常优秀的中国记者当时也在苏联,并且在苏联解体前后一直非常努力地工作,但苏联红旗落地之时,他没有能够身在现场,并因此备感遗憾。

　　他在事后的回忆文章中这样写道:"公元1991年12月25日19时38分,印有锤子和镰刀的苏联国旗,在飘扬了69个春秋之后,于沉沉夜色中伴着寒风在克里姆林宫降下。遗憾的是,我们没有来得及赶到现场,目睹这一短暂而永久的瞬间,拍下这一极其珍贵的镜头。谁知,戈尔巴乔夫辞职讲话刚完,苏联国旗就被匆忙地降下。没有仪式,更没有欢呼。"

　　他在题为《感悟》的文章中说,对于记者来讲,最大的遗憾,就是你不在重大新闻事件的现场。面对苏联解体,他本想拍下苏联国旗降下的镜头,事先也从莫斯科晚报记者那里要了高感光度的胶卷。原以为是12月31日降旗,谁知道,12月25日晚上,戈尔巴乔夫宣布辞去总统职务的电视讲话刚刚结束,苏联国旗就被降下了。那天半夜,当他从BBC的电视新闻中看到降旗的镜头时,心里感到非常难受,并成为终生遗憾。因为,像这类具有历史价值的照片,是永远无法补拍的。该记者反思:"这也是因为我们的新闻敏感性不够造成的。当时,我们都把注意力集中到了戈尔巴乔夫的电视讲话上,而忽略了其他事态。"

除了没有拍下苏联国旗降下的镜头，苏联11个加盟共和国领导人在阿拉木图签署独联体协议的时刻，他也未能赶去现场采访。他深深感到，一个记者，一个通讯社的记者，只能紧紧跟随事态，到事件的第一现场。离现场越近，采访的新闻越有历史价值。即使俄罗斯、乌克兰、白俄罗斯三个加盟共和国的领导人在白俄罗斯的会晤是避开媒体秘密进行的，但只要有可能、有机会，记者就应赶到现场，哪怕是等候在会晤地点的门口，也可以采访到第一时间的新闻。

记者是历史的见证人、历史的记录者，"今天的报道就是明天的历史"。采访苏联解体的这段经历，使该记者深刻地感受到记者的使命、职业的价值。

二、只有做到"我在现场"，才能更为客观、真实地研判局势，进而提出明智之策

自1996年10月以来，扎伊尔东部战火迅速蔓延。这场战火烧得上百万卢旺达难民四处逃亡，烧得蒙博托32年的统治岌岌可危，烧得整个非洲大湖地区动荡不安，烧出一个世界瞩目的新热点。上百万难民大逃亡时，我便反复掂量从南非飞赴扎伊尔东部战场采访的可能性，伺机而动。进入1997年3月后，卡比拉领导的扎伊尔反政府武装在东部攻城略地，势如破竹，再一次成为重要国际新闻。在主动请战得到批准后，我于当年3月14日离开约翰内斯堡假道肯尼亚前往扎伊尔采访报道。

3月24日，中国路桥公司驻基加利办事处如约派车将我送到卢旺达西部边境。在蜿蜒的山路上西行150公里后，汽车抵达卢旺达边境小城吉赛尼，两国交界处黑压压游荡着一片闲人。出关手续还算顺利，但入关却遇到了麻烦。过了卢旺达边境便是扎伊尔东部城市戈马，这里是卡比拉领导的扎伊尔反政府武装的总部所在地，因而也是我此行的落脚点。进入戈马费了一番周折，一位干瘦的扎伊尔海关官员拿着我的护照一页一页地翻看，我想他是在找扎伊尔驻南非使馆核发的签证，于是便主动指给他看。他看后慢条斯理地说："这个签证在这里没有用，你必须在这里等待20分钟，重新办理刚果民主共和国的签证，但你的护照必须留在这里。"我一听就急了："不行，我的护照不能留在这里，这是我唯一的身份证件。"在交涉过程中，每当我提及扎伊尔这一国名时，他都断然纠正："不，应该说是刚果。"进入戈马后，我发现很多标志牌已改成"刚果民主共和国"。

此后，我发回了题为《风雨戈马城》的新闻报道。我是中国新闻媒体中最早报道扎伊尔反政府武装将国名改称为"刚果民主共和国"的新闻记者。

位于非洲大陆中部的扎伊尔陆地面积约234.5万平方公里，是非洲第二大、世界第十一大的国家。当时其人口超过7700万，人口数量在世界排名第17位，在非洲排名第4位。蒙博托在位期间，扎伊尔同中国保持着友好关系。扎伊尔政局变化，直接关系着中国与这个非洲大国国家关系的走向。

在扎伊尔的采访极为艰难，也非常艰苦。采访期间，我一直在观察这场战乱对扎伊尔政局的影响并评判我国应该采取何种应对策略。我也看到，世界各国来的各方人士，也都在做着同样的局势评判工作。采访结束后，我又绕道乌干达回到卢旺达，与中国驻卢旺达大使馆的负责人进行了情况沟通。我认为，中国应适时与扎伊尔反政府武装进行联系，以便"城头变幻大王旗"后占据主动地位。从事后的态势发展可以看出，我的意见得到了采纳。

三、只有做到"我在现场"，才能最为生动、鲜活地讲好故事

这个道理显而易见，真正做到却要花大力气。

中国医疗队是中国卫生部国际合作组织。第一支中国医疗队于1963年成立。1963年4月，应阿尔及利亚政府的邀请，中国政府第一次向非洲派出了医疗队，从此拉开了中国医疗队援非的序幕。

没有到非洲工作之前，我就中国医疗队的一些问题采访过卫生部，也有文章见报，内容当然是数字比较多，事例也都是二手资料。当我再到津巴布韦工作之时，我就产生了对中国医疗队进行一次深入采访的想法。什么叫深入采访？多年前的一次采访经历给了我启示。

1990年北京亚运会期间，我与同事一直在讨论一个问题：如何从一个独特角度展示北京亚运会。后来我们就决定从一个最为普通的日子，一个最为安静的时刻开始，从一滴水见太阳。于是，我决定从中国医疗队最普通的一天切入，也是希望能够从一滴水见太阳。在与中国医疗队两位医生商量后，我的采访完全采取纪实和白描手法，详细记录中国医疗队两位医生的24小时。以下是相关报道：

中国医生的24小时

提要： 中国医疗队饮誉非洲。为什么非洲人赞扬中国医生？这篇纪实回答了这一问题。

2月26日，星期天。中国医疗队的医生王茂武、李青峰又该轮值

每周一次的24小时昼夜班了。

上午7时59分：黑人司机乔治将中国医生从住地送到了29公里外的奇通圭扎综合医院。这家位于哈拉雷南郊黑人聚居区的医院是个二级医院，规模不小，但医生只有14名，其中临床医生10名，且多为外国医生。这个医院的特点是没有严格分科，人才奇缺要求每个临床医生都是"全能"医生。

李青峰是麻醉医生，一位瘦小但不羸弱的女子。一到医院，她便匆匆赶往诊室接班。王茂武医生走进中国医疗队值班休息室时手里提着一个篮子，篮内装着生玉米、苦瓜、黄瓜、莴笋叶，还有湖南人餐餐难离的红辣椒。自1985年开始，在津巴布韦的5批中国医疗队都来自湖南。篮内的东西除了那根黄瓜外，全是医疗队的自种产品。一进屋，王医生便忙着张罗做饭。

8时35分：急诊室来电话，请王医生前去看病。偌大一个医院今天只有他一个临床医生。值班休息室距急诊室约200米，王大夫换上白衣急急赶去。他在国内是神经外科医生，急诊室内却有着各式各样的病人在等着他：艾滋病、疟疾、肺结核、儿科急症……

9时30分：一连诊治了9个病人后，王医生回到休息室。操手术刀的手重又拿起菜刀。一会儿，李医生、王医生和记者围坐在一盘湖南风味的辣椒炒鸡蛋、一锅小米粥和几张葱花饼前，把早饭和午饭一并打发了。

10时25分至13时：不断打来的电话将中国医生一次次召唤到急诊室和各科病房。从患肺炎的3个月婴儿、不幸遭强奸的3岁女孩到浑身发出恶臭的晚期艾滋病人，一一被值班护士带到医生面前。对中国医生最为了解的就是这些本地护士。记者向一位已在此工作10年的护士询问对中国医生的看法时，她笑着说："非常好。"

午间，有约40分钟的闲暇，大家谈起了往事：第二批医疗队外科医生戴松成功地完成不完全断手再植及大面积烧伤植皮手术直至现在还被传为佳话；功底深厚的陈剑雄教授曾被聘为津卫生部顾问，津方设立了"中国医疗队陈剑雄奖"，每隔两年向成绩优异的护校毕业生授奖一次。

14时至15时25分：王、李医生进入手术室，一口气做了6个妇科和外科手术。"今天算是少的，最多的时候一下子做了25个。"头上已沁出汗滴的王医生说。手术期间，从传染病房和急诊室又不断打来电话催他前往。

15时30分至18时40分：王医生走马灯般地在传染病房、妇产科、急诊室、儿科和观察室治疗了21名患者，其中在产科做子宫缝合手术1次。这位30岁出头的神经外科医生曾在此被赶鸭子上架似的做过一个子宫全切的妇科大手术，并独立完成了在国内需两三个医生合作的胸骨后甲状腺切除术。"刚开始碰到很多困难，有什么办法？只能尽快适应。"他说。其间，大家忙里偷闲地解决了肚子问题。一盘又是湖南风味的苦瓜辣椒炒肉丝吃得大家咂舌不已。

18时45分至20时10分：李、王医生再次进入手术室，为一位因交通事故手指开放性骨折的小伙子做手术。术后喘息未定，产科又打来电话：必须立即为一位孕妇实施剖腹产。李医生一面利索地做着麻醉准备工作，一面介绍说："这种气管插管全身麻醉是最要认真的，要由我来控制病人的呼吸，弄不好病人就有生命危险。"这台剖腹产手术进行了18分钟，一个体重3060克的女婴哇哇问世。"把一个危重病人抢救活了的时候，我还真有股子自豪感。"李医生说。

20时43分至21时19分：又是一轮从急诊室、产科到小儿科的奔忙。"有好几次值班时，我的脚跑得肿了起来，"王医生说，"有时累得要命，刚一坐下，电话又来了，烦得我直想摔电话。"

22时15分直至27日凌晨4时：忙了整整一天的医生们刚刚钻进蚊帐准备睡觉，电话铃又响了起来，如此一连三次。"今天夜里没有大手术，算是轻松的了。"李医生说。就在这算是轻松的一昼夜中，两位中国医生一共诊治了89位各科病人，其中做手术10次。

截至1994年11月的一年中，中国医生仅在这家医院外科和妇产科就接诊13 218人次。

27日上午8时：两位中国医生查房后，终于松弛了紧绷24小时的神经。明媚的晨光中，黑人司机乔治又驾车来到医院。车上走下接班的医疗队长、妇产科吴医生，放射科周医生和厨师小王，他们又将在这里为救死扶伤度过新的一天。

这篇文章见报后，时任人民日报总编辑范敬宜曾有一段批示，大意为：关于中国医疗队的报道历来很多，而如此文作者般深入体验后以独特视角成文者少。此文后获第一届中国国际新闻奖通讯类优秀作品二等奖。相关点评指出：记者深入现场，跟踪采访，对医疗队员的活动描写细腻，真实感人，老题材写出了新意。实际上,这种深入现场,以白描笔法讲故事的报道方式并不少见,屡有奇效。

印度与巴基斯坦之间共发生过三次战争,简称印巴战争。

第一次印巴战争发生在1947年至1949年,是印度与巴基斯坦之间就克什米尔地区的主权问题爆发的一场战争。

第二次印巴战争发生在1965年至1966年。一个面积约1.8万平方千米的盐碱沼泽地库奇兰恩,成了引发第二次印巴战争的导火索。历史上,印度和巴基斯坦从未在这里正式划定国境线,但后来发现这一地区可能有石油资源,因而引发争端。1965年9月20日,在联合国的调停下,印度和巴基斯坦于9月23日同时宣布:接受联合国的调停,全线停火。1966年1月4日至9日,在苏联政府的斡旋下,印巴两国同意撤退到1965年8月5日前所在地区。第二次印巴战争就此结束。1966年1月10日双方签署《塔什干宣言》,一致同意停火撤军,并宣布"不使用武力,而是通过和平手段解决争端"。

第三次印巴战争是指1971年印度、巴基斯坦关于克什米尔地区分治问题而引发的战争。该次战争以东巴基斯坦从巴基斯坦独立出去成为孟加拉国结束。

1971年印巴战争中,《华尔街日报》驻远东记者彼得·卡恩孤零零地被困在被印军重重包围的达卡城内。达卡的一切通讯都被切断了,他的处境很危险,报社建议他离开,但他却决定留下来。

由于通讯被切断,他无法发稿。在这样的情况下,他坚持写日记,将自己的所见所闻所感如实记载下来,战争一结束,他立即将这些日记发回。《华尔街日报》在头版发表了他的日记。这个作品获得1972年普利策国际报道奖。评选委员会认为,彼得·卡恩的日记比其他人更早阐明了新闻的意义。他充分发挥了主观能动性,报道得最早,而且有深度。他所写下的这些日记生动感人,告诉了读者所发生的事及其原因。

以下为这一系列报道部分内容:

12月13日星期一

早报上以黑体字标题宣布"敌人进攻被打退",但是报上最长的文章是《饥饿的魔影在上沃尔特徘徊》。从早餐厅,人们可以看到饭店的雇员在用系有磁铁的绳子打捞落到游泳池里的高射炮炮弹片。

在解除宵禁的六小时期间驱车去市中心。许多孟加拉人都离开了城里,但是在街上可看见一些比哈尔人(非孟加拉少数民族),当然,是人力车夫。今天,我只看见少数巴基斯坦国旗在飘扬。一位外交官说:"达卡所有的缝纫机都在缝制孟加拉国旗。"

12月15日星期三

早餐时,印军空袭。十分钟后,餐厅就没有了人影。餐桌上到处扔着咬了一半的鸡蛋。

法曼将军(一位巴基斯坦指挥官)约在上午9点钟来到这里。"巴基斯坦会投降吗?""我们为什么要投降?投降的问题还没有考虑过。"将军开着一辆盖着泥土伪装的梅塞迪斯小轿车四处奔波,车牌上有两颗将星,没有武装保护。

10点钟刚过一会儿,一名英国记者从我身边跑过,他口里喊着:"一个小时内法曼将军要来饭店宣布投降。"大家都很兴奋,电视记者相互打招呼,要维持好秩序,排成一行。"就这一次,"他们说,"我们不要互相打架,免得只照上了自己。"

法曼将军准时到了,但是他转向墙角,电视摄影记者一无所获,只拍下一个背影。有谣传说,叶海亚总统昨天晚上已批准投降方案,但是可能受到了尼亚茨将军(巴基斯坦高级指挥官)的阻挠。

一名巴基斯坦军医来到饭店,他的谈话调子很沮丧。"什么是荣誉?"他问道,"为了荣誉到底要作多大牺牲?过去我们曾经为荣誉进行决斗,现在为了维护荣誉就得牺牲一百万人。"他说,巴基斯坦军队伤亡惨重。

法曼将军离开了饭店。但是有许多关于投降的谣言。谣言真是太多了。

12月16日星期四

上午10点钟,饭店一位负责人走了过来,他说道:"确切消息,确切消息,投降了。"五分钟后,一名联合国官员在饭店证实:"投降的最后通牒被接受了。"

我与其他记者一道冲向机场。12点45分,一辆巴基斯坦军车驶来,车牌上有两颗将星。我猜可能是巴基斯坦将军来迎接印度的直升机。但是,一个缠着紫红色头巾的将军和另一个戴着步兵帽的将军走下车来,但不是巴基斯坦军帽。"你们好,我是印度军队的纳格拉将军,"戴着步兵帽的人说,"这是克拉准将。"他介绍了那个围着紫红头巾的人,他俩今天凌晨率领印度军队从北边进入了达卡市郊。

我们听说国际饭店里发生骚乱，于是就返回了。一个发了疯似的孟加拉人被抬了进来，腿上受了轻伤，最后，他被安置到饭店里三张椅子并成的临时病床上。饭店经理匆匆跑了过来，他还是像以往那样衣冠楚楚。"血都滴到我的高级椅子上了，那帮该死的王八蛋将他的脚刺伤了。"他说。

城里一片混乱，到处都是带枪的人，还有兴高采烈的孟加拉年青人，不知所措的印度人，还有怕得要死、不知到何处以及如何投降的巴基斯坦军人。

今天下午，印度军队的纳格拉将军和巴基斯坦军队的法曼将军乘车到了饭店门口。一群人对着法曼将军乱喊乱叫："刽子手，杀人犯，混蛋。"法曼走向他们，温和地说道："你们了解我替你们办了什么事吗？"他是指拯救人们生命的投降。可能这帮人也清楚，但是并不介意。

下午5点钟，记者们都奔向高尔夫球场去观看正式的投降仪式。投降书签字，一式四份。尼亚茨将军宣读文件花了很长时间，他好像是第一次这样做。

签字后，秩序乱成一团。一伙人要将印度将军扛在肩上，巴基斯坦将军受到周围人的推搡。法曼将军目光呆滞，孤零零地站在人群之中，不知所措。当两个孟加拉人猛地向他撞过来时，他喃喃地说："你看，我们在到处挨打。"

法曼将军将一只手插在上衣口袋里，慢条斯理地踱着步。"我怎么能走出这里呢？"他自问道。一会儿，他就在人群中消失了。

12月18日星期六

还有一些枪声，还有一些杀人的现象，特别是对比哈尔人的杀害，还在继续。孟加拉的胜利庆祝会充满了血淋淋的景象：四名西巴基斯坦的同情者受到折磨后被杀掉；今天早些时候，孟加拉人找到了一个大坟墓，里头埋着一些颇有名气的孟加拉知识分子的尸体，这些人是在头天晚上被当地军人作为人质杀害的。这是一个传统的流血社会，它已经经历了九个月的大屠杀。流血怎么会突然停止呢？

达卡逐渐平静了下来。

卡恩自己认为,这些日记并不能成为这场战争的历史记载,因为它只能记录席卷整个南亚次大陆的这场冲突的很小的一部分。他也承认自己的日记带有个人色彩,我们也可以看到他的倾向性,但卡恩白描式的纪实写法,已经从一个角度定格了这一历史场景。

四、只有做到"我在现场",才能融会贯通,举一反三,厚积薄发,理性升华

美国当地时间2017年8月12日,弗吉尼亚州夏洛茨维尔市围绕罗伯特·李将军雕塑该不该拆而引发的示威冲突最终酿成血案,各种愤怒情绪迅速蔓延整个美国。

夏洛茨维尔市是弗吉尼亚大学所在地。这所大学的创办者正是美国第三任总统、《独立宣言》主要起草人托马斯·杰斐逊。如今,这座充满人文气息的大学城因命案捅破了一个有着深刻社会背景的大脓包,究其根源,可以追溯到美国南北战争。

2014年8月9日下午,一名白人警察在美国密苏里州弗格森镇击毙了18岁黑人青年迈克尔·布朗。在那之前的几年中,美国种族冲突并未因一位名为奥巴马的黑人入主白宫而有根本改观。布朗之死引发了"蝴蝶效应",美国爆发了多次抗议、游行示威活动。

美国媒体自2014年8月11日开始对此事有所报道。我当天即将此事作为重要新闻线索报回国内,并及时发回相关消息和述评报道。此后,我一直在做着赴现场采访的准备。面对如此发达的网络,驻外记者不应成为整天泡在网上的"宅男"或"宅女"。驻外记者的价值在于"驻外",在条件许可的情形下,应尽可能及时地出现在重大新闻事件的第一现场,进而对亲见亲历做出客观、真实和有深度的报道与解读。

8月18日晚,当看到弗格森镇局势仍有升级迹象时,我主动请命去采访。8月19日一早,我便乘机赶往密苏里州圣路易斯市。抵达圣路易斯市时已是当天下午3时,烈日仍然高悬,气温较华盛顿热了许多。一路上,见到不少平时常见的国际媒体同行,他们身上也都挂满"长枪短炮",匆匆赶往现场。"弗格森事件"发生后,我是中国驻华盛顿主要新闻机构中最早前往弗格森镇现场的新闻记者。

密苏里州与华盛顿有一小时时差。大量记者的涌入使得当地旅馆价格上涨,我连续跑了几家都吃了闭门羹,最后在一家距离弗格森镇尽可能近的小旅店里落脚。随后，便驾驶着刚刚租来的汽车马不停蹄地前往弗格森镇进行采访。

快要到达弗格森镇时，身旁车道上一队全副武装的军车疾驰而过，而拐入弗格森镇的主要路口也已被国民警卫队等军警封锁，气氛顿时紧张起来。

抵达弗格森镇后，第一个重要的采访地点便是布朗遭枪击现场。由于军警封锁道路，无法驾车前往，我设法将汽车停在一家超市停车场后，便挥洒着汗水步行前往。全然陌生的弗格森镇军警林立，示威游行队伍不断，到处是愤怒的眼光和紧张的对峙。布朗遭枪击处和遭骚乱毁坏的店铺更是令人震撼——这里便是真正的第一现场。

这是一个似曾相识的现场。在南非的索韦托、博伊帕通，在饱经内战的安哥拉第二大城市万博，在惨遭大屠杀的卢旺达，在扎伊尔东部战场，我都见过类似的现场。但这里是美国。我走家串户，追随着示威队伍、当值的军警和三五成群的人们，观察着，询问着，交流着：这里到底发生了什么？为什么会发生此事？你们的诉求是什么？你们有着怎样的故事？……

烈日渐渐隐去，弗格森镇出现了几个为示威群众提供水和食品的摊位。当我走上前观看时，也被问及是否需要食物。直到这时，我才意识到，我从华盛顿赶到圣路易斯，再从圣路易斯到弗格森镇，又在弗格森镇进行高强度的密集采访，竟将午饭忘在脑后。那些好心人给了我一块比萨和一瓶水后，我便坐在一个角落享用了这一独特的免费晚餐。

弗格森镇的夜晚，示威者与军警发生暴力冲突的风险最大。夜幕降临后，虽然身心已高度疲惫，但我仍在坚持着。伴着浓浓的夜色，跟随一队队的示威人群，我又进行着新一轮的采访、采访、采访……

深夜时分，我拖着极为疲惫的身躯回到下榻旅店。然而，这只是又一轮拼搏的开始：凝神整理采访素材和报道文章，发回文字、照片和视频。那一晚，下榻旅店的网络极差，直至凌晨4时，二维码视频竟仍未传回国内。我那已经高度发木的大脑突然想到楼下商务间的电脑传起来可能更快。此招显然灵验，但将视频完全传回国内已是清晨6时，又是一个不眠之夜，但成果是国内8月21日的见报稿《"没有正义就没有和平"》。

既然来到重大新闻现场，那么首先要做到如实将你所见到的事实告诉受众。以下为相关报道：

美国黑人青年遭警察枪杀导致持续抗议
"没有正义就没有和平"

从密苏里州圣路易斯市国际机场到弗格森镇约10千米。接近弗格森镇时,车流顿时迟缓起来。通向弗格森镇的西弗洛理森特街街口已被警方封锁,只有数辆美国国民警卫队的军车疾驰而过。国民警卫队、圣路易斯市警察和密苏里州高速路巡警大队等多支军警力量已将弗格森镇铁桶般围了起来。

8月19日16时,西弗洛理森特街头又涌来一支抗议示威队伍。人们举着"已举双手,不要枪击""没有正义就没有和平""我们也是人"等标语大声呼喊口号。在军警的严密监视下,示威队伍将原本空旷的西弗洛理森特街变成一个大广场,转了一圈又一圈。

"只是因为我们的肤色,白人警察对待我们就像是对待三等公民"

从西弗洛理森特街拐进坎福尔德街后,不仅道路窄了许多,两旁的房屋也格外低矮和破旧,这与圣路易斯市白人豪宅区形成鲜明对照。在邻近坎福尔德格林公寓2943号的道路中央,摆放着一个写有"已举双手,不要枪击;2014年8月9日;迈克尔·布朗"等字样的黑色牌子。牌子的后面堆满了蜡烛、鲜花、标语、玩具和一身红色球衣球帽,一方白纸上写着"美国:因为我们停止了倾听,哭声将不会停止"。

8月9日,18岁的黑人青年迈克尔·布朗就是在这里遭到白人警官达瑞恩·威尔逊枪击致死的。在道路旁边的2960号公寓一层左侧窗户上方,记者还看到当时留下的一个弹孔。

这一惨剧的发生,犹如在当地引爆了一座愤怒的火山。在布朗遭枪击致死的地方,一位名为辛迪·艾伦的黑人妇女不断高喊:"我们要开始革命,我们必须改变这一切!"她在接受本报记者采访时说,美国黑人受奴役、受欺压、受凌辱、受歧视的情况已经持续太久,"白人用整个司法系统保护他们,而我的儿子和亲戚们永远不能像他们那样享有权利。我一个16岁的儿子现在还在狱中。"

刚刚参加完示威活动的伍兹一家三口来到这里,在布朗丧生地献上鲜花。伍兹说,美国黑人一直受到不公正对待,美国媒体对黑人总是进行负面报道。这场悲剧应该使人们敞开心胸,有些事情一定要改变。他的妻子站在一旁,双眼泛着泪光。

手举"美国司法制度已经坏掉"标语牌的社会工作者黛比·威廉斯女士说,为什么一个白人警官就能这样杀死手无寸铁的黑人青年?这很悲哀!这背后是美国仍然顽固存在的种族主义。只是因为我们的肤色,白人警察对待我们就像是对待三等公民。很长时间以来,美国的司法系统已经不能公正执法。我们要联合起来,改变这一切。但她接着说:"我对于很快改变现状并不乐观。"

一位名为佩恩·华盛顿的女士说,她有7个兄弟,其中5个都曾因遭警察毒打被送进医院,原因都是汽车车牌注册标识过期等小事,这种事情几乎天天都在发生。住在坎福尔德街9266号的莱蒂洛8月19日迎来了37岁的生日,几天来一直参加抗议示威活动的他告诉记者,这么多年来,这里的每一个人都遭遇过诸般不公,"我们真是受够了!"

"如果你对待黑人不像对待动物、犯人和敌人一样,和平才会到来"

西弗洛理森特街上所有店铺均已关门。位于9101号的"弗格森市场及酒类商店"和周边多家店铺都曾遭遇抢劫。这些店铺均以三合板暂时遮住了被破坏的橱窗。

黄昏时分,西弗洛理森特街头又出现了新的示威人群。路边一个临时搭起的摊位上,有人免费向参加示威活动的人们发放食物和水。参加这一公益活动的美国《最后的呐喊》报总编辑理查德·穆罕默德在接受本报记者采访时说:"美国一直批评世界上别的国家侵犯人权,实际上美国有着非常严重的人权问题。"他说,多年来,美国黑人遭到剥削和压迫。在这里,你可以看到人们的不满与愤怒,因为他们享受不到真正的人权,"你长得愈黑,就愈发贫穷"。

穆罕默德说,放眼全美,这样的事情绝不是孤立事件,"现在整个世界有机会看到一个真正的美国"。为什么奥巴马总统关心此事?因为他知道,如果弗格森的局面不能得到控制,就有可能在全美蔓延和爆发。他认为,奥巴马当选总统之后,美国种族问题并未缓解,而随着社会不公平愈发严重,种族关系愈发紧张。"如果你对待黑人不像对待动物、犯人和敌人一样,和平才会到来。"他说。

夜幕渐渐降临。记者在西弗洛理森特街公共汽车站处注意到,一位白人男子手拿"弗格森值得拥有更多"的标语牌,默默地将地上的空瓶、废纸等捡起来放入垃圾箱内。这位男子是来自圣路易斯县的麦克,今年31岁,在距弗格森镇不远的地方工作。他对记者说:"此时此刻，坐在家中上网本身就是问题，那样不会对改变这一情况有任何帮助。这里的黑人有权利知道，他们得到了很多人的支持。"他痛感这里的白人对待黑人的双重标准，"白人对待黑人相当严苛，本来不应该这样。昨天丧生的是布朗，今天就可能是这条街上任何一个人。这种悲剧在这个国家一而再、再而三地发生，真是很悲哀"。

夜色更加深沉之际，全副武装的军警车辆和人员调动明显频繁起来。近几天来一直担任此地执法总监的密苏里州高速路巡警队长约翰逊也出现在街头。一位巡警队员悄悄地对记者说："到了夜里，你可要多加小心！"

8月20日下午，我再次来到弗格森镇现场进行采访。

较之前一天，第二天的采访我更注意从政治、经济、历史、文化角度对此事件进行深度挖掘，其成果是8月22日见报的《"我们只是希望得到正义"》一稿，也为此后见报的《黑人青年之死引发美国社会深刻反思》一稿打下坚实基础。以下为相关报道：

黑人青年遭枪杀10多天后，人们仍在等待真相
"我们只是希望得到正义"

当地时间8月20日下午，美国密苏里州圣路易斯市郊外的弗格森镇似乎平静了许多。炙热的骄阳下，弗格森镇西弗洛理森特街道两旁的地上插上了多个写有"我爱弗格森"字样的标语牌。街道两旁不断走来举着"不要掩盖真相"等抗议标语牌的零星示威者，昨日示威者插在路杆上的玫瑰已经枯萎。

街道旁，不少人围住一辆白色中巴车购买一种最新纪念品——印有"一个非洲裔美国人的生命同样具有价值""够了，实在受够了"等字样的白色T恤衫。街道另一边则传来有节奏的呼喊声——越来越多的示威者又在这条大街上开始了抗议游行，"够了，实在受够了"也是其呼喊的口号之一。

18时，一名警察突然在街头摆起路障，各路媒体猜测美国司法部部长霍尔德可能在这里现身。数日前，美国总统奥巴马宣布，将派霍尔德于20日前来密苏里州处理与布朗案有关的事务。20日，霍尔德在圣路易斯市会见多方人士，允诺将对布朗案进行彻底调查和公正解决。同样是黑人的霍尔德说，他理解为什么如此多的黑人不信任警察。

他回忆起自己年轻时也曾多次因为肤色屡遭警察无端拦截训斥。他说:"我记得这些事情对我意味着怎样的羞辱,我当时是怎样的气愤,以及这些事情给我的人生打上了怎样的烙印。"

站在记者身边的弗格森镇民主党妇女事务主任帕特里斯女士似乎也在等待霍尔德的到来。她在接受本报记者采访时说,人们需要就种族问题进行对话,警察首先需要学会怎样对人说话。他们缺乏对人的基本尊重,不少警察认为黑人好斗、不理性,这本身就是种族主义。如果以不理性的态度处理人与人之间的关系,不理性的事情就会发生。

20日下午,示威活动组织者希尔在接受本报记者采访时说:"布朗究竟做了什么,威尔逊要向他连开6枪?非洲裔美国人应该同样享有宪法权利。我们只是希望得到正义,不要搞双重标准,枪杀布朗的威尔逊必须受到法律追究。"

参加示威活动的福克斯退休前在邮政部门工作。他说,当地黑人长期遭受严重的"经济歧视"。弗格森当地需要一些基础设施建设,但一直得不到联邦政府资金支持,相关项目长时间得不到批准,而资金却源源不断流向大公司。黑人在这里占人口大多数,但工作机会很少。

19时,美国国民警卫队、圣路易斯市警察、密苏里州高速路巡警等骤然加紧布防,各主要路口重新被控制起来——这些情况都在暗示,一个新的充满不确定性的夜晚又将降临。

黑人青年之死引发美国社会深刻反思

8月25日是美国许多学校开学的日子,本应走进大学课堂的布朗却已长眠地下。

当地时间8月25日,年仅18岁的美国黑人青年迈克尔·布朗的葬礼在密苏里州圣路易斯市弗格森镇附近一座教堂举行。包括著名黑人领袖杰西·杰克逊、马丁·路德·金的后人及白宫官员在内的约2500人参加了葬礼。当迈克尔·布朗的棺木被徐徐放入地下,他的父亲老迈克尔·布朗失声痛哭。

布朗之死瞬间挤破了美国社会淤积已久的脓包,不仅引发了各界对警察装备过度"军事化"的担忧,更暴露了美国种族歧视的痼疾和种族隔离的严酷现实。

白人警察的枪声暴露了种族歧视的痼疾和种族隔离的严酷现实

手无寸铁的布朗于8月9日在弗格森镇被白人警官威尔逊连开6枪致死后,引发了连续多天的抗议示威活动。军警的催泪瓦斯、橡皮子弹和装备着重型武器的装甲车的碾轧,让一度处于宵禁状态的弗格森镇俨然变成"战场"。在迈克尔·布朗家人要求下,25日葬礼场外没有发生大规模示威活动。在肃穆的气氛中,"改变"成为诸多发言者的共同诉求。

布朗之死瞬间挤破了一个美国社会淤积已久的脓包。一个白人警察的枪声暴露了种族歧视的痼疾和种族隔离的严酷现实。在种族歧视的背后,有着美国社会不平等的深刻根源。

布朗在弗格森镇坎福尔德街街头被威尔逊开枪打死后,他的尸体在街头陈放了4个小时。这一情景在美国社交媒体上广泛传播后,引发了大规模抗议示威活动。美国军、警动用高度专业化军事装备应对街头抗议,加剧了许多美国民众的愤怒情绪,也让美国一向对别国挥舞的"人权"大棒显现了尴尬的虚伪。

布朗之死以及弗格森镇的抗议浪潮令美国警察应该如何执法,以及美国警察过度"军事化"的倾向成为美国社会热议的话题。在弗格森镇街头,本报记者在采访执行任务的密苏里州高速路巡警琼斯时,询问他对"警察过度'军事化'执法"一说的看法时,琼斯拒绝回答这一问题。

布朗的葬礼上,在美国黑人当中备受尊重的夏普顿牧师在悼词中说,人们应该记住布朗,是他让美国直面美国警察是如何执法的。他说,寻求公平执法的运动应该具有远见卓识。

美国司法部社区治安办公室前资深政策分析师卡尔·比克尔直言,警方在处理这一骚乱的过程中反应过度,没有必要使用自动武器和装甲车来控制局势。日前,美国国会众议院司法委员会3名委员联名致信司法委员会主席,说弗格森镇警方用"粗暴武力"对待示威者,当地执法部门"已经失控"。美国国会参议院司法委员会主席莱希对警方采取"军事式"应对行动感到吃惊。他说:"让警察配备用于战争的装备无助于弥合社会裂痕。"

可能参加2016年总统选举的共和党籍参议员保罗认为,地方警察局竞相获取军用装备,已经远远超出多数美国民众对执法机构性质的看法。华盛顿实际上是在用国库资金帮助地方政府组建小型军队。众议员约翰逊计划在国会9月复会后提出一项议案,对军方向警方移交武器装备的种类做出限制。他说:"我们的街道应该用于商业,供家庭居住和休闲,而不应出现坦克和M16突击步枪。"参议院军事委员会主席莱文说,委员会将重新审视军方向警方移交过剩军用装备的计划,确定它们的用途是否符合初衷。

美国国会早在1990年就通过了《国防授权法》,批准国防部把多余的军事装备转交地方执法人员,其中包括通常用于军事行动的冲锋枪、反地雷装甲运兵车和武装直升机等。时至今日,这些军警力量和重型武器却被用于对付举行和平示威活动的平民。就连美国司法部部长霍尔德也表示,当警方和示威民众都需要恢复冷静之时,"使用军用装备和车辆却传递出相反的信息,我深感忧虑"。

大规模抗议活动是多年来美国社会不公、种族歧视的矛盾激化反应

弗格森镇所在的密苏里州圣路易斯地区是一个事实上种族隔离程度相当高的地区。弗格森历史上是一个白人城镇,上世纪90年代大批黑人移居该城市郊区。在这个黑人为主的城市,市政府与警察以白人为主。现任长官和警察局长都是白人,6人组成的市议会只有一个黑人,53名警察中有3名黑人。布朗之死再次令人深感美国种族冲突和种族隔离的严酷现实。本报记者在弗格森镇采访时看到,弗格森镇主要街道两旁最为醒目的建筑是一家麦当劳餐厅,黑人聚居的简陋房屋与白人住宅区相比有着天壤之别,而这种情况在全美各地普遍存在。

美国民众对布朗之死的反应也突显美国社会的分裂。就在弗格森镇连日发生抗议白人警察枪杀布朗的示威活动后,圣路易斯街头也出现了支持白人警察威尔逊的示威活动。美国皮尤研究中心日前对布朗之死的舆论调查显示,围绕此次事件,美国舆论两极分化严重。不同种族对该事件的看法存在明显差异。关于此次事件,80%的黑人回答称属于"严重的种族问题",而白人仅为37%,认为美国军警反应"过度"的黑人比例为65%,几乎达到白人(33%)的两倍。

布朗之死所引发的大规模抗议活动是多年来美国社会不公、种族歧视的矛盾激化反应。美国佐治亚州黑人政治家毕晓普认为,"在种族关系问题上,我们必须坦诚对话"。他表示,当人们没有工作、没法养家糊口的时候,紧张关系就会加剧。我们必须将问题摆上桌面,看到各个族裔之间有各种误解和不信任。我们必须推动宽容，也必须消除不信任。更好的教育、更好的沟通、种族与群体之间更好的理解、警察与社区之间更多的理解并更具有合作精神——所有这些都是必要的。政府必须采取政策，改进所有人的生活质量：工作机会、经济发展、提升教育、社区安全、消除犯罪与毒品、有能够承担的医疗保险。

布朗葬礼当天，也是美国许多学校开学的日子。美国各地不少学生走出教室就布朗之死进行抗议示威活动：布朗本来也应该同他们一样开始进入大学课堂，但此时却已长眠地下。迈克尔·布朗母亲的朋友沃伦·贝尔在葬礼上表示，这一悲剧发生之后，有些事情可能发生变化，但要彻底改变现状，恐怕还要等上很长一段时间。

美国种族冲突是一个非常古老的话题，又是一个随着时代发展不断有新特点的话题。弗格森镇事件发生时，美国有一位黑人总统，名为奥巴马，这是一个新的时代背景。在弗格森镇的现场采访不仅要顾及事件本身是怎么回事，更要用事实揭示这个事件背后更为深刻的根源。

布朗之死瞬间挤破了一个美国社会淤积已久的脓包。一个白人警察的枪声暴露了种族歧视的痼疾和种族隔离的严酷现实。在种族歧视的背后，有着美国社会不平等的深刻根源。

我在弗格森镇采访时看到，弗格森镇主要街道两旁最为醒目的建筑是一家麦当劳餐厅，黑人聚居的简陋房屋与白人住宅区相比有着天壤之别，而这种情况在全美各地普遍存在。

一位名叫穆罕默德的人士告诉我，放眼全美，这样的事情绝不是孤立事件，"现在整个世界有机会看到一个真正的美国"。为什么奥巴马总统关心此事？因为他知道，如果弗格森镇事件的局面不能得到控制，抗议活动就有可能在全美蔓延和爆发。他认为，奥巴马当选总统之后，美国种族问题并未得到缓解，反而随着社会越来越不公平，种族关系愈发紧张。"如果你对待黑人不像对待动物、犯人和敌人一样，和平才会到来。"他说。

所有这些能够以第一人称和直接引语报道的内容，没有身在现场的亲历是做不到的。

"我在现场"是国际新闻工作者的核心价值和最高境界。

国际新闻采访：探究真相

温斯顿·丘吉尔曾说："真理还没机会穿上裤子时谎言已经满街跑了。"然而，真相是不容置疑的，怨恨可能攻击它，无知可能轻蔑它，但归根结底，它就在那里。

大千世界，无奇不有。国际新闻，林林总总，有时真假难辨。作为一名专业的国际新闻工作者，我们每天都在去伪存真。一些小儿科般的谣言，一戳即破，但我们要澄清一些偏见就要费些气力。对于国际新闻工作者而言，需下大力气的工作是对诸多国际热点问题进行真相解析。

国际热点问题是国际新闻工作者的关注对象。任何一个国际热点问题都因为有着历史、政治、经济、社会、文化、民族、宗教等因素的相互作用而错综复杂。因此，研究任何一个国际问题，都要透过现象看本质，这样报道国际热点问题时才能全面、客观、准确、真实。

这个世界很复杂。记者对一个国际问题了解得愈深入，就愈发感到所有事情都不是非黑即白。研究、报道任何一个国际问题，都要条分缕析，透过现象看本质，都要深入采访探究真相，以便尽可能地全面、客观、准确、真实。

这个世界是一部大书。认识、理解、解析国际问题就像是在阅读这部大书，"方其始也，入其中而惶然，博观于其外而骇然以惊。及其久也，读之益精，而其胸中豁然以明，若人之言固当然者。然犹未敢自出其言也。时既久，胸中之言日益多，不能自制，试出而书之。已而再三读之，浑浑乎觉其来之易矣，然犹未敢以为是也。"（苏洵《上欧阳内翰第一书》）从"惶然""骇然"到"豁然"是一个渐进的过程。对任何一个国际问题的报道，从不敢说话，到有话可说，再到"不能自制"地说出点新话却仍"未敢以为是"，也是需下一番苦功才能达到的境界。

中东问题是所有国际热点问题中最为复杂的问题之一。想要了解中东问题的复杂性，最应去的一个地方便是耶路撒冷，只有在那里，才能对整个中东问题背后深刻的宗教、历史、文化、政治、经济、社会等因素有更为透彻的理解。

自2018年1月21日起，大中东地区发生了一场低烈度战争。起因是土耳其对邻国叙利亚北部阿夫林地区发起代号为"橄榄枝行动"的地面军事行动。此后，这场战争不断蔓延。联合国为此进行干预，要求停火。

作为北约第二军事大国的土耳其骤然出动约1万人作战部队和坦克、武装直升机等重型武器的行动背后，有着极为微妙的动机。

这次名为"橄榄枝行动"的低烈度战争其实很血腥。更为蹊跷的是，当土耳其大兵挺进作为主权国家的叙利亚时，叙利亚除了口头谴责外，并无实质对应行动。一直在叙利亚角力的美国和俄罗斯也低调应对，仿佛均有难言之隐。这更说明围绕叙利亚的大国、邻国关系极为错综复杂，正所谓"剪不断，理还乱"。

911事件后，整个世界地缘政治关系发生了极大变化，大中东地区更是如此，土耳其在大中东地区的强势崛起便是突出一例。

土耳其地跨欧亚两大陆，与麻烦不断的叙利亚、伊拉克、伊朗相邻，是通往欧洲腹地的门户，在地缘政治中占有极为重要的战略地位，与伊朗核问题、中东和平、欧洲导弹防御系统、欧洲难民等多个国际热点问题有着千丝万缕的联系。土耳其是北约成员国，却因其99%的居民信奉伊斯兰教等原因，在申请加入欧盟的进程中多有阻碍。土耳其的这些身份特点使其在国际社会中既成为多方借力的对象，也成为多方忌惮的焦点。

土耳其强人埃尔多安从运筹帷幄的幕后走到执政的前台之后，对内对外均彰显其铁血手段。对外，他不惜打掉俄罗斯飞机以显示强硬，又因为时移势易而与俄罗斯握手言和。埃尔多安对美国从来不服软，一言不合便怒言相对。在大中东问题上，无论是美国，还是俄罗斯，都对土耳其有倚重的需要，因此为土耳其在大国间的踢打腾挪提供了更多回旋的空间。

在国家关系上，土耳其与叙利亚不共戴天，但在一个问题上，两者却有着心知肚明般的默契，那就是双方都视叙利亚北部的库尔德分裂武装为眼中钉。土叙两国的库尔德人一直在闹独立，也因此成为土叙两国的大麻烦。从国家统一的角度出发，土耳其更视叙利亚库尔德武装为心头大患，最怕其趁叙利亚国难之时坐大，然后与在土耳其境内的库尔德分裂势力联合，最终威胁土耳其国家安全。土耳其此次军事打击之所以在阿夫林地区展开，概因为此地被土耳其视为库尔德武装在土叙间走私武器的通道，并靠近叙境内土耳其支持的反对派武装控制区。叙利亚对此次土军大规模入境行动之所以虚表个态后任其下手，苦衷便在于此。

土耳其此次行动也是在打美国的脸。在此之前，美国正在打造一支"边境安全力量"。这支力量在叙利亚北部库尔德民主军控制区和南部约旦边境接受美军培训，并将陆续部署到亲美反对派武装控制的叙利亚边境地区，这一地区靠近土耳其边境。美国此举立即遭到埃尔多安的愤怒反对。土军的耀武扬威正是要告诉美国，谁才是这一地区的"边境安全力量"。

土耳其之所以将此次军事行动称为"橄榄枝"，与令整个欧洲头痛的难民问题亦有关联。埃尔多安说："我们不谋求占领叙利亚土地，而是想帮助目前仍在土耳其的350万难民返回家乡。"埃尔多安此语虽有粉饰意味，但也有可以理解之处。

兵者，凶器也。土耳其此次举兵虽想获一石多鸟之效，却也有诸多风险。土叙两国势必将因此平添更多猜忌。美俄两个大国及欧盟对土耳其不得不增加更多防范。库尔德分裂的问题根深蒂固，并不会因一次军事行动便得以解决，反而更增积怨和仇恨。至于数以百万计的难民能否如愿返回家园，更是难以预测。

"橄榄枝行动"国际新闻的背后，就隐含着如此错综复杂的国际关系。

好的国际新闻工作者一定是一位满脑袋"官司"的人，这个"官司"不是对人生的斤斤计较和各种郁闷，而是对各种国际热点问题的关注和思考。对处于国际新闻工作前沿岗位的驻外记者而言，他的脑子里应该随时都装着各种各样的题目，并且一直要为这些题目搜集资料，跟踪观察，积累素材，一旦时机成熟，便可布局谋篇，出言成章。

我在任驻外记者期间，脑子里同时装着几个甚至十几个题目是常态，真真是"前役未罢，辄于胸怀所及，不觉领异拔新，迫之而出。每至路穷径险，则极虑穷思，形诸梦寐，便有别辟之境地，若为天开"（祁彪佳《〈寓山注〉序》）。

对任何一个国际热点问题全面、客观、真实的报道都离不开国际新闻工作者的深入采访。这种深入采访实际上就是在探究真相。对国际新闻工作者而言，这是一种非常艰难，却很有成就感的工作。

美国前总统特朗普在竞选期间，有很多言论引发争议，其中一个就是美墨边境墙问题。简而言之，特朗普说，他当政后要沿美墨边境建一道墙，建墙的费用还要由墨西哥政府担负。

他之所以提出要在美墨边境建一道墙，是为了缓解美国存在的非法移民问题，而非法移民并非新问题。我记得一部电影中有这样一个情节：一位墨西哥怀孕妇女在美墨边境大门处拼命挣扎，为的就是将孩子生在美国，而这个孩子会因为出生在美国而成为美国公民，并从此改变命运。

在美国工作期间，非法移民问题一直在我脑内旋转，内容不断丰富。到美墨边境采访后，我写出了一篇长篇报道，阶段性地完成了对这一热点问题的采访与写作。

为了完成对这一热点问题的报道，首先我需要不断地积累材料，包括其历史、政治、经济、社会、文化等方方面面的资料。

资料积累阶段的一个特点便是"捡到篮里都是菜"。需要我们目光四射，耳听八方，开阔思路，反复琢磨，寻找最佳切入点。这一过程绝非只在网上扒来扒去，而是绝不能放过日常生活中的一点一滴，观察永远应是全方位的。

我在美国的居住地附近有一商业中心，出门时我总会见到商业中心的路边站着一群年轻力壮的拉美人。他们便是所谓的非法移民，在那里等待有人找他们做苦力活。

有一次我在那附近办理租车业务，要拉一张床垫，便同店主谈起这些人，也从店主那里听到一些相关情况；在美国各地采访时，我经常在不同场合遇到拉美裔人，也会随时随地对他们进行观察。这些都成为日后报道成篇时的素材。

在不断积累资料的过程中，相关问题也在不断分门别类地冒出来，提出问题与思考问题的过程越纠结，越说明你对相关问题的思考在不断加深。这个阶段可以简称为满脑袋"官司"。

奥巴马当政时，曾力主移民改革，但非常艰难，最终也未能如愿。美国国会、各州政府围绕这一问题打成一锅粥，相关报道数不胜数。我在跟踪观察这些情况时，力求头脑冷静，既要深入下去，又要能够跳出来，对这一非常复杂的问题保持一种"common sense"（常识）。

在经过很长时间的积累、观察、思考后，一些基本问题大致成形，但也留下不少问号，也因此为日后实地采访留下了很多任务空间。

这些问题大概是：美国是一个移民国家，为何现在又出现了如此尖锐的非法移民问题？奥巴马的移民改革是要改什么，难点在哪里？拥护移民改革的人的利益诉求是什么？反对奥巴马移民改革的人的主要观点是什么，他们的利益诉求又是什么？美国社会在此问题上出现严重撕裂状态，这又说明什么？非法移民问题对于美国的未来意味着什么？

在调查真相的国际新闻采访中，找对人和找到地方非常重要。对于美国非法移民问题，最好的采访地点就是美墨边境。2011年，我终于抓住一个到美墨边境深入采访的机会。

在这样的采访中，现场观察非常重要。深入、细致的现场观察有助于你深刻理解一个复杂的国际热点问题。在采访过程中，我们仍应坚持"捡到篮里都是菜"的原则，最大限度地用眼睛去看，用耳朵去听，用录音机去录，用笔去记，但在写作时就要提炼，必须去粗取精、去伪存真，要寻得具有内在逻辑关系的"文气",将一个完整矛盾体的外衣用解剖刀般的笔法一层一层剥开。

在现场采访的描写中,不要浪费"现场"这一最为宝贵的资源。既要惜墨如金,又要充分将能够说明问题的现场情景描述出来,夹叙夹议,因为任何对现场的描述都是为了说明问题。

在这篇深度报道中,我对相关现场有着如下夹叙夹议的描述:

> 自圣迭戈开始向东南蜿蜒,美国与墨西哥之间有着一条全长1969英里(约3169公里)的西南边界线。目前,移民问题成为撕裂美国社会的巨大伤痛,这条穿越美国加利福尼亚、亚利桑那、新墨西哥和得克萨斯4州的边界线安全问题也因此愈发受到美国公众的关注。
>
> 从圣迭戈市乘车南行130公里,便可到达与墨西哥交界的哈昆巴地区。在一个半小时的车程中,沿途景观愈显荒僻。进入多山地段后,始则青山绿水,转而经过多为灌木丛和黄褐色沙石渐露的印第安人保留地,最后便见巨石狰狞的座座秃山和安扎博雷戈沙漠边缘。汽车拐入一条土路后,滚滚尘烟中一道褐色高墙渐渐凸显。这就是美国与墨西哥边界线所在。
>
> 走近约3米高的边界隔离墙,才看清这是一道用瓦楞状钢板连接的高墙,每块钢板上都标有序号,这无疑成为一种标识,如果在某一序号隔离墙处发现"情况",美国边境巡逻部门便会立即赶到现场。
>
> 第一天陪伴本报记者采访的是总部设在圣迭戈的"边境天使"组织创始人恩里克。"当年在越南战争和海湾战争中,这些钢板被用作美军小型战地直升机停机坪,现在却被竖在这里当作隔离墙。"恩里克说,"自建造这座隔离墙后,几乎仍然每天有人从墨西哥一侧翻墙过来。差不多有一万人在越境过程中死亡,其中1/3的人至今无从辨认其真实身份。这是一道有着许多血泪故事的耻辱墙!"
>
> 头顶的天空中出现了嗡嗡作响的战斗直升机,身边紧贴边界线的土路上不断出现注有"美国边境巡逻"字样的值勤车辆。"你们的脚下都有传感器,他们(指美方边境巡逻人员)知道你们在这里。"恩里克边说,边将随车带来的桶装水放在距边界线20米处的巨石后边——"边境天使"组织便是以这种形式帮助可能在夜间翻墙越境的人们。
>
> …………
>
> 站在科洛尼亚利伯塔的一处高地上,可以极为清晰地俯瞰墨西哥

一侧：一片片破旧的房屋中炊烟袅袅，钟声阵阵，鸡犬之声清晰可闻。一户人家正围坐在二层阳台处闲谈，几个孩童见到对面的我们频频挥手致意。那道钢制隔离墙的美国一侧，堆满了隔离墙丢来的生活垃圾。

"对面的蒂华纳地区就是美墨边境中最为危险的一段，"科林说，"2009年7月23日晚9时，美方一位边境巡逻人员就是在这里被射杀身亡的。"

与哈昆巴地区不同，科洛尼亚利伯塔等地段的美墨边界处还修建了第二道更高的隔离墙，高墙上的金属倒刺在阳光下闪着冷光。自20世纪90年代初开始，美方开始在美墨边境处建造第二道隔离墙。迄今为止，仅在圣迭戈地区，第二道隔离墙已长达13公里。美国海关及边境保护局行动支持专家德西奥解释说，圣迭戈地区美墨边境处地形复杂，既有海滩，又有沙漠和峡谷。美方仅在偷渡者容易抵达美国社区处修建第二道隔离墙，而在人烟稀少的沙漠等地区便只有一道隔离墙。

圣迭戈最西南端的美墨边界处是濒临太平洋的海滩。透过伸入大海的高高隔护栏，记者看到紧邻边界的墨西哥一侧建有一观景高台，众多游人正在居高临下向美国一侧张望，另有一些游人正打着赤脚在海滩上漫步、留影……

眼前的和平景象与这两道备受争议的隔离墙形成如此鲜明的反差。"美国和加拿大的边境地区也有犯罪，也有偷渡者，也有毒品走私，为什么他们不在美加边境修建一道隔离墙？这是典型的种族主义行为！"恩里克非常激愤地说。

…………

在美国各地的运输公司、搬运公司、建筑工地等处，都可以见到一群群等待工作的拉美裔人，其中许多人是"无证明文件者"。（这已经使用了我日常所观察的材料）

在恩里克的带领下，记者来到位于圣迭戈费尔蒙特大街5890号的"家得宝"商店前。"家得宝"是美国一家出售各种家居用品的大型连锁店。在这家店前的街角处，游荡着数十位找工作的拉美裔移民。记者与恩里克一道将事先购买的水及食物分发给他们，随即与他们攀谈起来。45岁的埃尔比来自洪都拉斯。他说，他离家多年，至今四处漂泊，干的是最苦最累的体力活，还常常找不到活干。来自萨尔瓦多的瑞瓦拉今年60岁，已在美国待了25年，至今无法与家人团聚。"我每周都站在这里等活，周三的工作机会多一些，周一几乎没活，"他说，"有时干了3天的活,人家只给1天的钱,我一点办法也没有。更不用说警察还常常将我们轰走,不让站在店门口……"

所谓找对人,就是针对一个非常复杂的问题,要找到持典型立场观点的代表性人物,对他们进行深入采访,以便将这个复杂问题的多个侧面全面、客观、立体地呈现出来。

为了采写这篇深度报道,我采访了"上、中、下、左、右"等各方人士。"上"至美国总统、美国国会议员,"下"到最普通的老百姓,"左""右"两方以及持中立态度的美国执法机构人员,都是我的采访对象。在大量资料的取舍上,我既选用了历史背景,也穿插了现实情况。

接受采访的人主要有:恩里克(父辈来自墨西哥,于1986年创办了"边境天使"组织,通过在美墨边境地区赠送水、食物、毯子等善举帮助越境移民。1998年,他成为首位获得美国和墨西哥双重国籍的人。为争得移民合法权益,他于2006年2月领导了从圣迭戈到华盛顿的请愿活动。2009年12月,他被墨西哥总统卡尔德龙授予墨西哥国家人权奖,成为在墨西哥以外获得此奖的第一人)、"边境天使"组织志愿者萨尔德瓦、圣迭戈蓝天园林公司总裁纳瓦罗、圣迭戈地区商会主席巴拉雷斯、加利福尼亚大学政治学教授舍克博士、美国海关和边境保护局新闻官科林、美国移民改革联合会媒体关系主任梅尔曼,此外,还有一些在现场的所谓非法移民,基本囊括了在美国非法移民问题上各个立场的人。

恩里克非常典型地代表了支持移民的一方。他说:"这些移民不是罪犯,他们和我们一样,只想通过诚实的劳动,改变自己的命运。"今年17岁的"边境天使"组织志愿者萨尔德瓦对此深表同感,他的父母便是当年历经千辛万苦穿越大沙漠来到美国谋生的。他告诉记者,自己的父母还算是幸运的。在加利福尼亚、亚利桑那和得克萨斯的美墨边境处,都有大片沙漠地带,许多越境移民在穿越沙漠时脱水而死。

恩里克从来不说"非法移民"这个字眼。他用的词汇是"无证明文件的移民"。事实上,当"非法移民"问题成为美国一大社会问题时,这一词汇本身也具有强烈的政治敏感性。美国前总统奥巴马在国情咨文中谈及移民问题时,使用了"无证明文件工人"这一词汇。

"谁是非法移民?"恩里克反问道,"从历史上看,在这片土地上,白人也是非法移民!"

快人快语的恩里克道出了美国历史上一段充满血腥的篇章。在美国历史上，有约230万平方公里的土地是从早已获得独立的墨西哥手中巧取豪夺强占而来的。美墨两国间的恩恩怨怨，早就使得曾任墨西哥总统的迪亚斯慨叹："可怜的墨西哥，离上帝太远，离美国太近！"

恩里克曾与来自亚利桑那州的美国国会参议院共和党资深议员麦凯恩当面辩论移民问题。他说，有人说移民不愿讲英语。不对。91%的第二代移民都能流利地讲英语。有人说移民不交税。不对。"无证明文件的移民"也交税，他们每年向社会安全保障基金交付70亿美元。有人说移民增加了美国的犯罪。不对。移民犯罪率低于美国本土公民。有人说移民抢了美国人的饭碗。不对。两者间没有直接联系。有人说移民消耗了美国经济。不对。移民平均所交税款多于他们所接受的政府服务……

长期研究美国移民问题的加利福尼亚大学政治学教授舍克博士说，现在全球约有2亿人口为移民，其中20%以上移民美国。在美国新移民中，约3300万人有合法身份，约1200万人无合法身份。虽然移民来自世界各地，但今天的美国移民问题多聚焦于拉美裔移民，在拉美裔移民中，又以来自墨西哥的移民居多。拉美裔移民问题之所以在现时的美国表现得格外突出，与这两个国家的经济、政治大背景密切相关。20世纪，拉美国家80年代的债务危机、通货膨胀，墨西哥90年代的比索危机等都成为将拉美裔移民"推出"的因素。而美国20世纪80年代的经济复苏，90年代至2000年的经济增长又成为将拉美裔移民"吸入"的因素。来自墨西哥的移民1999年向家乡汇回60亿美元，2007年这一数字升至240亿美元，其中约60%汇往墨西哥农村地区。舍克认为，尽管历史上的移民也不是土生土长在美国的本地人，但历来都有先来移民群体排斥后来移民的"土生居民保护主义者"。

梅尔曼说，美国没有一个好的移民政策。35%的移民没有读过中学；44%进入公立学校的移民不会讲英语；美国纳税人为非法移民提供医疗、教育等社会服务，每年成本约为670亿至870亿美元，即每一个纳税人家庭每年需为非法移民支出166至226美元；拉美裔移民将本来可以成为美国一大收入的款项寄回国内。

梅尔曼直言，拉美裔移民对美国经济没有帮助。从某种意义上说，"我们是在进口贫困"，因为每5个穷人中就有1个是移民。据兰德公司一项调查，这些移民生产财富的能力在不断下降，在整个有劳动能力的时间内，这些移民将一直保持贫困。美国公司喜欢雇佣移民，但也为此付出代价，其代价之一是不断加大的贫富差距。美国本土低技能劳动者50%的工资损失是因为低技能的外国移民大量涌入。移民所创造的就业机会常常留给了本族群的其他移民，而不是本地美国人。洛杉矶的一项调查发现，看门人这一行业已从工会组织严密的当地黑人转至没有工会组织的拉美裔移民。"在一个城市中，移民人口越多，中产阶层人数的比例越小。"他说。

巴拉雷斯的父辈均为墨西哥移民，而他本人曾在布什政府内任职。尽管有着共和党人的背景，但他坚持认为移民对美国是好事情。"10%的加州大学生是拉美裔人，"他说，"绿色经济对移民劳力更有需求。如果将移民驱逐，将会引起美国物价上涨，生产成本上升，许多公司更难以找到合格的工程师。"加利福尼亚州移民政策中心交流项目协调人罗德尼认为，较之本地美国工人，移民更可能自我就业。对于拉美裔和亚裔移民来说，他们自我就业率为12%，远高于当地工人。谷歌、电子湾、雅虎等大公司的建立与发展都与移民密不可分。

纳瓦罗雇有90名工人。他说："有人说移民抢走了美国人的饭碗，这是完全不真实的。拉美裔移民在做着美国人不愿做的工作。是的，现在雇员的初始工资水准对于老一代美国人来说可能像是威胁。然而，每小时八九美元的初始工资对于现在的年轻人来说是得体的工资水准。美国人的孩子不愿做这样的工作。我的孩子就是一个例子。他是美国公民，但他不愿意跟着我推着小车修整园林，尽管他将来可能继承我的公司。他宁肯到批发商店做1小时10美元推销手机的工作。"

纳瓦罗毫不掩饰在移民问题上对奥巴马政府的失望。他抨击来自美国两党的政客们利用移民问题"玩弄政治把戏"。"3年前，我曾与一名民主党领导人会见。他答应推动移民问题改革，但当选后却什么也没做。我见过一名共和党议员，他竟说拉美裔人将内战从墨西哥带到美国，我听了此话后起身离去。"纳瓦罗说，"遇到选举时，这些政客都大谈移民改革。但当他们获选后，就都反对实施改革。这些虚伪的政客就是在踢政治足球，所有人都是在表演。一名曾是大公司首席执行官的加州州长候选人被曝光她家中的保姆就是非法移民，而她竟说自己全然不知情。"

这篇报道还从宏观、微观、历史、现状、国内、国外等角度讲述了这一问题的方方面面。

美国是一个移民国家。时至21世纪，这一曾被称为"种族熔炉"的国度却在移民问题上深深地陷入两难境地。
…………
清晨，站在圣迭戈的街头，人们可见从墨西哥一侧涌来的北上车流——这些都是越过美墨边境到美国工作的墨西哥人。多少年来，涌入美国的墨西哥劳工人流从未间断，并且有着诸多辛酸经历。一位名为桑切斯的墨西哥劳工回忆20世纪初进入美国工作时说，美方边境检查人员"像对待老鼠和害虫一样向我们身上喷洒消毒药水"。一位名为冈萨雷斯的劳工回忆说，美方边境检查人员中有一人专门看墨西哥人手上是否有茧子。如果有茧子，就留下来在美国干活。未经合法手续进入美国的墨西哥流动工人曾被美国人称为"湿背人"。1954年，美国在一次名为"湿背人行动"中，驱逐了110万墨西哥劳工。在那次连"落地国籍法"也全然不顾的行动中，许多在美国出生的墨西哥孩子也一并遭到驱逐。换言之，不少美国公民也遭驱逐。

在经济和种族两大因素的制约下，美国历史上的移民政策有着严宽交替的钟摆现象。奥巴马竞选总统之时，认识到不断增大的拉美裔族群是民主党不容忽视的政治基础，一再允诺实行彻底的移民制度改革。然而，奥巴马政府执政以来，在多方牵制下，移民改革一事遭到搁置。与此同时，美国政府对美墨边境的严管不断加码。美国西南边境人员从2004年的1万人增加到2010年的2.07万人，移民与海关部门人员翻番，在美墨边境增加了情报分析人员，边境联络人员增加5倍，开始对南部铁路和陆路交通车辆进行扫描检查，以防武器和现金走私。

时至今日，美墨两国关系因为移民问题而时有风波发生。近年来，墨西哥国内的贩毒集团愈发猖獗，且常常通过美墨边境向美国进行渗透。美方在加大打击力度的同时，对墨西哥政府时有抱怨。但墨西哥总统卡尔德龙反唇相讥：这个问题的麻烦源头在美国，因为"美国有着巨大的毒品市场"。

早在1990年，来自怀俄明州的共和党议员辛普森就声称，不经控制的移民是对美国未来最大的威胁之一。近年来，在经济不景气的背景下，美国社会对新移民的拒斥心态明显增强，反对"非法移民"的声浪愈发高涨。2010年5月，亚利桑那州州长签署SB1070法，允许执法部门根据主观判断随时查验移民身份，此举顿时在全美引起激烈争论。

美国共和党人在新上任的112届国会中势力大增。国会共和党人发誓将推动严管美墨边界，采取措施防止非法移民流入。1月26日，美国众议院司法委员会首次针对非法劳工问题举行听证会。该委员会主席、来自得克萨斯州的共和党议员史密斯说："当1400万美国人正在经历失业的时候,却还有700万非法移民留在就业市场。"他与来自艾奥瓦州的共和党议员、众议院移民委员会副主席金一再表示,希望广泛扩大"E查证"措施的实施。

1997年开始实行的"E查证"是一种劳工身份审核系统。通过对这一系统与美国社会安全保障系统的连接,可使雇主查询雇员是否具有合法身份。目前,使用这一系统的美国企业已从5000家增长到10万家。一些共和党人正在推动通过立法将这一举措覆盖所有美国企业。但是这一系统存在众多漏洞。美国移民政策中心研究发现,这一系统并不稳定,如果雇主操作不当,则会出现很多错误。只要系统存在1%的错误,便会影响60万名工人的命运,其中包括美国公民。

移民问题是撕裂美国社会的巨大伤痛,穿越美国加利福尼亚、亚利桑那、新墨西哥和得克萨斯4州的边界线安全问题备受美国公众关注。

就在我奔波在美墨边境之时,奥巴马于2011年1月25日在国会发表了国情咨文。他强烈主张美国彻底解决非法移民问题。他呼吁国会两党合作,解决数百万生活在阴影之中的"无证明文件工人"问题。他承认在此问题上的"辩论将非常艰难,也将需要时间"。与此同时,他呼吁"让我们就开始做出努力达成共识。停止驱逐那些有才能、负责任的年轻人,他们可以在我们的实验室工作、创业,给美国带来新的财富"。

耐人寻味的是,我在美墨边境采访的几乎所有对象对奥巴马政府未来两年即将进行的移民改革持悲观态度,并且对这一问题的前景充满茫然。舍克说,连最容易通过的"梦想法案"去年底都未能在国会通过,今后两年在移民改革问题上更不可能有明显成效。"这个问题太有争议!"他认为在拉美裔移民问题上,解决办法只能寄望于更好的执法环境,拓宽合法移民渠道以满足美国劳工需要,推动墨西哥经济发展,改变墨西哥人口发展模式,根据北美自由贸易协定扩大劳工往来,等等,但他承认所有这些举措均非一蹴而就。

在美国,关于移民问题的辩论仍在继续。在1月26日的国会听证会上,美国卡托研究中心主任格瑞斯伍德强调,当前还未有足够的研究论证移民数量增加与美国高失业率之间存在必然联系。当经济繁荣并且工作机会很多时,移民的数量相应增加,而当工作机会减少时,移民数量也随之减少。2007年至2010年间,移民数量减少,其主要原因不是因为打击非法劳工力度的增强,而是因为美国的经济衰退。他认为,移民基本不会与本地美国人的薪酬产生竞争。移民和大多数美国人是互补关系,而非对抗关系。美国公司雇佣低技能移民,是因为美国人对工作的期待更高,因此大量低技能工作岗位存在空缺。他说,移民对美国经济增长有很大贡献。刚刚发布的美国人口普查数据表明,美国2010年人口增长率是20世纪30年代以来最低的,如果没有移民加入,美国经济更可能无法保持现有的增长速度,也更无法与全球经济同步发展。他说,强势的执法应聚焦于恐怖分子。减少非法劳工的最终途径,是在加大对恐怖分子和罪犯惩罚力度的同时,为遵纪守法的"无证明文件工人"提供更多获得合法身份的途径。

在做了这样一番苦功后,我对美国非法移民问题应该说有了比较深入的理解,也因此对相关问题的判断有了底气。

一篇深度报道并非没有自己的判断和立场。在这篇文章中,几个小标题表明了这一立场:"这是一道有着许多血泪故事的耻辱墙""可怜的墨西哥,离上帝太远,离美国太近""反对移民者认为'我们是在进口贫困'""两党政客利用移民问题'玩弄政治把戏'""奥巴马承认'辩论将非常艰难,也将需要时间'"。

在美国工作时,我还对美国一些社会问题进行调研式报道。

2005年8月25日至31日,飓风卡特里娜肆虐美国墨西哥湾沿海地区。灾情最严重的是路易斯安那州的新奥尔良市。堤坝崩塌,海水、湖水、河水、运河水无情地将新奥尔良淹成一片泽国。

至2015年,这场灾难已经过去整整十年。十年里,新奥尔良市的灾后重建到底怎么样了?如果新奥尔良市灾后重建做得好,中国从中能得到哪些借鉴?如果灾后重建不理想,那么问题的根源又在哪里?这同样能给我们经验,也有助于我们更好地认识美国、理解美国。

这是一场很艰难的采访,主要是人生地不熟。要破解这个难题,首先要寻找采访线索。

我们努力联系联邦政府相关部门及新奥尔良市市长办公室,还采访了新奥尔良市重建局规划与战略部主管戴维·莱辛格,新奥尔良数据中心分析师、曾被路易斯安那州州长任命为新奥尔良堤防建设官员的史蒂芬·埃斯托皮纳,防洪堤组织创始人兼主席桑迪·罗森塔尔,以及多位当地百姓。为了了解更多情况,我还找到了我于20世纪80年代初在巴黎相识的美国知名作家、记者杰森·巴里。

应该说,这个采访在政府层面进行得很不顺利。联邦政府相关机构一直不予回复,州政府、市政府也没有回复。在新奥尔良市,我们曾亲自找上门去,找到市长办公室,说明情况,但一直没有得到回复。我记得,在此之前,因为上海将要举行世界博览会，想要向曾经举办过世界博览会的新奥尔良市借鉴成功经验，我也曾找上门去采访市长，最后得到了积极回复。也应该承认，从程序上讲，需事先约定，亲自找上门去确实不合规矩，但我们是在事先约定一直没有得到回复的情形下才找上门去的。

事实上，在这类采访中，不回复或干脆拒绝接受采访便是一种态度，也是可以写入报道中去的。

在这种情况下，我们只能到现场去，用自己的眼睛去观察，并根据所见到的事实对各方人士进行进一步采访和探究，以便得出最为客观的真相。

根据各种线索，我们了解到，新奥尔良市灾后重建问题最大的便是下九区，于是，我们连续几天在下九区及周边进行深入采访，并将所见到的情况写入最后的报道中：

> 7月14日午时，新奥尔良烈日如火。下九区厄克特大街空无一人。5419号房前的杂草已近两人高，从正面看破房只露出房顶。5420号临街的墙面早已坍塌，一眼便能瞧见屋内的狼藉。屋外的垃圾桶旁，歪歪斜斜停着一辆破烂的汽车，车体坑坑洼洼，车窗早已破碎。这条街两旁的十余幢房屋大体都是如此破败。脸上刺着"LA"字样的黑人罗科·德罗尔悄悄地从一幢房中走出，"整个街道只有我一户人家"。
>
> ……………
>
> 下九区生活博物馆的资料显示，在这场被称为"美国历史上最严重的单个自然灾害"中，直接和间接造成的死亡人数达4081人，上百万受灾百姓流离失所，骨肉分离。
>
> 圣·克劳德是穿越下九区的主要大街，一座废弃加油站荒芜已久，路旁"新奥尔良，新的一天"的标语牌显得有些荒诞。加油站对面是一处屋顶全部掀翻、四周墙面满是涂鸦的建筑。向路人辗转打听，才知道这里曾经是一座教堂。

在现场采访中，可以说，所遇到的任何一个人都是潜在受访对象，也可能是任何电子邮件都约不到的最好的采访对象。在下九区，我看到一个汽车修理厂，一群工人在那里无所事事地闲散待着。我走上前去对他们进行采访，想听听他们对灾后重建的看法，结果得到了这样的回复：

> "灾后重建，扯淡！"下九区汽车修理厂工头布兰登一张嘴便是怒气冲天。这个汽车修理厂旁边，是已经空无一人的下九区社区活动

中心。中心是一座画得花花绿绿的建筑，在多幅颇显稚嫩的画作中，分别标注着"未来""梦想"等字样。

"改变什么了？什么也没有改变！"歪戴着帽子的布兰登难抑愤怒，他身旁的几位黑人伙计边听边点头撇嘴。"救灾的钱都被偷走了！看看那边，再看看这边！"布兰登甩着头说。"那边"指的是工业运河对面的上九区。"有什么办法？我们能怎么办？别人说这里是地狱，但这里是我的家！"

"哪里受灾最严重？"听到我的询问，布兰登身边一位嘴里只剩几颗牙和另一位装着满口假牙的伙计一齐向东指去，"一直往那里走，那里已经成了无人居住的丛林！"

我驱车颠簸着一路向东。路上满是大得开不过去的坑，只好绕坑而行。"10年前，这里是一片片的社区。"身患肝癌的罗伯特指着距十号公路不远处一片深绿色的丛林说，"现在完全废弃了，来了好多以前从未见过的动物。"

在带领我们看了已变成丛林的原有社区后，罗伯特带领我们来到他的新家。他家旁边是一所废弃的房屋，屋墙中腰处，10年前被洪水浸泡后留下的一道水印仍清晰可见。

烈日下，几位工人正忙着为温登一家修缮新租来的房屋。已是祖母的温登说，她原来的房屋在飓风灾难中被完全冲毁，10年来，她带着4个孩子过得极为艰难，"政府没有帮助灾民建设好新的社区"。

朱莉·艾伦不愿回首往事："那场灾难使我失去了家园，现在还处于伤痛之中，抱歉我不愿接受采访。"

听一听官方的说法："政府已帮助居民新建、修缮了2116栋房屋，但飓风摧毁的房屋超过10万套。"

"下九区没有一家食品店，因为没有人愿意在那里开店。"新奥尔良市重建局规划与战略部主管戴维·莱辛格的回答多少令记者感到惊愕。"没有医院是因为在那里建医院成本太高，只重开一所学校是因为下九区已没有那么多学生。"他补充道。

在奥雷塔·卡斯尔·海利大街1409号的办公室内，莱辛格展示了专门为本报记者制作的幻灯资料，从新奥尔良市政府的角度展现了卡特里娜飓风及其后10年的重建历程。

作为路易斯安那州最大的城市，濒临墨西哥湾的新奥尔良市区80%的土地与海平面持平或者低于海平面，一些社区甚至比海平面平均低16英尺（约合4.9米）。密西西比河蜿蜒着从东向西穿城而过，工业运河从南向北将城市切割成块，城市北端则是面积为1630平方公里的庞恰特雷恩湖。"我们生活在一片沼泽中。"现任新奥尔良市市长米奇·兰德里欧说。

工业水渠堤坝的决口使得下九区成为受灾最重的地区。飓风灾难将近10年之后，下九区仍是满眼破败，这成为新奥尔良灾后重建工作最为人诟病之处。

灾后自愿留在下九区建造房屋的加拿大人劳拉·保罗说："下九区如今这样，归结起来，还是穷。这里98%的人是非洲裔，40%的人处于贫困线以下。"她说，政府并没有提供有效的支持，也没有把下九区的重建放在优先位置，当年，这里是灾后最后一个恢复供水供电的社区。政府甚至还试图出台计划，将这个地区划归成无人居住的"绿色公共地带"。对此，莱辛格解释说，政府确有此意，但因社区居民的强烈反对而未果。

…………

作为新奥尔良灾后重建主管部门的负责人，莱辛格认为"修房子是个人的事"。10年来，该部门用于改善住房和振兴商业的总投入为2.43亿美元，但在如此巨大的灾后重建任务面前，政府的作为相形见绌。莱辛格说，重建局已帮助居民新建、修缮了2116栋房屋，但飓风摧毁的房屋超过10万套。此外，不愿修缮房屋的家庭可以将房屋卖给政府，获得补偿在别处购买或者新建房屋。有6000户左右的居民选择这么做，但政府的收购价最高不超过15万美元，且下九区等非洲裔居住区的房屋评估价格远低于白人所在社区，所获补助根本买不起新房。

听话听音：

莱辛格一再强调，政府在使用重建资金时不能偏向低收入者，因为这会影响到"公平"。可实际上，好的社区因为"资源较多"，不用政府过问就能很快从灾难中恢复。

对于下九区百姓来说，他们哪里有什么"资源"自建？在记者的追问下，莱辛格承认，社会不平等问题确实存在。下九区一直就是新奥尔良最落后、最破败的社区之一。在飓风发生之前，那里的贫困、犯罪等社会问题就很突出。

将鲜明的对比摆出来，最说明情况。

"如果这是白人居住的社区，绝对不会是今天这个样子"

有着"爵士乐之都"称谓的新奥尔良是一个对比十分鲜明、贫富极为悬殊的城市。

市中心法国区的波旁大街上，日日喧嚣不已，夜夜灯红酒绿。该市白人多居住在地势较高的西部，受卡特里娜飓风灾难影响相对较小。与下九区一河相隔的上九区内，一处经过重建的"音乐家之屋"已成为新奥尔良一日游的选择项目。在庞特恰雷恩湖边的港口停放着一艘艘豪华游艇，附近的海恩斯大道草坪整洁，而大堤另一侧的下九区等非洲裔聚居区则是满目疮痍。

我与阔别32年的美国知名作家、记者杰森·巴里在其新奥尔良的家中重聚。"与纽约、芝加哥等城市一样，新奥尔良有着同样的两极分化。"巴里回头指着身后说，"毒品等犯罪也多，那边街里不久前还发生了命案。"

新奥尔良数据中心分析师艾莉森·普雷耶和维基·麦克研究最新数据发现，当年飓风之后，社区人口恢复、重建进程的差距巨大。在工业运河以西等经济基础较好、居民收入较高的社区，人口恢复较快，个别社区人口还出现了增长；而运河以东的多数社区由于少数族裔聚集，经济基础差，居民收入低，政府投入力度不够，重建进程缓慢，人口恢复比例普遍在75%以下，非洲裔聚集的下九区人口只有10年前的34%。

只要深入采访，一定会有意外的收获。在采访中，我们见到了一个别具一格的博物馆，并专程在第二天来到这个民间博物馆进行采访。

下九区迪斯郎德街1235号是一座涂着粉色颜料的房子，房子正面抹着"下九区生活博物馆"的字样。这座极为简易的博物馆内陈列的历史记录，让人从另一个角度理解兰德里欧市长为何声称"卡特里娜飓风没有带来新问题，只是暴露了老问题"。

下九区的历史，充满着种族歧视的屈辱。卡特里娜飓风冷酷地将历史疮疤再次揭开。我在展览中看到飓风发生后一名黑人和两名白人携带东西在洪水中艰难前行的新闻照片。美联社在有黑人的那张照片说明中写道：图为一名黑人"抢劫"当地食品店。而在另一幅有着两名白人的照片中，法新社的说明为：他们在一家食品店中"发现了"面包和苏打水。

飓风发生时，约3万人聚集在新奥尔良会展中心避难，那里电力、食物、水等基本物资匮乏，民众陷入孤立无援的境地，甚至有人不堪忍受糟糕的条件跳楼自杀。很多媒体对灾后黑人在那里避难的情景进行了极不客观的描述。因报道卡特里娜飓风获得普利策奖的新奥尔良资深媒体人吉姆·阿莫斯评论道："如果会展中心聚集的都是白人中产阶级，绝对不会成为媒体歪曲、渲染犯罪现场的温床。"下九区生活博物馆联合创办人斯蒂芬妮告诉本报记者："如果这是白人居住的社区，绝对不会是今天这个样子。"

灾难发生时，很多低收入者携带政府分发的单程票到其他各州。新奥尔良市政官员公开宣称，不欢迎他们返回家园。飓风过后，新奥尔良市关闭了该市最大的4处公共房产项目，这占该市全部公共福利住房的75%，新奥尔良租金飙升40%，给很多低收入者增添了巨大负担。

虽然灾后重建需要大笔资金，但在飓风发生后，联邦政府根据人口比例将新奥尔良的社会保险支出削减了7100万美元。新奥尔良市专业心理咨询人员从350人减少到25人。自卡特里娜飓风以来，新奥尔良自杀率增长了3倍，1/5的儿童有不同程度的心理问题。

2005—2010年，约有200万名志愿者前往新奥尔良参加灾后重建，他们的机票、住宿等花费约为2亿美元。志愿者工作的重点在下九区，不过，下九区仅1200栋房屋得到修缮。有人说，如果把志愿者花的钱花在当地居民身上，下九区能够重建4次有余。

"当灾难来临时，美国政府能够做的非常有限"

自去年7月起，防洪堤组织创始人兼主席桑迪·罗森塔尔在新奥尔良东部防洪堤坝旁的一处废墟上办起了"防洪堤警示"户外展览。举目望去，展览所在地周围多是杂草丛生的废弃房屋。华盛顿街6902号房屋前的小花园早已分不清形状，一所房屋前还插着新奥尔良市政府新下发的"违规警告"："杂草超过18英寸、垃圾乱丢、有毒植物丛生"。罗森塔尔说,这家住户早就不知去向了。

罗森塔尔告诉记者,10年过去了,仍有人认为当年的灾害都是自然因素造成的。实际上,只要当时加筑防洪大坝、疏通排水设施,这个悲剧完全可以避免。说是天灾,毋宁说是人祸。

为什么新奥尔良受灾最大?首先是城市疏浚渠道不畅,大坝工程久拖不决,最后偷工减料,敷衍了事,没有达到设计标准,其防洪功能远远抵抗不了卡特里娜飓风带来的冲击。美国民用工程协会将卡特里娜飓风称作美国"历史上最大的工程悲剧"。他们认为,从后来事态的发展看,路易斯安那州政府很可能同联邦政府达成了妥协:联邦政府给州政府提供140亿美元堤坝建设资金,州政府则放弃细究堤坝崩塌的责任,因为这会给联邦政府抹黑。

在论及美国各级政府救灾表现时,罗森塔尔说:"政客们各说各话,其结果是七嘴八舌,难以达成一致,办事效率极为低下,最后只能在最容易的地方寻得一些妥协,无法从根本上防灾减灾。"

在密西西比河边的咖啡屋外,曾被路易斯安那州州长任命为新奥尔良堤防建设官员的史蒂芬·埃斯托皮纳承认,新奥尔良灾后重建进程缓慢,对重建资金分配有各种意见,争论不休,官僚机构程序复杂。市民申请补贴需要填写各种表单,动辄需要等待几个月。很多人,尤其是债务缠身、房子状况不佳的人,干脆放弃补贴,迁到别处工作生活。

埃斯托皮纳说,联邦政府机构臃肿、效率低下的弊端至今未改变。当灾难来临时,美国政府能够做的非常有限。

如果下一场大飓风袭击这座城市,能不能扛得住?埃斯托皮纳坦言:"这就好比问下一个航班是否安全。我不敢保证现在的堤坝万无一失。"

探究真相的本身便具有探险之意,任何一次探究的过程必然充满未知和风险,只有一往无前,才能拼出一个柳暗花明的结果。

2017年11月3日,坦赞铁路40周年纪念展在赞比亚首都卢萨卡国际博物馆开幕。

这是一个有些迟到的纪念展。作为中国最大援外成套项目之一,坦赞铁路东起坦桑尼亚港口城市达累斯萨拉姆,西至赞比亚中部的卡皮里姆波希,全长1 860.5公里。1968年5月,来自中国的第一支勘探队踏上非洲大陆。坦赞铁路于1970年10月开工,1975年6月全线铺通并投入试运行,1976年7月正式移交坦、赞两国政府，正式通车时间为当年7月14日。

对我而言，在非洲大陆担任驻外记者时，坦赞铁路一直是一个感召力极大的采访目标。在中国处于极为严峻的国际环境、自身经济十分困难的情况下，提供近10亿元人民币无息贷款，到万里之外的非洲大陆修建坦赞铁路，这需要怎样的胆略、眼光和决断！为了建设这条铁路，中方先后派出工程和技术人员5.6万人次，除难以尽述的艰辛外，还有60多位中方人员献出宝贵生命，这是怎样一种奉献和牺牲！多年来，西方一直将坦赞铁路讥为"白象"，意为大而无用之物，那么坦赞铁路到底情况如何？

1996年4月初，我从南非出发，来到位于东非的坦桑尼亚首都达累斯萨拉姆，开始了采访坦赞铁路的征程。那时正值坦赞铁路正式通车20周年前夕。此行也是多年来中国记者首次全程采访坦赞铁路。

采访计划一开始便蒙上阴影：出发之前我听说赞比亚段的铁路工人正在酝酿罢工。但不管发生了什么，出发！

4月9日，我在坦赞铁路起点乘乞力马扎罗号快车开始采访。第二天下午，当列车接近坦赞边境时，此前罢工的消息得到证实，赞比亚段铁路工人已经罢工，列车只能抵达边境小城顿杜马。

至此，我只有两个选择：打道回府或改道前行。当时，据手头采访素材成文并非难事，但如果就此称之为"实地采访坦赞铁路"终感气短：你毕竟没有身临另外一段长达883公里的坦赞铁路，也没有到达中国坦赞铁路专家组驻地姆皮卡。没有犹豫，我决意陆路进入赞比亚继续采访。

那天下午烈日灼人。我提着两个行李箱，沿着铁路线走过坦赞铁路两国交界处最后一个隧道，拐入一片玉米地，然后向位于坡上的两国海关行进，我的身后则围追着一群叫嚷换汇的黑人兄弟。

办完入境手续后，我便急着寻找进入赞比亚的公共汽车。因坦赞铁路停开，前往赞比亚的人们都涌向了当晚发车的唯一一辆公共汽车。从火车上卸下的货物都被抢着塞入汽车。海关人员车上车下一通盘查，货物又被装卸了好几回。一批批人推搡着挤入汽车，放在车内通道上的行李被人毫无顾忌地踩来踩去。我的那个软皮行李箱就这样被踩得支架断裂。

一直等到晚上8时50分，这辆沙丁鱼罐头般拥挤的汽车终于开动了。已两夜未眠的我此时极为疲惫，却不敢合眼。这辆早已大大超员的公共汽车时而左倾，时而右斜，加之道路坑坑洼洼，一路险情不断。在夜色中颠簸了5个多小时后，车上几个人高叫着"姆皮卡到了！"我极为艰难地穿过众多乘客，又从几位乘客屁股底下费力地提起早已压坏的两个行李箱，跌跌撞撞地挤出了车厢。

待到公共汽车的尾灯消逝在远方，一切归于寂静后，两天来的极度疲惫突然转换为一种强烈的惊怵：此时是凌晨2时，在这浓浓的夜色之中，一名中国记者孤零零地站在这块全然陌生的非洲土地之上！

定了定神之后，我向着远方一处灯光走去。走近一看，那只是一个卖饮料的小店，无法借宿。稍作喘息之后，我提着两个愈显沉重的箱子向远方另一处灯光走去。刚刚接近那处房屋，几条凶狗一阵狂吠，令人顿感毛骨悚然。退至一个昏黄路灯下面时，一对黑人男女醉醺醺地走过来。我向他们询问是否知道中国铁路专家组的驻地，是否能够找车送我到达那里。那位黑人男子称他朋友有车，我可以跟着他一起到朋友家去。

于是，在极度劳累的状态中，我又打起精神跟着他们深一脚、浅一脚地向黑暗深处走去。两边是没人的蒿草、玉米地和水塘。走了很远后，那男子终于拐到一处草房前，先向屋内喊了一声，随后便是一阵低声交谈。在路边等待的我并没有看到草房旁停有汽车，此时又见他们长时私语，顿感不祥，快速掂量后，决定走为上策！

头顶着时见流星的夜空，脚踩着坎坷的土路，身边是高可没人的玉米地，全然不知东南西北，我径直向远方一处灯光奔去。抵达那处灯光后，发现是一处建筑工地，一老一少两名保安正围着一个火盆昏睡。我说明情况后，两人让我一同坐在火盆旁，等待第二天太阳升起。

天色终于放亮，一辆载重卡车发动起来。两位保安招呼我搭车上路，带我一同前往中国专家组驻地。卡车停住后，那位年老的保安手握一把砍刀，一声不响地在前面砍草带路。步行约两公里后，一片蒿草的尽头出现一处院落，门前挂有"中国铁路专家组"的木牌，院内正有一位同胞逗狗。我的心一下子放松下来。院内的中国专家们也惊讶地望着突然出现在眼前的不速之客……

在结束对赞比亚段的坦赞铁路采访后，我又回到达累斯萨拉姆，专程前往位于那里的"中国援建坦赞铁路暨援坦桑其他项目光荣牺牲同志之墓"。我轻轻地从一个又一个墓碑前走过，默念着一位又一位同胞的名字。这些曾经鲜活的生命，为了非洲大陆这条"自由之路"在这里长眠……

很多年来，我都以王安石的这一段话励志："夫夷以近，则游者众；险以远，则至者少。而世之奇伟、瑰怪、非常之观，常在于险远，而人之所罕至焉，故非有志者不能至也。"（王安石《游褒禅山记》）

世间道理都是相通的。做好国际新闻采访的秘诀在于你要能够到达"至者少"的"险远"之地，唯此，你才能一睹"世之奇伟、瑰怪、非常之观"。

国际新闻采访：眼光及观察力

说一个人很有眼光，这是一个极高的评价。

有眼光的背后，是一个人对客观事物的本质的深刻理解、认识和判断。

眼光是有境界差异的。我们仰望星空时，马斯克着手火星移民；爱因斯坦和霍金则看到了更为浩瀚的宇宙，甚至黑洞。

同为新闻工作者，国际新闻工作者更应具有眼光——具有国际视野。

眼光一般指观察、鉴别事物的能力。这一素质与一个人是否具有深刻的思想密切相关。我之所以将这一点专门提出来加以强调，是因为国际新闻工作对于眼光有着格外严苛的要求。

任何一个国际热点问题都有它的来龙去脉，都有着深刻的政治、经济、历史、社会、文化、民族、宗教等极为错综复杂的因果联系。任何一个关乎本国长远战略利益的国际问题都需要国际新闻工作者对其现状有真实、客观、全面、深刻的认识、理解和报道，也需要国际新闻工作者对整个局势的发展做出研判和政策建议，便于相关部门采取应对措施。这就需要长远的眼光。

长远的眼光有助于国际新闻工作者更深入地报道新闻，去挖掘那些不容易发现的故事。

南非是一个贫富悬殊的国家。一位年轻的中国记者通过无人机拍摄了一张南非约翰内斯堡北部郊区的照片。细看一下，照片上半部分的南非黑人聚居区密密麻麻，灰蒙蒙一片，下半部分则为绿树成荫、游泳池亮光点点的白人聚居区。南非的贫富悬殊一目了然。能够拍出这一照片，说明该记者具有观察力。

观察力是一种职业素质。全国人大代表、时任某特种作战旅营长王天目在接受采访时曾被问及是否有某种职业病，他说，他在和爱人逛街的时候，如果发现旁边有人眼神游移不定，他就会想，这个人怎么回事？如果真的出事，我应怎么办？

时时处处进行观察也应是国际新闻工作者的职业特点。特种兵在观察谁可能是坏人，国际新闻工作者的观察是在以思忖的目光审视身边的点点滴滴。

在《现代汉语词典》中，对"观察"的定义是"仔细察看（事物或现象）"；对"洞察"的定义是"很清楚地观察"。我的感觉是"洞察"较"观察"又上了一个档次，有透过现象看本质的意味。当别人熟视无睹时，国际新闻工作者要能够见人所未见，于无声处听惊雷。

"世人所难得者唯趣。趣如山上之色，水中之味，花中之光，女中之态，虽善说者不能下一语，唯会心者知之。"（袁宏道《叙陈正甫〈会心集〉》）国际新闻工作者就应该是一名对世间万物非常知趣的"会心者"。

很多人都知道二战期间，德国纳粹在波兰建有奥斯维辛集中营，有很多人报道过这个集中营里所发生过的事情，但1958年《纽约时报》驻波兰记者罗森塔尔的一篇报道给人留下的印象最为深刻。这篇报道的标题是《奥斯威辛没有什么新闻》。从标题开始便给人留下了悬念，有一种欲擒故纵的感觉：既然没有什么新闻，那你又何必写这篇报道。请看他这篇报道如何开头：

奥斯维辛没有什么新闻

在布热津卡，不知怎么，最令人毛骨悚然的是，在这里，太阳和煦、明亮，一排排高大的白杨树长势喜人，在门前不远的草地上，还有儿童在嬉戏、打闹。

这真像是一场噩梦，一切都可怕地颠倒了。在布热津卡，本来不该有太阳照耀，不该有碧绿的草地，不该有孩子们的嬉笑。布热津卡应当是个永远没有阳光、百花永远凋谢的地方，因为这里曾经是人间地狱。

…………

今天，在奥斯维辛，并没有可供报道的新闻。记者只是有一种非写不可的使命感，这种使命感来源于一种不安的心情：在访问这里之后，如果不说些什么或写些什么就离开，那就对不起在这里遇难的人们。

罗森塔尔随后描述了参观者开始时如何"默默地迈着步子，"渐渐"步履不由得慢了下来"；参观者看见毒气室时如何"特别恐怖，使他终生难忘"；参观者看到成堆的头发和婴儿的鞋子、死囚牢房时如何"不由自主地停下脚步，浑身发抖"；看到狭小的女牢房时，参观者"惊惧万分，张大了嘴巴，他想叫，但是叫不出来"；参观者见到试验室时，庆幸自己"没有打开门进去"，否则会"羞红了脸"；参观者在纪念长廊时如何陷入沉思；参观者在执行绞刑的地下室时如何"感到自己也在被窒息";参观结束时,"参观者用恳求的目光彼此看了一眼,然后对解说员说:'够了。'"。

在经过了如此一番描述后,记者写了这样与导语相呼应的结尾:

> 在奥斯维辛,没有新鲜东西可供报道。这里阳光明媚,绿树成阴,在集中营大门附近,孩子们在追逐游戏。

这篇报道被认为是很出色的一篇,1960年获普利策奖。它于平实处入手,条分缕析,层层递进,将现实与历史,现场与历史,历史与想象有机地融为一体,最终引出奥斯维辛貌似没有新闻,却有着不可忘却的历史的观点。老题材因此出现了新角度。这既是国际新闻采访中的洞察之法,也是国际新闻写作中的玄机妙略。

在这一点上,还可以借鉴黄仁宇先生《万历十五年》这本专著的视角。这本书的第一段是这样写的:

> 公元1587年,在中国为明万历十五年,论干支则为丁亥,属猪。当日四海升平,全年并无大事可叙,纵是气候有点反常,夏季北京缺雨,五六月间时疫流行,旱情延及山东,南直隶却又因降雨过多而患水,入秋之后山西又有地震,但这种小灾小患,以我国幅员之大,似乎年年在所不免。只要小事未曾酿成大灾,也就无关宏旨。总之,在历史上,万历十五年实为平平淡淡的一年。

从"实为平平淡淡的一年"开始,通过"万历皇帝""首辅申时行""世间已无张居正""活着的祖宗""海瑞——古怪的模范官僚""戚继光——孤独的将领""李贽——自相冲突的哲学家"这七章从容不迫地娓娓道来,一环紧扣一环,最终得出一个令人掩卷长叹的结论。这本书的最后两段是这样写的:

> 当一个人口众多的国家,各人的行动全凭儒家简单粗浅而又无法固定的原则所限制,而法律又缺乏创造性,则其社会发展的程度,必然受到限制。即便是宗旨善良,也不能补助技术之不及。1587年,是为万历十五年,岁次丁亥,表面上似乎是四海升平,无事可记,实际上我们的大明帝国却已经走到了它发展的尽头。在这个时候,皇帝的励精图治或者宴安耽乐,首辅的独裁或者调和,高级将领的富于创造或者习于苟安,文官的廉洁奉公或者贪污舞弊,思想家的极端进步或

者绝对保守，最后的结果，都是无分善恶，统统不能在事业上取得有意义的发展，有的身败，有的名裂，还有的人则身败而兼名裂。

因此我们的故事只好在这里作悲剧性的结束，万历丁亥年的年鉴，是为历史上一部失败的总记录。

此前我曾论及国际新闻报道主要有"新""重要""涉我"三个要素，对于"新"的理解，应不仅仅指"新近发生"的事情，也应包括新角度、新深度、新侧面、新论述。

1996年下半年的一天，我在南非约翰内斯堡北部郊区开车办事时，突然在利沃尼亚大街中央看到一个身材高大、手捧硬纸牌的白人乞丐。那个牌子上写着"失业，单身父亲，任何工作或多少捐款都行。上帝保佑"。来往的车流不断从他身边冲过，很少有人为他停车。正午时分，他就这样在很毒的太阳下面站着。

我看了之后吃了一惊。在办完事以后，我又回到那条大街，发现那个白人乞丐还在那里站着。我将车停好后，走过去，跟他说，想请他喝咖啡，他喜出望外地接受了。于是便有了这样一篇《一个南非白人乞丐的故事》的报道。

南非曾是世界上种族冲突最为激烈、最为血腥、最为持久也最为骇人听闻的国度。在一个曾以肤色决定贵贱、以铁拳维护"白人至上"政策的国度，当时已有越来越多的白人被抛上了街头，"穷白人"的增多已成为一种社会现象。这篇报道便是以敏锐的眼光，以小见大地剖析了南非社会的这一新现象，在当时的中国媒体报道中独具特色。

如同眼光一样，一位国际新闻工作者的直觉是你所有素养、学识、视野、水平的综合体现。要珍惜你的直觉，抓住令你眼前一亮的事物，就有可能见人所未见。

2003年，我受美国国务院邀请，作为"国际访问者"访问美国。当陪同人员带领我们参观白宫西面时，我见到一个小帐篷立在白宫对面。这立即引起我的注意和好奇，便走了过去，和帐篷主人——康塞普赛昂·皮奇奥托（昵称"康妮"）聊了起来，不经意间挖掘到一个新闻。

此后，我到美国常驻之后，又多次对康妮进行采访。2016年，康妮去世后，我用多年积累的素材撰写了一篇评论。

与此前报道重点放在康妮是谁，她有着怎样的故事不同，这篇题为《康妮走了，留给世界一只和平鸽》的国际评论新在以点带面，从反战论及世界和平和其中迸发的人类良知光芒。我在这篇评论中写道：

望着眼前这位瘦小的女性，再回头望一眼不远处的白宫，总感到一种反讽的意味。特别是近八年来，入主白宫者曾获诺贝尔和平奖，也曾倡议召开世界核峰会，主张"无核世界"。但实际上，在经历了伊拉克、阿富汗两场战争后，美国并非不再动武，只不过方式更加隐身。无人机和特种部队的运用更加频繁，核武库的存货则更为高、精、尖。康妮所呼吁的"无核世界"与白宫所谈论的"无核世界"完全是两回事。至近者至远。这位白宫最近的邻居也注定不会成为前者的座上宾。

多少年来，世界和平一直是人类社会的理想。康妮是一位理想主义者。人们尽可以对她的诉求方式乃至整个人生进行各种各样的解读，但她对世界和平的呼唤终究泛着良知的光芒。

康妮走了，留给世界一只和平鸽。

在非洲工作，如同进入国际新闻的富矿，其中令人感到新奇的事情之一便是在那里鸵鸟居然可以被养殖。后来我回国带给亲朋好友的礼品就是鸵鸟蛋、鸵鸟包、鸵鸟皮带，还有鸵鸟肉。

我没有浪费自己的直觉。采访、报道一个鸵鸟养殖场后，我收到不少对鸵鸟养殖问题进行询问的信件。当时在中国，鸵鸟养殖全然是一个空白。这篇报道以第一现场亲历的角度介绍了这一对中国企业而言的全新领域，也因此引起民众的极大关注。时至今日，中国多地成功进行鸵鸟养殖，反证出这一报道的社会价值。

在南非工作时，我了解到南非的煤变油技术全球领先，且商业化成功。为此，我一直联系采访此事，最终成功。报道发出后，随着中国与南非关系的改善，不断有中国代表团访问南非，并就此项技术同南非交流探讨，共商合作。时至今日，中国在这一领域已经有了突破性的进展。

我在刚知道美国有阿米什人时非常好奇。在世界上最发达的国家里，为什么会有这样一群坚守传统生活的人。他们有着怎样的历史？他们又会有怎样的未来？他们真的能够坚守得住吗？带着这些问题，我采访了位于宾夕法尼亚州兰开斯特县的阿米什人。以下为相关报道：

走近阿米什人

夕阳西下，37岁的阿伦·菲舍尔和妻子玛丽笑盈盈地走出家门，迎接我这位登门造访的记者。阿伦留着络腮胡子，唇上胡须剃得精光，头戴饰有黑带的宽边黄色礼帽，身穿宽松白衬衣和黑色吊带裤；玛丽身着背带长裙，头戴黑色便帽。这套典型的阿米什人行头，令人恍若来到18世纪的欧洲大陆。

阿伦的家位于宾夕法尼亚州兰开斯特县朗克斯镇天堂街73号，走进阿伦家门，仿佛岁月倒回到100多年前：照明不用电灯，仍用煤油灯；没有洗衣机和烘干机，屋外一条长长的晾衣绳上搭满了衣物；没有电视机和空调，更不用说电脑和互联网了。我问他："有电话吗？""家里没有，但外面有一部，几家做生意时共同使用。"阿伦答道。"为什么不用烘干机呢？"我指着晾衣绳上长长一串"生活的旗帜"问道。"《圣经》上没有写可以用烘干机。"一脸憨厚的阿伦回答。

阿伦家的晚餐桌上摆满了自家生产的绿色食品。他有5个孩子，9岁的女儿贝西和光着脚丫的5岁男孩马林正在餐桌旁忙来忙去。席间，不到1岁的小女儿突然放声大哭，贝西立刻熟练地抱起妹妹。再过3年，贝西就将成为家中的全职劳力，因为依照阿米什人的传统，孩子读书不超过8年级。

手工织物是阿米什人的特色，"女红"便成为阿米什女性的专长。贝西手织的一方手帕摆放在书柜中，手帕上用黑线绣着一句话："如果妈妈是一朵花，我就采摘您。"书柜里的书籍除《圣经》外，多与阿米什人的历史和教规有关。

阿米什人的祖先来自欧洲。1693年，瑞士基督教派分裂，追随主教雅各布·安曼的信徒被称为阿米什人。由于宗教迫害等原因，来自瑞士、法国德语区和德国的阿米什人自18世纪初开始移民美国，后有一部分人移居加拿大安大略省。2010年，北美地区的阿米什人口数量达24.9万人。阿米什人主要分布在美国的27个州，俄亥俄州霍姆斯县的阿米什人最多，有5.5万人；其次是宾夕法尼亚州兰开斯特县，有5.1万人。除英语外，阿米什人主要使用"宾夕法尼亚德语"方言进行交流。

在以"汽车轮子上的国家"著称的美国，阿米什人秉持的"无欲求、无浪费"的生活方式与周遭反差强烈。他们坚守以四轮单马轻便马车为交通工具的传统，几乎不用现代电器。教会和家庭是联结阿米什人的主要纽带，亲情与互助是核心价值。多数阿米什人不缴纳社会保险费，不服兵役，不与外族通婚，但各种遗传病也在困扰着他们。

在物欲横流的美国社会，阿米什人的后代能否继续坚守传统生活方式，显然是无法回避的现实问题。在兰开斯特县因特库斯镇的"阿米什人体验剧场"里，多媒体情景剧《雅各布的选择》试图回答这一问题：已经成年的阿米什青年雅各布酷爱棒球，外界的诱惑与家族意志间的冲突令他面临痛苦抉择。在经过祖父遭车祸身亡等变故和女友的反复劝说后，雅各布最终决定回到家乡，拿起农具走向田野。

谈及阿米什年轻一代的选择，阿伦告诉我，阿米什青年在没有正式成为教会成员前，可以到外面闯荡，但约90%的年轻人最终选择回到家乡。

细心观察中我发现，在阿米什人的传统生活方式中，现代生活元素也随处闪现。阿伦除了经营"农家乐"副业外，还兼做卧室和餐厅木制家具的生意；在一家农场粮仓参观时，主人告诉我，用现代化设备装卸，可以将过去人工操作两天的工作量缩短到8分钟左右；街上来往的汽车里，可以看到不少身着传统服饰的阿米什人。显而易见，随着旅游业的发展和商业化浪潮的冲击，阿米什人的传统生活方式正面临着更多挑战。

目光四射就能举一反三，事半功倍。

2012年，我到底特律采访北美汽车展。底特律是世界汽车名城，但近年来衰败了。这个情况我在做采访前的功课时已有所了解。在采访完汽车展后，我专门前往当年的汽车城，眼前的情形还是令人大吃一惊。

我据此写了报道。在报道中，我不仅将汽车城兴衰的缘由进行了说明，也将采访到的他们想与中国合作这一情况写入稿中。

此后，底特律宣布破产，我们不断跟踪采访，进行了一系列报道，包括中国公司是不是应该抄底买房等。以下为我写的相关报道：

底特律渴望复兴

对于底特律的衰败，记者早有耳闻，但身临其境之时，眼前的景象还是令人震惊不已。连片的高大厂房好似经过战争的浩劫一般，留下满目的破碎和悲凉。连接两旁厂房的廊桥上，"汽车城工业园区"几个大字也已残缺不全，放眼望去寻不出一块完整的窗玻璃。不知何年曾经发生火灾的厂房泛着烟熏的黢黑，地面一角的水洼中堆积着无数大大小小的鞋只。杂草丛生的荒野中，一个人蒙着头蹒跚而来，令人心头一紧。远处路旁一幢幢废弃的小楼满目疮痍，其中不知隐含着多少家庭无言的酸楚。

"汽车之城"不断"失血"

建城于1701年7月24日的底特律历经大起大落。上世纪初美国汽车业兴起，底特律一度成为全球制造业中心，"汽车之城"成为其代名词。发展到上世纪50年代，拥有185万人口的底特律曾是美国第五大城市。然而，随着美国重工业的衰落，底特律也沦为"铁锈地带"锈迹最深的城市。加之上世纪60年代因种族歧视等原因发生的社会暴乱，底特律走上了不断"失血"之路。早在2008年美国金融风暴前夕，底特律就已大显衰败。2000年至2010年，底特律人口流失25%，在全美大城市中的人口排名跌落至第18位，是全美超过10万人以上城市中人口下降最快的城市。2010年的统计表明：底特律32.3%的家庭收入在贫困线以下；18岁以下和65岁以上人口中，贫困人口分别占总人口的53.6%和19.8%。2011年5月，美国劳工部的统计显示，底特律的失业率达20%，远高于全美平均水平。底特律地区劳工基金会引述美国全国文化研究所的数字称：有47%的底特律居民为文盲；在25岁至34岁的成年人中，只有11%的人受过高等教育。反观西雅图，这一比例则为63%。伴随这一切而来的是超高的犯罪率。

向高科技城市迈进

底特律市中心的最高建筑是与加拿大隔河相望的标志性建筑"文艺复兴中心"。"复兴"成为底特律的渴求与焦虑。

在奥巴马政府的全力救助下，通用、福特和克莱斯勒三大汽车公司去年的业绩有了些许起色。在打造"底特律2.0版"新城市的努力中，向一个新的高科技中心迈进成为其孜孜以求的目标。当犯罪阴影使得底特律市中心几成空城之时，"加快贷款"公司于2010年8月将总部自郊区移入市中心，并相继收购了市中心7座大楼。"加快贷款"公司创始人吉尔伯特说，将底特律市中心打造成为既宜居、又便利工作、还配备娱乐设施的城区是公司目标，这将为渴望创业的年轻一代提供实现梦想的新平台。

与底特律歌剧院相邻的麦迪逊大楼是吉尔伯特的样板。"加快贷款"公司买下这座原为电影院的大楼后，以鲜艳、时尚的设计风格将这里重新装修成一个充满青春气息的办公楼。已搬入这座大楼的"风险投资伙伴公司"首席执行官林克纳说,他相信底特律有巨大的商机。这里有人才,有大学和科研机构的智力支持,创业成本低,高科技公司在此创业成功概率极大。

欲乘中国发展东风

韦恩州立大学教授贝尔泽的脑中则有着另一幅发展前景。由他领头的五大湖地区全球货运通道委员会日前宣布,他们将致力于建立一条从底特律起始,经由加拿大哈利法克斯港,再到亚洲的全球货运通道。"这一计划旨在将底特律打造成类似芝加哥的内陆港,预计将创造110亿美元年产值和15万个就业机会。新通道不但能减少运输成本,还能使运输更为快捷。"

在挣扎前行之时,底特律也把目光投向了中国。在底特律经济增长委员会的年报中,该委员会首席执行官杰克逊写道:"来自中国的投资者们在底特律来来往往,他们来这里考虑商业投资。"在2012年北美国际汽车展的现场,底特律所在的密歇根州州长斯奈德在接受本报记者采访时说:"底特律有着很强的制造业设计能力,中国是一个有着巨大市场的国家。我认为密歇根州与中国有良好的互补合作机遇。除制造业外,在发展农业方面,双方也有着良好的合作前景。"

只有深入观察,加上深入采访和深入思考,才能找到新的角度、新的亮点、新的启示。

1863年11月19日,林肯在宾夕法尼亚州的葛底斯堡国家公墓揭幕式中发表演说。2013年11月19日,正值葛底斯堡演说150周年,葛底斯堡为此举行纪念活动。我赶赴现场进行了采访。

在这一采访之前和整个活动过程中,我一直在思考从何处切入。最后还是将切入点选择在葛底斯堡演说本身。

这一演说之所以传世,主要在于两点:一是提出了"人人生而平等";二是提出了"民有、民治、民享"的理念。150年过去了,面对现实,美国人如何看待林肯的梦想。我采访到的一些人对此谈出了自己的看法。以下为相关报道:

美国"人人生而平等"远未实现

2013年11月19日一大早，来自美国各地约万人云集宾夕法尼亚州小镇葛底斯堡的国家公墓纪念活动现场。整整150年前，美国第十六任总统林肯就是在这里发表了令世人传诵至今的葛底斯堡演说。

葛底斯堡当日寒冷透骨，但纪念活动现场充溢着热忱的缅怀。不少参加纪念活动的男士身着葛底斯堡战役时的军服，女士则身着19世纪中叶传统长裙服饰。人群中有多位装扮成林肯的男士，他们成为人们争相合影和采访的"明星"。

葛底斯堡国家公墓周边阵列的大炮及一排排白色墓碑无声地诉说着一个半世纪以前的惨烈一幕：1863年7月1日至3日发生的葛底斯堡战役正值美国内战关键时刻。在3天的战事中，双方发射了700万发子弹，双方伤、亡、失踪人数多达5.1万人，也因此成为美国历史上最为血腥的战役。战役结束后，仅在葛底斯堡大地上横陈的5000匹战马遗骸便构成恐怖一景。此役之后，北方赢得战争，因而国家统一之势再也不可逆转。

哈佛大学历史学教授约瑟夫·里迪在接受本报记者采访时说，美国内战初始之时，奴隶制的存废并非主要矛盾。随着战事发展，虽然不解放黑奴就无法拯救国家已成为严峻现实，但并非所有支持拯救国家的人都支持解放黑奴。所以林肯葛底斯堡演说阐述了这场内战的深远意义。耐人寻味的是，当年在林肯发表演说之前，原参议员爱德华·埃弗里特发表了长约两个小时的演说，极为详尽地描述了葛底斯堡之战的背景及过程。而林肯起身之后，他只讲了两分半钟。"林肯前后五易其稿的葛底斯堡演说只有272字，"里迪说，"但在这篇演说中，林肯既论及了过去、现在与未来，也谈及了国家、大陆和世界。林肯的这一演说激励了包括马丁·路德·金在内的许多后人。"

身着北军军官服装的利曼和希尔德博德在接受本报记者采访时都认为，林肯的葛底斯堡演说极为精辟，字字千钧，其中所阐释的"人人生而平等"和"民有、民治、民享"理念意义重大。"现在已经没有多少人记得埃弗里特当时都讲了些什么，但林肯的葛底斯堡演说已成不朽名篇。"

因出演林肯而知名的詹姆斯·盖蒂以浑厚的嗓音现场朗读了葛底斯堡演说，赢来阵阵掌声。来自科罗拉多州的约翰·沃尔也是林肯的扮演者。他在接受本报记者采访时说，林肯在演说中站在一个更高的角度看待美国内战。"人人生而平等"意味着肤色不是人与人之间的主要差异。150年前的林肯在最短的时间内、用最短的篇幅阐释了具有极为深远历史意义的理念。但如果林肯活在现世，他也会看到，150年后的今天，他所呼唤的真正的人人平等远未实现。

汤姆·斯科特是另一位林肯扮演者。这位来自弗吉尼亚州首府里士满的"林肯"在接受本报记者采访时认为，林肯的这一演说仍具有现实意义。"当今美国仍旧缺乏自由。坦率地讲，我认为现在的政府变得太大，我对此感到忧虑。"里迪也认为，林肯在葛底斯堡演说中展现出一种历史眼光，即美国政府、公共机构及整个社会应平等对待所有人，在这方面，现实中的美国仍未实现这一目标。

在美国的城市中，位于最西北角的西雅图是一个很有特点的城市，微软公司总部、星巴克总部、波音公司的最大车间都在该市。只要有心，善于观察，逛市场也能逛出新闻报道。以下便为一例：

卖鱼卖出个景点

情景相生。那日清晨，西雅图阴雨迷蒙，心情竟也有些灰暗。然而，当抹去一脸雨水，湿漉漉地踏入西雅图大市场的派克鱼店时，眼前的景象恰似融融春日：高高的柜台前整整齐齐地摆放着鲑鱼、巨蟹之类的海鲜品；有着五短身材的鱼店伙计比尔在与一名顾客谈好买卖后，操着极富磁性的嗓音一声低吼："一条鲑鱼飞向明尼苏达！"随后将一条几近一米长的鲑鱼凌空抛向柜台。正在柜台内忙活的3名伙计闻声齐声附和："一条鲑鱼飞向明尼苏达！"说时迟，那时快，其中一位伙计眨眼间竟将七八米外抛来的大鱼稳稳抓住，引来围观者一片喝彩。

真新鲜，鱼还可以这样卖！再定神观察一番，这家鱼店的名堂还多着呢：除了生猛海鲜外，这家创建于1930年的鱼店以自己的品牌开发出的海鲜制品、礼品、调料、衣帽、书籍琳琅满目；除了现卖以外，各地顾客还可以通过电话或网上订货，在确保质量和包装箱没有滴漏、异味的前提下，派克鱼店可在48小时内通过指定的快递公司将订货运至美国任何一个地方；鱼店伙计像个大孩子似的不时抛出一条假鱼或拉动绳索使一条巨鱼张开大嘴吓唬小孩子，引来阵阵欢笑。周围观者如堵，人们争相与鱼店伙计合影。再看那鱼店伙计们身上的围裙都印有"世界闻名的派克鱼店"的标识。卖鱼还真是卖出个景点！

在几近嬉笑打闹的欢快气氛中，鱼店伙计们完成着一笔又一笔生意。其实那里的货物价格并不算便宜，但每位顾客离去时脸上都难掩欢愉。几年来，这家鱼店的经营模式引来了人们深深的思考，众多美国企业管理学专家将其作为典范进行剖析。除了那本名为《鱼！》的专著早已被《华尔街日报》评为工商类最佳畅销书外，一本题为《抓住——停止挣扎，在你的生活和工作中变得更有活力》的新书又即将问世。卖鱼，这是一个被不少人认为脏、累、乏味乃至不光彩的工作，怎么会被这些人干得如此热火朝天？

中国有句老话："人之情，不能乐其所不安，不能得于其所不乐。"说的是不能在不安心的地方感到快乐，也不能从不喜欢的地方得到满足，这确乎人之常情。但派克鱼店的伙计们以其行动向人们昭示，在现实当中，任何一件必须做的工作都可能是乏味的，更不必说并非每人都在做着自己认为满意的工作。一味抱怨不顺心的工作环境，其工作场所就可能成为一所压抑生机与活力的监狱，这无异于人生钟表的停摆。当此之时，不做任何事情的风险可能大于行动起来的风险。当你对工作本身没有选择机会的话，你总会有机会选择对这项工作的态度。"我们无法控制别人的行为，但我们可以选择自己的反应，"派克鱼店的伙计告诉人们，"在脏、冷、潮湿的鱼市中，你可以选择懒洋洋的平庸，也可以选择成为'世界闻名'。我们选择了'世界闻名'，干起活来感觉就不一样。"

当心境调整好的时候，成果便显现出来。工作态度的积极选择有助于形成一种良性循环：当人们选择热爱所做工作之后，就能够每天挖掘出其潜在的欢乐、意义和满足，就会为他们所做工作感到自豪，进而发现每人都有的潜能、创造力，热情，挖掘出你从未尝试过的能力、天赋、勇气和才艺。积极的工作态度可以创造出一种最具活力、创新、高效的工作环境，产生更多的生机、热情、生产力和创造力。派克鱼店员工每日快乐工作的秘诀还在于，他们懂得要像你希望别人如何待你那样待人；以一种自尊的方式寓工作于娱乐，既能多卖鱼，又能与顾客交朋友，进而使每一位顾客在派克鱼店的经历都能变为终身的愉悦记忆。

望着眼前被抛来抛去的大鱼和巨蟹，我真切地感到，其实，无论在中国还是在美国，不如意事常八九，关键还是一个心态。假如都如派克鱼店伙计们那样乐呵呵地对待工作和生活，这个世界上会增加多少笑靥？

情随事迁。踱出派克鱼店时已是中午时分，外面仍是一片阴雨迷蒙，但我的心境却一下子明快了许多。

对于国际新闻工作者来说，一定要对能够称得上"第一"以及可以用形容词最高级来形容的事物保持高度敏感，并应探究其何以能够成为第一。

在西雅图，我专门去了星巴克第一家店，对这家店观察了一番，并做了如下报道：

打造"第三交流空间"

总部设在美国华盛顿州西雅图市的星巴克，历时近40年的发展，不打广告，却扩展为当今全球最大的连锁咖啡屋，成为一个业界奇迹。一个阴雨连绵的周末下午，记者踏访了位于西雅图市派克市场街1912号的星巴克最早开设的一家店。

星巴克第一店，与街对面的派克鱼市一样，早已成为西雅图的名片之一。店门外人头攒动，门内拥挤不堪。长长的队伍只是为了品一品这里的咖啡。两天后的晚上9时，记者再次来到这里。天还没全黑，小店仍在开门营业，只是少了许多喧嚣，也因此得以细细打量这个星巴克全球第一店。

这个小店呈长方形，面积约60平方米，店内没有摆放可供顾客坐下来品尝咖啡的桌椅，更没有其他店中的时尚摆设。但是小店内处处可见"第一"的痕迹：立柱式铜色圆形图标上标明"星巴克第一店，成立于1971年"；小店橱窗上方并排高悬着三个星巴克最早版本的原始商标，那个咖啡色双尾美人鱼的造型已与现在通常所见星巴克绿色商标有了很大不同；靠近柜台的墙上挂有两幅世界地图，其中一幅地图下框插有一张卡片，上面标明至2009年10月4日，星巴克在全球共有16082家分店……

平时不喝咖啡的记者此时也凑趣要了一杯，伴着缕缕浓香，品味星巴克从这里起步的传奇创业故事。40余年前，一位名为艾尔弗雷德·皮特的商人在西雅图的咖啡豆及相关设备销售生意相当红火。受此启发，与皮特相识的英文教师鲍德温、历史教师西格尔和作家鲍克合伙于1971年3月30日在西雅图开设了第一家咖啡豆销售店。刚开始这家店位于韦斯特恩大街2000号，后搬迁到现址。这家小店的名字是几位合伙人从美国小说家麦尔维尔的名著《白鲸》中获得的灵感，大家几经商量，最后同意将小说中捕鲸船"裴廓德"号上爱喝咖啡的大副斯达巴克（注：Starbucks中的Star意译为星，因此中文译名为星巴克）的名字作为店名。

1982年，霍华德·舒尔茨作为零售和市场营销总监加盟星巴克，并首先提出星巴克不应仅卖咖啡豆，还应出售蒸汽加压的滴滤咖啡。几位创业的合伙人起初拒绝了这一想法。对他们来说，咖啡应该是在自己家中煮出来的，进入饮料市场违背了创业初衷。坚持自己想法的舒尔茨于1986年4月开办了一家新的咖啡店，并于第二年收购了星巴克。此后，星巴克经营内容不断增加，经营规模也迅速膨胀，走出西雅图，在加拿大温哥华开设分店。1996年，星巴克在日本东京开设了北美地区以外的第一家分店。迄今为止，星巴克已在世界约50个国家和地区设有1.7万多家分店。

在星巴克第一店内，服务员热情地与记者攀谈。星巴克的企业文化就是鼓励服务员与顾客交流。事实上，星巴克的成功秘诀之一便是通过一系列变革与创新，将其打造成为有别于家庭和办公场所以外的"第三交流空间"。根据舒尔茨的定位，星巴克出售的实际上是一种"体验"。在这种咖啡文化的体验中，咖啡本身甚至都已不重要。

在攀谈中记者获知，星巴克在其发展过程中，也曾遭遇被控"不公平竞争"、劳资纠纷、破坏环境的指责甚至爆炸事件。在金融危机的背景下，星巴克自2008年以来被迫在国内关闭近千家分店。迫于竞争对手的强大压力，星巴克还从今年7月开始在美国和加拿大的分店内提供免费无线上网服务。星巴克高管想在店中经营酒类，但引来关于公司文化价值的激烈争论——其实，大还是有大的难处。

静如处子，动若脱兔。国际新闻工作者在采访中经过审时度势后有能够闻风而起的行动力，也是一种眼光。新闻的机遇窗口常常稍纵即逝。没有召之即来、来之能战的强大行动力，再好的闪光想法也将束之高阁，最终留下深深的、历史性的遗憾。

2012年4月16日下午,我突然听到消息:4月17日至20日,美国杜利特尔东京轰炸机队协会等将在俄亥俄州代顿市举行"杜利特尔机队轰炸东京"70周年纪念活动。我于4月17日驱车近500英里赶赴代顿市,也因此成为在现场采访的唯一中国驻美记者。

当地时间2019年4月9日上午,77年前参加"杜利特尔机队轰炸东京"的最后一位在世者、1号机组副驾驶员理查德·科尔,在美国圣安东尼奥逝世,享年103岁。与此同时,美国俄亥俄州代顿市国家空军博物馆里最后一樽杯口向上的银色"酒杯"也被扣置了。

2012年4月18日,我曾在"杜利特尔机队轰炸东京"70周年纪念活动上采访过理查德·科尔。这一报道成为一份珍贵的历史记录。如果不是当年我的雷厉风行,中国记者势必错过这一历史性的采访。以下是相关报道:

"永远感谢伟大的中国人民"

当地时间4月18日午后1时,伴随着"隆隆"的轰鸣声,位于美国俄亥俄州代顿市的国家空军博物馆上空列队掠过16架B-25型轰炸机,"杜利特尔机队轰炸东京"70周年纪念活动隆重启动。

这是一段令人难忘的历史,也是一段令中美人民动情的历史佳话。1941年12月7日,日本突袭美国珍珠港,美国太平洋舰队几乎全军覆没。为对日本实施反击,时任美国总统的罗斯福下令对日本本土进行轰炸。1942年4月18日,美国陆军航空队中校军官詹姆斯·杜利特尔带领5人一个机组的16架B-25型轰炸机队从"大黄蜂"航空母舰上起飞,对日本东京、横滨、名古屋、大阪和神户等地进行了轰炸。轰炸结束后,机队按计划飞往中国浙江衢州机场及浙江丽水、江西南昌两个备用机场。但因为不熟悉航线、天气恶劣和油料耗尽,16架轰炸机均未能在中国机场平安降落,大部分轰炸机在浙江、江西、福建、安徽等地迫降或坠落。80名机组人员中的64人在中国军民帮助下获救,最终安全返回美国。

为寻找、救助、掩护、转送美国机组人员,中国军民冒了极大风险、费尽千辛万苦,并因此遭到侵华日军残酷报复。1942年5月15日,日军开始对杜利特尔轰炸机队机组主要降落地点发动大规模进攻,并使用了细菌武器,以杀害"涉嫌"协助杜利特尔轰炸机队的中国人。在为时3个月的浙赣战役中,约25万中国士兵和平民被屠杀。

整整70年过去，当年杜利特尔轰炸机队的80名成员中还有5人在世，他们中的4人出席了4月18日的纪念活动。当年与杜利特尔同在1号机组的中尉副驾驶员理查德·科尔已经96岁。他在接受本报记者采访时说："我的很多记忆都消失了，但中国军民营救我的历史片段至今记忆犹新。这是一段非常令我动情的历史。我永远感谢你们，伟大的中国人民！"当年9号机组中尉领航员托马斯·格里芬已经95岁。他说："我幸运地遇到了如此善良的中国人民，是他们营救了我。不要忘记，在二战中，美中两国人民是盟友。"92岁的15号机组中士工程师爱德华·塞勒说："我永远也忘不了，一些中国百姓为了营救我们而全家遭到杀害。"90岁的7号机组中士工程师戴维·撒切尔说："中国军民用自己的生命营救了我们，这么多年来，我对此一直心怀感激，美中两国人民这种友谊应该发扬光大。"

  一些曾参与营救活动的中方人员后代也参加了纪念活动。今年79岁的廖明发来自浙江江山市。他说，对于父亲廖诗元营救美军轰炸机领航员奥祖克的事情，自己仍然留有儿时的记忆。当年，廖诗元将受伤的奥祖克背下山来，安置在自己家中，并上山采草药为他疗伤。此后，廖诗元又辗转将奥祖克从江山送至衢州。第一次走出国门、满口乡音的廖明发说，他来到美国后，感受到了美方人员对他父亲救命之恩的由衷谢意。贺绍英的父亲贺扬灵时任浙西行署主任，他在天目山地区组织了对美国机组人员的营救行动。贺绍英说："中国人民的义勇精神感动了美国人民。作为后辈，我们应将这种友谊保持下去。"

  杜利特尔轰炸机队12号机组中尉飞行员威廉·鲍尔之子詹姆斯·鲍尔在接受本报记者采访时说："一位中国农民救了我的父亲和其他两名机组成员，后将我父亲和其他一些机组人员安置在一个山洞中，并历经千难万险将他们安全转移到重庆。那时日军扬言要杀死所有参与保护美军机组人员的中国人。父亲在世时，每每谈及往事，都不胜感慨，他对中国人民无比感激。"专程从印第安纳波利斯赶来参加纪念活动的汤姆·克莱利主动向本报记者表示，当这一切发生时，他只是一个小孩，"但这个故事一直留在我的记忆之中"。"感谢中国人民！为了营救美国机组人员，那么多中国人牺牲了。这是一个多么动人的故事，真的非常感谢！"说到这里，克莱利的声音哽咽起来。

  举行这一纪念活动的美国国家空军博物馆永久展出着杜利特尔轰炸机队成员在中国得到营救的历史文物和资料。一身戎装的美国空军学院历史系教授巴克勒说:"今天许多人的眼中含着热泪。我们十分珍视这段历史,25万勇敢的中国军民做出了巨大牺牲。为营救美国机组人员,不少中国农民抬着担架跋山涉水数百公里,将他们送至安全地点。对于美中两国人民来说,记住这一历史非常重要。我们能够共同做出伟大的事情,我们应该保持和发扬这种伟大的友谊。"得克萨斯大学杜利特尔图书馆历史学家格兰斯则看得更远。他说:"作为历史学家,我将不断传播这一故事,让更多美国民众了解这一历史。现在许多美国年轻人并不知道这一史实。我认为,美国学校应将这一史实载入教科书中,让更多的年轻人了解和学习。这非常重要!"

改革开放之后,肯德基进入中国。我还清楚地记得第一家肯德基在北京东四路口开业后如何红火,曾有记者以文化的视角解读这一现象。到美国工作后,我一直寻找机会想要采访肯德基在美国的第一家店,最终如愿以偿。以下是相关报道:

寻访肯德基"老家"

路易维尔是美国肯塔基州最大城市,也是全球快餐业知名品牌肯德基总部所在地。阴雨绵绵之中,探寻肯德基总部颇费了一番周折。它并未跻身路易维尔市中心的高楼大厦之中,而是偏居一隅。

一幢谈不上高大的白色建筑标明这里就是肯德基总部,门口竖立着肯德基创始人哈兰·桑德斯上校的头部雕像。时值周末,连总部内部的博物馆也不对外开放。望着这幢冷清的小楼,不禁引人猜想,那张写有11种药草和香料名称的神秘配方单子是不是就锁在这座小楼某个角落的一只保险柜内呢?

神秘总能引来好奇。我决意一路南下,继续踏访肯德基发源地。

位于肯塔基州南部的科尔宾县靠近田纳西、弗吉尼亚和北卡罗来纳三州,地处南北通衢。距科尔宾县主街不远的一条小道旁,一家闪烁着"桑德斯咖啡"广告的快餐店门口立着一块金属牌,标明这里就是"肯德基发源地"。

"桑德斯咖啡"店既是一家正常经营的快餐店,也是一座博物馆。售货前台旁边的陈列柜中以泛黄的报纸、海报和各类实物述说着肯德基的历史。顾客就餐处分为两部分,一部分是现代肯德基快餐店内标准化的装饰，另一部分则是当年"桑德斯咖啡"店内的原样桌椅。在人们就餐的身前背后，既有早年间的大厨房和小包间，也有当年收费用的巨大计算器和各种压力锅等炊事用具。当然，满眼见到的还有那位早已成为经典的人物形象：花白胡须、黑框眼镜、白色西装、一脸笑意的哈兰·桑德斯上校。

哈兰·桑德斯的"上校"军衔并非货真价实。他确实当过兵，但只是在16岁时曾作为列兵在古巴服役6个月。当他45岁时，肯塔基州州长卢比·拉丰将他称为"亲爱的桑德斯上校"，那是为了表彰他对肯塔基州烹饪业所做的贡献，但从此"桑德斯上校"便被叫响了。

桑德斯的奋斗故事当属"穷人的孩子早当家"一类。桑德斯于1890年9月9日出生在印第安纳州。6岁丧父后，作为老大的他既要帮助母亲照顾弟妹，又要下厨做饭。他15岁时在印第安纳州新奥尔巴尼当过有轨电车售票员，此后曾干过火车司炉工，通过函授学过法律，卖过保险和轮胎，还在俄亥俄河上做过摆渡船工。

40岁的时候，桑德斯来到肯塔基州科尔宾县，盘下一家加油站。生活的历练早已使得桑德斯不仅手勤，而且善于动脑。加油站来往人多，看到这些长途跋涉的人常常饥肠辘辘的样子，桑德斯开始在小厨房内做点饭菜，招揽顾客。假以时日，桑德斯饭菜的生意好于加油站，他就在街对面汽车旅馆处开了这间可坐142人的"桑德斯咖啡"店。

在此期间，他尝试推出自己的特色炸鸡。炸鸡虽好吃，但客人一多时，等的时间太长，加之手忙脚乱，将鸡炸糊便成常事。压力锅成为桑德斯的解决办法。经过烹煮时间、压力大小和加油多少的多方摸索实验后，他终于找到既省时又美味的炸鸡"黄金切割线"，其妙方至今仍在使用。就美味而言，桑德斯逐渐摸索出一种含有11种药草和香料的配方，至今保持神秘，成为继可口可乐之后美国第二大"神秘配方"。

"神秘配方"的刻意张扬只是表明经营者的机敏。今天来到"桑德斯咖啡"店的顾客多半会怀着一份好奇吃上一顿"肯德基发源地"的炸鸡，但不少中国游客餐后评价说，这里的炸鸡味道还不如中国的好。其实，更值得人们探究的是，桑德斯何以能够将这样一份"肯德基"从如此偏远之地推向全球。

在桑德斯的身上，人们可以看到强烈的自强不息精神。二战期间汽油配给政策使他的加油站不得不关门，75号州际公路的新建使"桑德斯咖啡"店也不得不上锁。56岁时的桑德斯破落得只能依靠每月105美元救济金生活。他开始驾着一辆福特老爷车,带着一口压力锅和一只装有50磅作料的大桶,一路北上兜售炸鸡秘方。传说中,桑德斯在整整两年中被拒绝了1009次,当他在第1010次走进一家餐馆时,终于听到了一声"好吧"。1952年,肯德基在犹他州盐湖城建立了第一家餐厅,并率先引进特许经营制度。此后5年,肯德基在美国及加拿大发展了400家连锁店。时至今日,肯德基已在全球105个国家和地区开设有1.5万多家分店。

　　1980年,享年90岁的桑德斯因白血病辞世。对于这一别样人生,桑德斯有着自己的别样理念:"人们因闲散而生锈者比精疲力竭者多,如果我因闲散而生锈,我会下地狱。"

一位有眼光的国际新闻工作者一定有着强大的思想力。

一位有眼光的国际新闻工作者一定有着极为敏锐的观察力,应该目光四射,时时都在观察,处处仔细思考,事事皆为积累。

一位有眼光的国际新闻工作者一定要珍惜直觉,保持好奇心,不放过任何令你眼前一亮的人与事。

一位有眼光的国际新闻工作者一定要有闻风而动的行动力。

在成功的国际新闻采访中,所有这些都必须环环相扣。见到了令你眼前一亮的人与事,却未能深入思考,等于熟视无睹。见到了,也想到了,却没有任何行动,等于浪费。

眼光分长短、远近、高低、深浅,我们应尽可能看得长,看得远,看得高,看得深。

国际新闻采访：专访的含金量

> 我母亲常说："奥莉娅娜，你写的文字必须让每一个人都能读懂，不要费力将事情复杂化。"我总是听从她的教诲。每当我采访一位国家元首或总理时，我不允许自己玩弄政治和社会学游戏。
>
> ——奥莉娅娜·法拉奇

我们现在身处信息的海洋。如果对自己要求不高的话，几乎所有国际新闻的相关信息都可以从网上获得，但这些信息都是别人嚼过的馍。要真正获得第一手信息，除采访外别无他途。采访是一个相当宽泛的概念，这里我想重点谈一下含金量较高的"专访"。

在国际新闻采访中，专访是以一对一的形式获取独家新闻的采访方式。

想要在表面上看来是信息海洋的美国进行一次高质量的专访很难。现在，我们几乎全民都成了低头一族，就连一家人吃饭时也都各自捧着手机，很少面对面深谈。在高度信息化的美国，采访可以通过邮件、电话完成，若想约上一次面对面的深入采访很不容易，特别是与基辛格、布热津斯基等人进行面对面的专访，就更不容易，需要天时、地利、人和等诸多因素。

在进入更具体的案例分析之前，我们先来熟悉一下在国际新闻专访方面很有知名度的两个人。

第一位的名字叫奥莉娅娜·法拉奇，意大利女记者、作家，1929年6月29日生于佛罗伦萨。她于1950年任《晚邮报》驻外记者，1967年开始任《欧洲人》周刊战地记者，采访过越南战争、印度和巴基斯坦战争、中东战争和南非动乱。她两次获得圣·文森特新闻奖，一次获得班卡瑞拉畅销书作者奖。她还获得美国芝加哥哥伦比亚学院名誉文学博士学位。

在20世纪，法拉奇是国际新闻界名人，采访了彼时的中国领导人邓小平、柬埔寨国王西哈努克、以色列总理梅厄夫人和沙龙、约旦国王侯赛因、巴勒斯坦解放组织主席阿拉法特、伊朗国王巴列维、伊朗精神领袖霍梅尼、西德总理勃兰特、巴基斯坦领导人阿里·布托、利比亚领导人卡扎菲、印度领导人甘地的夫人、南越领导人阮文绍、埃塞俄比亚皇帝海尔·塞拉西一世、波兰领导人瓦文萨、美国国务卿基辛格等人。

法拉齐的专访特点是以或直接或迂回紧逼的形式进行交锋。风格犀利，用语率直、尖锐、咄咄逼人，轰炸似的盘问风格有时在对方看来像是挑衅。她极力使自己在各种权威人物面前保持着平等的姿态和独立人格，她善于把握谈话节奏，驳斥不同意见，揭示内幕新闻，变换各种语气，观察各种细节。

我还记得20世纪80年代《泰晤士报》常常整版刊出法拉齐的专访。她的每一次专访都有巨大反响，她作为记者的名声也因此在世界各地叫得很响。

为了一次成功的专访，法拉齐会非常深入地做功课。她会花很长时间研究采访对象，并且非常关注采访对象的细节，采访一旦实现，会持续很长时间。她在采访中不喜欢用翻译，能够做到这一点，也是因为她有语言优势，除了意大利语之外，她还会说英语、法语、西班牙语。在采访邓小平之时，她只好借助翻译。

这位被人们称为"世界第一女记者"和"文化奇迹"的人咄咄逼人般的采访风格令不少受访者感到头痛、后怕。

在采访南越领导人阮文绍时，她想获得他对外界评论他是"南越最腐败的人"的意见，直接问他时，阮文绍矢口否认了这种传言。法拉齐于是将这个问题分解为两个有内在联系的小问题。她先问："您出身十分贫穷，对吗？"阮文绍听后，动情地描述了小时候他家庭的艰难处境。得到了上述问题的肯定答案后，法拉齐接着问："今天，您富裕至极，在瑞士、伦敦、巴黎和澳大利亚有银行存款和住房，对吗？"阮文绍虽然否认了，但为了澄清这一"传言"，他不得不详细道出他的"少许家产"。

在采访彼时的美国国务卿基辛格时，美国和越南的战争尚未结束，法拉齐旁敲侧击，基辛格最后不得不承认越南战争毫无益处。随后，她又大胆地抛出了这样的问题："权力是诱人的，基辛格博士，权力对您有多大的吸引力？希望您说真话。""基辛格博士，如果我把手枪对准您的太阳穴，命令您在阮文绍和黎德寿之间选择一人共进晚餐，那您会选择谁？""基辛格博士，人们说您对尼克松根本不在乎，说您关心的只是您干的这一行，同任何一位总统都可以合作。"面对这个问题，基辛格做出了一个让他后来深深懊悔的回答，他点头同意这个说法，并说道："我丝毫不怕失去民众，我能使自己做到想说什么就说什么。就像独自骑马领着一支旅行队走进一个狂野的西部神话。"这个回答不仅惹怒了美国总统，还惹恼了普通民众。基辛格事后认为接受这次采访是他做的一件蠢事。

法拉奇去世后,《纽约时报》的相关消息说:"奥莉娅娜·法拉奇是一个善于解剖权威的采访者,一个善于打碎偶像却让自己成为偶像的记者。"

另外一位名人是拉里·金,美国主持人,1933出生于纽约市布鲁克林。从1985年到2010年,拉里·金在美国有线电视新闻网脱口秀节目 *Larry King Live* 连续工作了25年。从第一期和时任纽约州州长马里奥·科默对话开始,拉里·金相继采访了自尼克松以来的大多数的美国总统与第一夫人,以及莱温斯基这样的"争议人物",有"世界最负盛名的王牌主持人"之称。

拉里·金的特点是穿着吊带裤,戴着大眼镜,手边放着老式麦克风,人们称他的提问"语气平和,内容尖锐"。

没有人能够轻易获得成功。刚出道时,拉里·金就利用一切机会训练自己的采访技巧。他搬了把椅子坐在超市门口,随机采访进门的每个人,问:你叫什么名字?做什么职业?来买什么东西?买这些干吗用?最擅长的事是什么?最近在烦恼什么?

拉里·金的心得是:一个好的主持人要做到无论何时、何地、面对何人都能有话题,有问题。拉里·金退休后撰写的书便是《如何随时随地和随便什么人谈话》(*How to talk to Anyone,Anytime,Anywhere*)。

有人曾经问他:"你是我见过的最出色的访问高手,你的秘诀是什么?"他说:"只是一种完全无拘无束的好奇心而已。"不用担心提出无知的问题,只要保持无拘无束的好奇心。"喜欢大发评论的人,不可能学到什么。"

拉里·金的采访风格是轻松随意、简单直接、有人情味且随机性强。这种风格体现在单刀直入的提问方式上,从来都不拐弯抹角;虽然他的提问通常一针见血,却不会显露咄咄逼人的气势,反而是温文尔雅,注重受访者的感受;随机性是说他不会在访谈之前进行过多的准备,而是在访谈过程中随时组织自己的问题。"最好的访问者是对受访者知道得最少的人。我讨厌问自己已经知道答案的问题,而且我从不怕问可能很愚蠢的问题","我们无法因为'说话'而知道更多的事情。因此,如果你今天想要知道一些事情,你所要做的,就是聆听"。这是拉里·金的经验总结。

美国前总统特朗普有过三段婚姻,在第三次新婚后,时为纽约房地产商人的特朗普夫妇曾接受拉里·金的采访。以下为这一专访部分内容。

拉里·金:你们是怎么认识的?
梅拉尼娅:1998年9月,我们在纽约时装周上认识的。

拉里·金：你对她是一见钟情吗？

特朗普：我简直疯了。当时我是准备与另外一位超级模特见面的。有人说，那名模特也不过如此嘛。我就说，坐在她左边的人是谁？然后那人告诉我，她叫梅拉尼娅。

拉里·金：你对他也是一见钟情吗？

梅拉尼娅：这是很奇妙的化学和精神作用。我们开始聊天，相处得很好，共度了一个美好的夜晚。

拉里·金：你们约会很长时间了，是谁先提出要结婚的？

特朗普：我们在一起有5年时间了，从来没有吵过架，我们相处融洽。于是我说，你知道吗？是时候结婚了。

拉里·金：结婚后感到有什么不一样吗？

梅拉尼娅：没有什么不一样，但有时候会突然叫对方老公、老婆什么的，开开玩笑。

拉里·金：他是个控制欲很强的人吗？

梅拉尼娅：我不这样认为。他是个完美主义者。

拉里·金：他发号施令吗？

梅拉尼娅：我可不这样认为。也许他在工作中发号施令，因为他需要这样做。他像将军一样，他需要协调各种人，但这不会在家中发生。我们的关系十分平等，这十分重要。嫁给一个像唐纳德这样的男人，你需要清楚自己的身份，你必须十分坚强和聪明。他也会知道他有时候会依赖我。

拉里·金：可以拥有一切是怎样的一种感觉？我的意思是，当你走在第五大道上，看着橱窗里的商品，你知道如果你愿意的话就可以买下来。那是一种什么样的感觉？

梅拉尼娅：我不是一个挥金如土的人，当我真的喜欢某样东西的时候才会买。

特朗普：她从来不会利用自己的这种优势。坦白说，有很多女人会这样，但她不是。她不会在第五大道或麦迪逊大道上看到一件漂亮的东西，然后对我说，我要它，请给我买下来。她不是那种女人。

梅拉尼娅：你知道，我凭自己的工作也赚了不少钱。所以，我知道钱是怎么来的，钱意味着什么。

拉里·金：你想做妈妈吗？

梅拉尼娅：想啊，我们想组建一个家庭，想拥有一个小孩。

拉里·金：你有多少个孩子了？

特朗普：4个，每个都非常漂亮、乖巧。

拉里·金：你渴望再当父亲吗？

特朗普：那是一件很美妙的事情。我认为，没有什么事情能和拥有美满的婚姻和孩子相比。如果你有钱，拥有孩子是件很棒的事情。我不会换尿布，我不会做饭，我甚至没有时间看望孩子，但我知道梅拉尼娅会是一个好妈妈。我也将会是一个好爸爸。

我们再看一下拉里金的问题：
"你们是怎么认识的？"
"你对她是一见钟情吗？"
"你对他也是一见钟情吗？"
"你们约会很长时间了，是谁先提出要结婚的？"
"结婚后感到有什么不一样吗？"
"他是个控制欲很强的人吗？"
"他发号施令吗？"
"可以拥有一切是怎样的一种感觉？我的意思是，当你走在第五大道上，看着橱窗里的商品，你知道如果你愿意的话就可以买下来。那是一种什么样的感觉？"
"你想做妈妈吗？"
"你有多少个孩子了？"
"你渴望再当父亲吗？"

11个问题，家长里短，简洁明了，多数为闭合式问题。层层递进，挖掘出不少信息。

从这一专访中，可以看到拉里·金与法拉齐有着截然不同的风格。一位是女性，但咄咄逼人；另一位是男性，却慢条斯理，问题简短、直接。一位精心准备，步步紧逼；另一位看似随性随意，但绵里藏针。成败功过，各有千秋。

一个专访是否成功，问题提得是否精当很重要。问题的提出是基于对被采访者尽可能深入地了解、理解、认知。

美国《时代》周刊有一个栏目，名为《10个问题》，它每期用一页的篇幅，请一位公众人物简短回答读者提出的10个问题。实际上是一个书面专访，这些问题的选择便可以作为研究的范例。

2010年11月15日出版的《时代》周刊刊登了来自世界各地的人们对物理学

家霍金提出的10个问题以及霍金的回答。

  1. 巴桑塔·波拉，瑞士：如果上帝是不存在的，那为何关于上帝的故事会尽人皆知？

  霍金：我从没说过上帝不存在。上帝是人们心目中的造物主。但我认为这种造物主并非是一个你可以与其建立个人关系的个体，而是物理学定律。我将它视为一种"自然的"上帝。

  2. 保罗·皮埃尔森，英国：宇宙会终结吗？如果答案是会，那么宇宙之外是什么？

  霍金：观测数据显示宇宙正处于不断加速的膨胀过程之中。它将永远膨胀，并在此过程中变得越来越空，越来越暗。但尽管宇宙没有终结，它确实有起点，它产生于一次大爆炸。你可能会问那么大爆炸之前是什么？但答案是没有"在那之前"，就像没有比南极更靠南的地方一样。

  3. 哈维·贝萨，美国：您认为我们的文明能够延续足够久的时间，直到我们有能力进入更遥远的空间吗？

  霍金：我认为我们有很大机会可以等到移民开发太阳系的那一天。但是由于在太阳系中找不到比地球更加适宜居住的地方，因此我不清楚如果地球变得不再适合居住时我们的文明是否能延续。为了生存下去，我们必须向其他恒星系进发。这将是一个漫长的过程，让我们期待我们能够等到那一天。

  4. 朱黄，美国：如果您有机会和爱因斯坦通话，您会说什么？

  霍金：我会问他：你为什么不相信黑洞理论？他的相对论中的场方程表明一颗大质量恒星或一团气体云会塌缩形成黑洞。爱因斯坦本人意识到了这一点，但是他不知为何却坚持认为某种机制，如爆炸，会阻止塌缩过程，从而防止黑洞现象的发生。但是，如果没有发生这样的爆炸呢？

  5. 卢卡·桑兹，美国：在您的有生之年，您最希望看到哪一项科学发现或进展？

  霍金：我最希望看到核聚变成为实用的能源。它将提供用之不竭的能源，并且没有污染，不会引发全球变暖。

  6. 艾略特·吉布森，美国：您怎么看待人死后的意识问题？

  霍金：我认为人脑就像是一台电脑，而意识就如同电脑程序。当电脑关机，程序也会停止运行。从理论上来说，意识可以通过神经网络进行重建，但是这将非常困难，因为这就需要输入一个人全部的记忆。

7. **卡罗·吉尔莫尔，美国**：您是一位声名卓著的物理学家，但您有没有一些可能让我们大吃一惊的日常兴趣爱好呢？

霍金：我喜欢所有风格的音乐，流行音乐、古典音乐和歌剧。另外，我和我的儿子蒂姆一样，都很喜欢一级方程式赛车。

8. **玛琳娜·维库拉，芬兰**：您认为您的身体残障对您的科学研究工作是起到了帮助作用还是限制作用？

霍金：虽然我很不幸患上了运动神经疾病，但是除此之外的其他方面我都很幸运。我很幸运能够从事理论物理学研究工作，这是少数几个身体残障不会成为大问题的领域之一，还写了几本比较成功的书。

9. **苏珊·莱斯利，美国**：面对那么多人渴望您为他们解答关于生活中的奥秘，您是否感觉这是一种重大的责任？

霍金：我当然不可能知道生活中所有问题的答案。虽然物理学和数学或许可以告诉我们宇宙是如何形成的，但它们在预测人类行为方面效用有限，因为预测人类行为需要解太多的方程了。对于人们的生活，尤其是女性，我并不比其他任何人了解得多。

10. **卡斯特·库兹，德国**：您是否认为有一天人们将理解物理学中的一切原理？

霍金：我可不希望那种事发生，那样一来我就失业了。

这些问题宏观至宇宙万物，微观至个人生活细节，简易明了，生动有趣，使人们对一位世界知名科学家有了更多的了解。

我在驻美期间，曾经三次专访基辛格，仅2015年就有两次，契机便是国家主席习近平对美国进行国事访问。

第一次是2012年，时值尼克松访华和中美《上海公报》发表40周年，时任中国国家副主席习近平于当年2月13日对美国进行为期5天的正式访问，我于2012年2月14日下午在华盛顿对基辛格进行了专访。

基辛格在华盛顿的办公室内到处可见"中国元素"，左侧墙上悬挂着四幅已经有些发黄的老照片，分别是40年前基辛格与毛泽东、周恩来等中国老一辈领导人的合影。

与后两次专访相比，这次专访时间相对充裕，我也尽可能从容地与他进行交流。有着德语口音、鼻音很重的基辛格说，中国领导人给他留下的最深刻印象是"历史眼光和战略决策","美国人认为每一个问题都有解决办法，中国人认为每一个解决办法都会引发新问题"。

专访进行中，基辛格在秘书的提醒下，转身回到里屋接了一个电话。回身坐定后，基辛格突然有些俏皮地盯着我说："这是白宫来的电话。你不会说出去吧。"

专访结束后，基辛格应我的请求为中国读者题词——"我们两国在过去40年间一直有着良好的关系，让我们在本世纪今后的时间里更加巩固这一关系"。

2015年8月初，在习近平主席正式访美一个多月前，我们就开始与基辛格联系专访事宜。在所有中国驻美新闻机构中，我们动手最早。经过反复联系、沟通、协调、等待，最终于9月10日完成了这一采访。可以说，这是一次非常成功的专访。

成功都有共通之处。与"台上一分钟，台下十年功"的道理一样，一次成功的专访首先需要做大量的功课。专访是一种相互启发、相互碰撞、大有收益的面对面交流，这种交流不仅仅通过一问一答的方式进行，身体语言、表情、语气等诸多元素都是交流的载体。若想过程流畅，就必须知己知彼。否则，不在一个话语体系中对接起来、碰撞起来，就很难出现闪光点。

对基辛格这样量级的人物进行采访，每一分钟都极为宝贵，每一个问题都需反复斟酌。我多年来密切关注基辛格的言论，多次在活动现场近距离观察与采访，还认真研读基辛格《论中国》等著述及他的诸多文章。做足功课，采访中才有底气。

在尽可能大量掌握有关基辛格的资料的基础上，下一个重要工作便是设计问题。

一个人的谈吐很难伪装。一张嘴，别人就能分辨出你究竟吃几碗干饭；一提问题，便大概明了你喝过几两墨水。采访机会如此难得，时间如此宝贵，问题抓不住，采访稿件都立不起来，更不用说深度与新意了。如何在最短时间内取得最大的收获，问题问得好很关键：不要问那些常识问题，要问出新意，说出新话，尽可能提高每一次专访的含金量。

在联系采访基辛格的过程中，我们曾向他的办公室提交过一个问题清单，后来这个问题清单几易其稿。我们在设计采访问题时，既要考虑到报道任务，也要考虑到诸多问题间的逻辑关系，力求起承转合顺畅自然；既要有中美关系的高度，也要顾及当时蓝普顿等人提出的中美关系正走向"临界点"这一论点，以及2015年是世界反法西斯战争暨中国人民抗日战争胜利70周年等热点，力求问出新意，说出有个性的新话。

在对不太熟络的新闻人物进行采访时，能否迅速寻求一个拉近双方距离的突破口，决定着采访气氛是否融洽，也在相当大的程度上制约着采访的质量。与受访者巧妙"套磁"，一下子让对方心里热乎乎的，进而产生愿意与你交流的欲望是成功的第一步。要做到这一点，就是要尽可能找到双方在认知上的共同点，随后将这些共同点迅速转化为急剧升温的亲近感。

2015年9月10日上午11时，我们如约来到基辛格在纽约的办公室，随后被告知基辛格还在忙，需要等他一会儿。等待的时候，我开始四处打量这个房间。房间不大，但四面墙上有三面挂着的东西与中国有关。一进门的左手边墙上是一张画着四只仙鹤的巨幅中国画，对面墙上挂着一排奔马形象的中国画。后来，我还到这间办公室周围的走廊转了转，果然看到走廊的书架上摆着不少有关中国的书籍，其中不少是中文书。

我一边观察，脑子里同时在高速运转，考虑以什么样的开场白能让这次的采访气氛迅速轻松起来。显然这也是基辛格想要做到的事情。在寒暄之后，基辛格说他又胖了，最近长了20磅，因为吃了太多的中国美食。面对中国记者，基辛格找到的认知上的共同点是中国食品。我是属马的，对马比较敏感。我指着墙上那一排马的中国画问基辛格："您喜欢马吗？"基辛格回答："南希喜欢马。"南希是基辛格的夫人。基辛格一提南希，我脑子里立即浮现出20世纪70年代毛泽东主席在北京会见基辛格和他夫人的情景。我那时读过毛主席与基辛格会谈记录全文，对于会见中毛主席指着基辛格夫人跟基辛格开玩笑说"她试图使你望而生畏"的细节印象很深。于是我对基辛格说："我还记得当年毛主席会见您时指着南希说她比您高。"提到这个话题，我注意到基辛格一下子笑了起来，他回忆说："毛主席对南希非常友好。"对于毛主席笑指南希比他高的往事，基辛格说当时自己还反问："是她的身高比我高还是智识比我高？"

这样一个开场白，一下子拉近了我们的距离，现场气氛很快轻松起来。

气氛虽然轻松了，但整个采访如同打仗一样。基辛格说，因为他还有另一场活动，原定30分钟的采访只能缩短到15分钟。根据这一变化，我将原来问题清单上一些铺垫部分立即跳过去，直接询问他对习近平主席的评价，以及他对习近平主席此次国事访问、美国大选、中美关系是否真到了"临界点"、世界反法西斯战争暨中国人民抗日战争胜利70周年、习近平主席赴纽约参加联合国成立70周年纪念活动等的看法。基辛格对每个问题的回答如行云流水般顺畅，几乎没有废话。

问答环节刚一结束，我立即将事先准备好的笔、纸和事先拟好的题词建议拿出来，请基辛格为人民日报读者题词。这对他来说是个突然袭击，但他没有拒绝。最后写下的题词是：

　　致人民日报读者：我期待着习近平主席的访问将为世界和平做出重大贡献。

　　整个采访结束后，我看了一下表，用时16分钟。

　　10月7日，我再次对基辛格进行了一次专访。这次专访的由头是当面向基辛格赠送他所撰写的著作《世界秩序》中文版。

　　为了完成这次时隔不到一个月的专访，我仍尽力做了大量准备。我研读了《世界秩序》这本著作，搜集了基辛格对此次习近平主席访美活动的相关评论，我还特别注意到习近平主席访美期间与基辛格之间的互动。

　　这次专访仍在基辛格那间办公室，但我的开场白不能再拿那些画着马的中国画说事了。我又被告知基辛格正在忙，需要比预定时间多等一会儿。那么好吧，就让话题从他这般繁忙说起。一见面，握手寒暄后，我就夸基辛格："您的身体怎么这么好？"他一听就高兴了，先说了一句："对不起，刚才接了几个电话。"我又接着问："您每天工作多长时间？""15个小时。"他说。我又问："您的头脑仍然如此敏捷，每天工作这么长时间，有什么秘诀吗？""基因。我的母亲活了98岁，父亲95岁。"他乐着说。"基因，基因"，这个词他重复了好几遍。

　　在接下来的采访中，我所提的问题从新近发生的习近平主席访美开始，逐渐过渡到有关世界秩序的宏观问题上。

　　2015年9月22日，在西雅图举行的联合欢迎宴会上，基辛格曾有一个发言，他在发言中专门对习近平主席做了介绍。此后习近平主席在发表演讲时表示："基辛格博士总能说出一些新颖的观点，他的介绍让我对自己也有了一个新的认识角度。"习近平主席刚刚结束的国事访问和习近平主席对基辛格的上述评价便成为我向基辛格首先提出的问题。这显然是一个仍然很有热度，基辛格也乐于回答的话题。

　　正如新闻写作的倒金字塔结构一样，采访时，我将作为任务要先完成的采访话题摆在前面，完成这部分采访后，我会努力尽可能多地获取第一手信息。在这次采访的最后，我向基辛格问道："从一个更为广阔的视野来看，我们仍然在世界各地看到叙利亚等国发生的战乱和冲突，您对于这样的世界秩序有什么解决办法？"基辛格相当机敏，他回答："这是咱们下一次采访的话题。"

在这次话题从中美关系到世界秩序的专访中，基辛格说，美国在其建国历程中，与外部世界接触不多，因为美国位于两大洋之间，美国对外部世界有着一种解决麻烦本身的务实思维。中国有着数千年的历史，周边环境跟美国相比要复杂得多，因此中国必须致力于人类的努力和长远事态演变。中国人更关注演变，美国人更关心麻烦本身，双方进行真正的对话并不容易。"所以我试图告诉美国领导人，你们要看一看外部世界，你们必须理解不同的文化和不同的历史经历，所有这些因素都必须被纳入决策考虑的范畴之中，进而考虑建立何种世界秩序。你不可能将一国主张的世界秩序强加于整个外部世界。"

临别时，我告诉基辛格我即将卸任，再一次祝他一切都好。基辛格特意拉住我的手说："我喜欢同中国人交谈。我喜欢中国独立自主的外交政策。"

在这篇专访稿件中，我将此次采访前后两个细节都写入稿中，力求更为生动活泼，编辑也保留了这两个细节。

国际新闻报道工作的魅力之一便是你每天都遇到新鲜事，需要不断学习。除了在实践中不断学习，还要向前人、同行、同事学习。

意大利女记者法拉齐曾于1980年8月21日和23日两次采访邓小平，法拉齐自己认为，这是她事业中很成功的采访。

在采访邓小平之前，法拉齐搜集和研读了有关邓小平的大量资料，包括阅读外国人写的邓小平传记。

当时为这两次采访做翻译工作的是施燕华。根据施燕华回忆，法拉齐在采访邓小平时，双方一落座，法拉齐就说："明天是您的生日，我要祝贺您，祝您生日快乐！"邓小平说："明天是我的生日？我从来不关心什么时候是我的生日。"法拉齐说："我是从您的传记中知道的。"邓小平说："就算是吧，也别祝贺我。我已经76岁了，到了衰退的年龄啦！"法拉齐说："我父亲也是76岁，我要这么对他说，他肯定会打我两巴掌。"邓小平说："是呀，当然不能对你父亲这么说。"

这个开场白让我们看到了什么？它让我们看到法拉齐是做了功课的。她从最让人暖心的生日话题开场，她还将邓小平同她的父亲进行对比。这样的开场白一下子就为后续的采访创造了一种很温馨、很轻松的气氛。

《邓小平文选》第二卷收录了法拉齐的这两次采访。法拉齐问的第一个问题是："天安门上的毛主席像，是否要永远保留下去？"

从法拉齐提的第一个问题，我们又看到了什么？除了看到法拉齐善于做功课，善于积累，善于观察，还能看到她的提问技巧，这是一个只能以"是"或"不是"来回答的闭合式问题，是一个能够以小见大的突破口式的问题。闭合式问题有助于澄清新闻事实，使采访卓有成效。

此后，法拉齐又相继提了"据说，毛主席经常抱怨你不太听他的话，不喜欢你，这是否是真的？""我看不出怎样才能避免或防止再发生诸如'文化大革命'这样可怕的事情""你是否认为资本主义并不是都是坏的？""你对自己怎么评价？"等一系列问题，可谓锋芒甚锐。

在这两次采访之后，施燕华连续三个下午到民族饭店法拉齐住的小房间与她一起整理录音。法拉齐听到不明白的地方，就问施燕华："这是什么意思？"有一次，法拉奇突然把录音机停了，问："我听到邓小平经常说 zhege,zhege，是什么意思？"施燕华回答说："这是有些人的口头语，相当于英文中的 you see，you know，或者 well。"她说："好极了，我要把它记下来。这些小东西很重要，你知道吗？它能使谈话更生动。"

从这个细节，我们又看到了什么？我们看到了法拉齐的认真，我们看到了任何一个人的成功背后都有着努力的汗水，也看到了法拉齐注重她称之为"小东西"的细节，因为这些"小东西"能够使专访变得更为生动。

较之基辛格，曾在卡特政府内任国家安全事务助理的兹比格涅夫·布热津斯基博士在同我谈论中国时显然更具锋芒。

与基辛格一样，布热津斯基在华盛顿的办公室也在美国战略与国际问题研究中心总部大楼内。2013年3月7日下午，我和同事李博雅在布热津斯基的办公室内对他进行了专访。

1928年3月28日生于波兰华沙的布热津斯基当时还差20天就满85周岁，但身材修长、矍铄清瘦的他步态矫健、反应机敏。我在寒暄后首先问他："您是怎样保持得这样健康？"布热津斯基笑着反问说："不这样怎么行！"

布热津斯基的办公室墙上挂满了有历史意义的老照片。他特意向我介绍了中国领导人邓小平请他赴家宴的照片，照片上有邓小平的亲笔签名，签名日期为"1979年1月31日"。那幅照片的下面摆放着2004年1月9日布热津斯基参观中国人民解放军196旅的照片。布热津斯基还特别介绍了另外一幅照片，那是2010年7月14日，布热津斯基夫人艾米莉的雕塑作品《森林斜纹》落户河南省郑州市郑东新区的情形。

专访开始前，已经落座的布热津斯基突然起身，从里屋的大办公桌上取来几张打印资料和一支录音笔。采访开始后，他便和我们一样开始录音。

从即将召开的中国两会，到中美关系走向，从美国亚太政策的"转向"，再到对两国领导人发展双边关系的政策建议，有备而来的布热津斯基侃侃而谈。

在谈到对于今后中美关系的建议时，布热津斯基说："我的建议非常简单，就是双方领导人应该经常见面,能以友好和私密的形式交谈。在天安门和白宫前的仪式性的活动并不足以发展双边关系。双方必须严肃地讨论双边关系中遇到的、我所提出的一些问题。因为,我,作为中国的一名老朋友,我想我有资格这样说,因为我对中国领导人是友好而直接的。"在此次专访后的多个场合,我都听到布热津斯基重申这一看法。事实上,从2013年美国安纳伯格庄园会晤,2014年北京中南海"瀛台夜话",2015年"白宫秋叙"再到2017年的海湖庄园会晤,中美两国最高领导人形式创新的密切沟通与布热津斯基的政策建议相吻合。

在专访中,布热津斯基提出了中国国内的"民族主义情绪"问题。他拿出事先准备的资料,点名引用了几家中国媒体的言论后指出,美中两国进入了一个阶段,双方的民族主义情绪会减损双边关系,两国都不会受益。目前,双方解决问题的意愿还不强烈,两国间的交往出现了消极的趋势。双方必须克服当前的困难,因为气氛上的不友好,是双方敌意和冲突的开端,这是美中两国必须要避免的。此后的相关报道如实地表述了布热津斯基的主要观点。

专访结束后,我向布热津斯基呈上《美国与世界》一书。布热津斯基欣然在该书扉页为我题词:"致温宪:让我们共同思考中国与世界!"他还特意在"中国与世界"字样的下面画了一道重点线。

在这次专访之后,又发生了一个小插曲。这涉及国际新闻采访中跨文化交流乃至碰撞的话题。

在专访中,布热津斯基有备而来,他拿着录音机。他认为中国国内存在着严重的民族主义情绪,并引用了中国几家媒体的评论文章进行佐证。他在肯定"中国成功"的同时,表达了对"中国民族主义情绪高涨"的担忧,并迫切希望"中美元首要经常见面"。

在与相关编辑反复沟通后,见报稿坦率、充分地表达了布热津斯基的意见。与此同时,由于篇幅所限,当然不可能完全照登专访原文。在准确表达他对中国国内"民族主义情绪"担忧的同时,略去了他所点名的几家媒体的内容。为此,布热津斯基耿耿于怀,认为这证明了他对中国媒体的看法。除了在另一次研讨会上重提此事,他还在美国战略与国际问题研究中心网站上将采访全文刊出。

这就是不同意识形态间可以理解的碰撞。对于此事我做了冷处理。

文化是一个涵盖范围很广的概念,是人类在社会实践过程中所获得的物质、精神的生产能力和创造的物质、精神财富的总和,包括文明、历史、语言、宗教、民族、社会制度、政治、经济、法律、家庭、习俗、伦理道德、世界观、人生观、价值观、思维方式等多个因素。世界是丰富多彩的，不同的文化有着不同的人类文明发展背景，与地理环境、民族构成、语言等密切相关。总体而言，我们对不同的文化应该抱有尊重、理解、包容的态度。

20世纪80年代在巴黎时，我的意大利同学曾拿中国人用筷子开玩笑。20世纪90年代，我在一位南非白人家中采访时，主人在吃饭前祈祷，却很友好地告诉我"请随意"。

自911事件发生之后，不同文化之间的碰撞、冲突不断发生，我们应当引以为戒。

中西文化、意识形态之间的差异会对交流、采访形成一些障碍。在国际新闻采访中，我们应从良好的意愿出发，克服、化解不同文化间的交流障碍，坦率应对差异，做到友好、有效地交流。

在交流、沟通过程中，应本着相互尊重、平等待人、以诚相见、礼貌周全的原则，用事实说话，还要掌握分寸，留有余地，寻找最佳切入点，用人情味和幽默感拉近距离，做到有效沟通。

2021年8月，阿富汗政局变天。中国中央广播电视总台记者适时对阿富汗塔利班高层人物进行了专访，不断获取新的执政者在政策走向等方面的新信息，令人印象深刻，成为新的专访范例。

打造更多含金量高的专访应是我们的努力方向。

人海茫茫，脚步匆匆。并非每一个人都愿意花时间与你坐下来交流。从做好功课开始，珍惜每一次来之不易的专访机会。

国际新闻采访：世界丰富多彩

这个世界是丰富多彩的。世界上有200多个国家和地区，这些国家和地区有着不同的历史、文化、传统、宗教、语言。以一种开放、积极、包容的心态去认识、了解、理解、走进这个丰富多彩的世界，你的人生也会因此而变得丰富多彩。对于一个国际新闻工作者来说，你的使命是向不同的受众报道、解说这个丰富多彩的世界，成为不同国家、地区、文明间相互理解的桥梁和纽带。这个使命无疑是光荣的。

任何光荣的事都要付出艰辛的努力和代价。日子都是一天一天过来的，有的日子过后竟然很快毫无踪迹可寻，而有的日子却成为永远的记忆，因为那些日子的含金量更高，更有记忆的价值。对于国际新闻工作者来说，身在一线的日子格外值得回忆，如果你认真度过的话，那些日子应该是沉甸甸的，有着很高的含金量。

我认为，只要你有一个开放、积极、包容、平和和长远的心态，世界任何一个国家都是值得去的，那段经历会成为你一生中难忘的记忆，你也会成为一个乃至多个领域的专家。如果以这种心态对待未来的话，你会看见很多常人难以见到的风光，你会遇见各种各样的人物，你会更加感到人生苦短，因为这个世界的丰富多彩是人的一生难以全部领略到的。

在中国以外的世界各地采访或常驻时首先要学会处理一些基础的、技术层面的事情。这些事情因各国情况差异又有所不同，但具有一定共性。

一、充分准备，滋养底气

前往国外采访或被派驻某个国家之前，首先要做好准备工作，这种准备当然是越充足越好。最为主要的是相关知识、资料、情况方面的准备。要尽可能全面、深入地了解这个国家的历史与现状、政体和政坛主要人物情况、相关国际热点问题的来龙去脉，还要研读历届记者所做的相关报道，思索如何根据最新的局势发展，做出角度更新、内容更广和思想更深的报道，争取拿出不负使命的好作品。

除了工作上的准备之外，还要做好日常生活方面的准备。根据个人情况，带好包括药物之类的物品。

二、安顿下来，做好交接

对驻外记者而言，初到一地，人生地不熟，先要安顿下来。如果不用建站，就要与前任做好交接事宜。交接过程中，要抱以尊重的态度，不懂的事情要虚心请教，小到一个开关的使用，大到整个房产手续、账目的交接，需事事细心，处处留意。火警打什么电话？紧急情况打什么电话？人病了去哪个医院？车坏了到哪里修？银行在哪里？哪里有中国商品供应？诸如此类，不一而足。

对于大大小小的琐碎事项，最好都有白纸黑字的凭证。特别是遇上需要租房、买房、买车等事情，一定要手续完备，保存好各种单据。如果需要买房，尽量不要以个人名义购买，否则会留下很多麻烦。

1995年5月30日下午4时，我驾车通过津巴布韦与南非交界的拜特布里奇海关，经过南非边境小城麦西纳后继续往南向约翰内斯堡驶去，从此开始了人民日报首任常驻南非记者的生涯。

在此之前，我需要处理驻津巴布韦记者站撤站的所有事宜。

撤掉一个已有10余年历史的记者站，并重建一个记者站，这意味着多少奔波和劳累！撤站工作千头万绪，件件需要周到细致。一辆多余的汽车通过拍卖得到妥善处理，大件家具和图书资料等通过跨国搬家公司装车运走，没想到最麻烦的问题出在了卖房款上。

驻津巴布韦记者站建站之时，曾花费约1万美元购买了一处宅院，这处房产最终卖出的价格相当于3万多美元。麻烦在于津巴布韦银行不允许将卖房款折算成美元带走，除非出示原始单据，证明此房购买时使用的是美元外汇。中国人在津巴布韦买房子当然使用的是美元外汇，在提供多种证明，百般交涉后，津方银行仍是一个"不"字。最终我在一家中资机构的帮助下解决了这一问题。记得提取几十万津元现金那一天，我拿了一个大书包，提款后迅速将现金全部装进包内，一路前后张望，高度警觉地完成了兑换事宜。

三、办好证件，尽快有"腿"

驻外记者应尽快到该国相关部门办理记者证，以便获得合法工作证件，有的国家需要办理工作许可，也要尽快办妥。

外语对绝大多数派驻人员来说都不成问题，派驻人员要尽快解决的是"腿"的问题——尽快考下该国的驾驶证。每个国家情况不同，驻外记者须认真学习当地的交通规则，认真准备、对待机动车驾驶证考试，否则工作中没有"腿"，会很不方便。

在如津巴布韦、南非这样的英联邦国家，考取驾驶执照是一件很严肃的事情，不可轻视。不少人驾驶技术没有问题，但因不严格按照当地交规行事，导致考试屡屡失利，甚至在中国国内从业多年的专业司机也未能幸免。反倒是一些从未驾驶过汽车的女士一考过关，或许就在于她们很认真地遵守了在斑马线处务必左右回头等候行人等交规。

四、建立人脉，打开局面

工作交接中重要的一项是与新闻报道工作有关的人际关系的交接，这是一种需要大量时间才能积累起来的人脉资源，要尽可能多地保护、继承、发展。在这个过程中，驻外记者应尽快到该国的中国使馆与新闻参赞等相关人员见面；要尽快与中国国内各主要新闻机构的同行们见面，开好一个友好合作的头；要尽快拜会该国管理外国记者部门的负责人，与他们建立联系，以便日后开展工作。在这个过程中，需保持谦逊、友好的态度，以便与他们保持良好的合作关系。

在国外做的所有事情都是为了把工作做好。第一脚不仅要早踢，还要踢好。不能等到所有手续（包括考驾照）完成后再沏茶、倒水，开始工作，要同步进行，越快越好，越早越好。

在国外工作的每一天含金量都很高，从物质意义上来说也是如此，一位驻外记者的工作是需要不少财力支持的，所以驻外记者要真正使自己工作的每一天都成为含金量很高的一天。

驻外记者应在出发前做好基础性的准备工作。一旦到岗，已经没有更多时间学习有关新闻工作的常识。我记得在国外工作时，一位刚刚到任的年轻同事问："我需要读什么书？"我一时感到无语，因为一到任上，就应该全力以赴大干，而不是才开始读书。

除此之外，还要尽快摸索、编织出一个得以全覆盖的信息采集网。我在非洲工作期间，除了看当地报纸、电视，每天早上第一件事是收听英国广播公司播报的世界新闻，每晚最后一件事也是收听一下，这样不仅可以做到大的新闻不会漏过，对整个国际新闻了然于胸，还可以知道本地区新闻在整个国际新闻中的分量，这个可以成为处理该国和该地区相关国际新闻的一个依据。

五、健康安全，最最重要

在外工作，健康安全最为重要，这一点比努力工作还要重要，道理很简单，没有健康的身体，没有人身的安全，工作就无从谈起。

因时差等原因，驻外记者要尽快调整生物钟，摸索出适合自己的作息时间。认真对待一天三顿饭，不要暴饮暴食。

现在通信条件好多了，多给家人报平安。你在外工作，家人惦记你，你要理解家人，工作再紧张，也要报平安。

出门在外，安全第一。开车要注意安全，一定不能酒驾。除非万不得已，尽量不开夜车。在南非等社会治安状况不好的国家，一定要养成一上车就锁门、不开车窗的习惯。

在这方面，我有过许多教训。1991年，我在津巴布韦市中心曾经历过一次"调虎离山"的抢劫事件。那几天正忙得不可开交，我还需开车到哈拉雷市中心办理杂务。车未停稳，车前挡风玻璃处突然扑上几人，他们很夸张地指手画脚嚷个不停。我还在很努力地辨听他们说些什么时，突然有人将我汽车的后门打开，将放在后座上的黑包抢走。我下车一通猛追，最终无果。

这个黑包内除了一个钱包，还有一个照相机，那里面的胶卷上有我于1991年10月17日拍摄的曼德拉记者会现场的情景。此外，还有一个内容极为珍贵的红皮采访本。

出外采访前要做好健康安全准备，最好有医疗、人身保险。

1996年我去扎伊尔采访前，了解到战乱地区瘟疫流行，当时的资料显示，我准备前往的戈马地区已有113例霍乱病例，其中24人死亡，所以不能不有所防范。在附属于英国航空公司的国际旅行防疫诊所处，佩戴紫色肩章的女护士在听了我的情况介绍后，首先取出了赴扎伊尔旅行的防疫措施规定。那上面说，到扎伊尔去的人必须注射脊髓灰质炎、破伤风、伤寒、黄热病、霍乱、甲肝、乙肝等防疫针。此外，还必须每日服用预防疟疾的药片，离开疫区后还要继续服用4周。此后我前往采访的廷吉廷吉难民营平均每日的死亡人数为25至30人。打针的护士一再叮嘱："现在霍乱疫苗的效果极差，世界卫生组织已建议不打。霍乱的主要传染源为水，你一定要注意只喝瓶装矿泉水，用当地的水洗脸还可以，但不能刷牙。你一定不能吃各种生拌沙拉，只能吃经过煮烧后的食品。疟疾的传染源为蚊子，你一定要注意防止蚊叮……"

知道我将去扎伊尔的人都有很夸张的反应。在银行询问办理外汇事宜时，负责外汇管理的露露夫人一听说我要去扎伊尔，竟情不自禁地惊呼起来："啊，你所在的新闻机构一定付给你很多报酬吧，那些报道和照片一定能卖很多钱！"为帮助我选择最佳航线和航班，Indo Jet 旅行社的蒂拉萨小姐很费了一番脑筋。当机票定好后，她很热情地问："你办没办理旅行保险？"在得到否定的答复后，她很惊讶地说："你怎么能不办保险？！我建议你最好办一个。"那就办吧。于是，她从一大堆保险介绍中选择了看起来适合我的一种。她说："你是新闻记者，这是一个风险很大的职业，没有人愿意给你们新闻记者参保。如果你出了任何与新闻工作有关的事故，这种保险不管。但却可以支付一部分与新闻工作无关的事故保险金，比如在旅行中生病等。"尽管这款最适合我的保险听起来有些不知所云，但这次采访真的什么事情都可能发生，所以有一种保险总要稳妥些。填写保险单时，我问身份证号码一栏是否填写我的护照号码，她拿起电话向保险公司询问此事，最后得到的答复是只有南非公民身份的人才能申请此种保险。蒂拉萨问我："你是南非公民吗？"我说："不是。"她的脸一下红了起来，连说"对不起"。我说："不管怎样，我还是要谢谢你的关心。"嘴上这样说着，但心中陡生一种横下心来背水一战的悲壮：作为人民日报记者，我将在没有任何人身保险的情形下前往一个完全陌生、内战正酣、瘟疫流行的非洲中部国家。

此次的行装格外沉重。除了那台笨重但打印一体的文豪机外，还带了在南非超市中采购的18升水、十几包方便面和约10盒罐头食品。我到内战中的安哥拉采访时，也是带去不少水。

六、遇到困难，找联合国

在非洲地区采访，无论是交通，还是采访对象的安排，都可以求助联合国。我在前往莫桑比克、安哥拉、扎伊尔等国采访时，都得到过联合国的帮助。

我在扎伊尔采访时，最大的忧虑还不是来自生活上的困难，而是无处发稿。我与西方国家记者在通信手段上的差距便是他们可以使用便携的海事卫星设备，而我必须要找一台文传机。当时的戈马市里没有电话，没有电视，没有报纸，更无处寻找文传机。抵达戈马市的当天下午，我意外发现红十字国际委员会公关官员皮特的办公室摆着一台文传机。我先是提出可否搭乘红十字国际委员会的飞机前往刚被反政府武装占领的第三大城市基桑加尼采访，随后又询问可否使用这台文传机发稿。皮特是一位典型的办事认真的瑞士人,他对前一项要求表示尽力帮忙,但关于使用文传机的事,皮特红着脸解释说,他们有规定,这个文传机绝对不能让外人使用。在此之前,我已听说联合国难民署的文传机严格不对外使用。既然在红十字国际委员会这儿吃了闭门羹,我便不愿再到联合国难民署自讨没趣了。

但联合国难民署确实帮了大忙。当首席行政官兰兹米先生听了我想到基桑加尼采访时,立即打电话请管理后勤工作的雷德先生进行安排。"明天肯定不行了,"兰兹米先生告诉我,"后天早上7点半你到这里碰碰运气。"随后,我在与负责安置难民的康弗特女士交谈时,她透露说第二天去基桑加尼的飞机很可能还有空位。我立即面见来自南斯拉夫的雷德先生询问此事。他说:"你明天来这里看看,我们的原则是谁先来谁先走。"第二天,我成为来到联合国难民署大楼内的第一人,终于得以乘机前往基桑加尼采访。

基桑加尼之行的稿件完成后,发稿只能是越境回到卢旺达后进行。那天中午,我坐在一辆权当是出租车的摩托车后座上,颠簸着回到两国边境站。进入卢旺达境内后,我又甩开双腿沿着基伍湖畔急行数里抵达麦德林旅馆,在那里将稿件传回国内。随即又返回戈马城,到联合国难民署联系赴廷吉廷吉难民营采访的事。联合国难民署执行主任格雷格先生是一位美国人。我尽力陈说:"我与别国的记者不同,我最为关注的是那些卢旺达难民的命运。你瞧,我刚从卢旺达发稿回来就赶到这里。"格雷格先生很有同情心,他听到我说不得不越境发稿时,主动提出:"我们的电话和文传机是不对外的,但你可以破例到这里发稿,不过要付些费用,因为这是卫星电话。"我闻后大喜。

七、发挥优势,机动灵活

在非洲地区采访,特别是对国家领导人的采访,走正常渠道,通常会错过报道的最佳时机。这时我们要灵活机动,把握机会,主动出击,努力抓住独家新闻。

在曼德拉宣布将与中国建交后的一年里,国际形势依旧暗流涌动,斗争不断。我一直想就此采访曼德拉。但那时,专访曼德拉已经成为几乎不可能的事情。在这种情形下,我一直密切关注曼德拉的动向,以捕捉采访时机。在一次曼德拉召开的新闻发布会结束后,其他记者纷纷转身离去,我趁着曼德拉转身要回房间之际,主动上前与他握手问候,随后便开始提问。幸运的是曼德拉回答了我的问题。

八、把握政策，拿捏分寸

在国际新闻报道工作中，一直存在着如何精当把握政策、拿捏分寸的问题。这与中国的国情有关，事关中国国家利益，也是中国新闻机构的必然使命。事实上，任何一个国家的任何一个新闻机构都有导向、利益、政策倾向。

在所有国际热点问题中，最需要悉心把握、拿捏分寸的莫过于朝鲜问题。因为这个问题极为复杂，极为敏感，极为微妙，极易动感情。

2006年5月，我作为人民日报社代表团成员之一访问朝鲜。回国后的三篇文章由我主笔，在这三篇报道中，我选取了中朝友谊塔、西海水闸、高丽博物馆前身成均馆等展开报道。我之所以如此选择，除了确保基调积极向上，我还希望有些"春秋笔法"的意味，将不能说得太直白的一些话借客观事物表达出来。同时尽力挖掘生动的现场新闻，避免通篇都是口号式的陈词滥调。将这些有机地结合起来，确实不容易。

我浓墨重彩地讲述了在中朝友谊塔和开城中国人民志愿军烈士陵园的见闻。

在朝鲜访问期间，我们深切感受到两国人民用鲜血凝成的友谊十分珍贵。抵朝后第二天，代表团来到为缅怀中国人民志愿军烈士而建造的中朝友谊塔敬献花篮。中朝友谊塔坐落在平壤市区牡丹峰西北侧山岗上，于1959年10月25日建成，最初设计方案由周恩来总理和金日成主席共同选定，之后又进行了扩建。现在的"友谊塔"高30米，由1025块花岗岩和大理石砌成，以纪念1950年10月25日中国人民志愿军赴朝参战。"友谊塔"正面一块重30吨的花岗岩上镌刻着缅怀中国人民志愿军烈士和纪念中朝友谊的碑文，两侧有描绘中朝两国军民并肩战斗的大型石雕。塔内有一圆形石室，石室三面墙壁上绘有表现中国人民志愿军入朝参战、浴血战斗和战后建设的3幅大型壁画。石室中央立有一块重达一吨的大理石基座，基座上面放有一合金制成的名册盒，存有2卷精装的中国人民志愿军烈士名册。"友谊塔"管理员还打开基座石盖，向我们展示了在基座内珍藏的10本志愿军烈士名册原本。名册录有22 700位烈士英名，其中团级以上干部180名，特级战斗英雄等130名。打开名册，映入我们眼帘的是毛岸英、杨根思、黄继光、邱少云、罗盛教等烈士的英名……

2006年5月24日，代表团来到开城拜谒中国人民志愿军烈士陵园。守护墓地的朝鲜同志告诉我们，前几年朝鲜面临暂时经济困难，其他山坡上的树木都被砍伐了，但朝鲜人民始终保护合葬墓周围的树木不被砍伐。为了更好地保护这一墓地，朝方准备将墓地管理人员从4名增加到10名。58岁的张成顺已经在这里守护墓地整整40年。代表团团长、时任人民日报社社长王晨与他紧紧握手，向他表示问候和深深的感谢。张成顺深情地回忆起他小的时候，他的家人与中国人民志愿军在一起的情形。他表示一定要尽心尽力，继续守护好墓地。

点点滴滴蕴深情。在朝鲜祖国解放战争胜利纪念馆中国人民志愿军馆，我们看到金日成同志的亲笔手书："中国志愿军弟兄们，你们流下的鲜血和贡献，朝鲜人民永远不会忘记"。从邱少云烈士身上被烈火烧剩的最后一片棉衣，到一面满是弹孔的红旗，每一件物品都在诉说着一个感人肺腑的故事；在平壤万景台少年宫，15岁的少年李光一紧握毛笔用力写下了"朝中友谊"4个汉字赠送给代表团；在参观过程中，朝方接待同志为代表团唱起了中文歌曲……这一切都使我们感到，本着"继承传统、面向未来、睦邻友好、加强合作"的精神，中朝友好合作关系一定能够不断焕发新的生机。

九、客观平和，观点平衡

任何一个国际热点都有着极为复杂的因果关系。我们应尽可能全面、客观地反映事件的多个侧面，以便更为真实、丰满地报道国际热点。

世界上的国际热点中，中东问题是最典型的复杂问题之一。中东尤以巴以矛盾最为尖锐。2003年，我带领记者组赴以色列采访时，就用所见到的事实对这一热点进行了诠释，并格外注意不同观点的客观与平衡。以下为相关报道：

和平的呼唤

46岁的奥斯曼是一位生于耶路撒冷的巴勒斯坦人。本报记者在约旦采访期间，就是他驾车四处奔波。正逢斋月，那天太阳落山后，他主动请我们到他在首都安曼的家中做客。在那间虽不大但很整洁的客厅内，墙面上赫然挂着一长幅耶路撒冷地图。"1967年第三次中东战争后，我被迫离开耶路撒冷，从此后就再也不能回去……"奥斯曼忧郁的话语令人再一次感到，仍在白热化中的巴以冲突不知将多少人抛入痛苦的境地。

两天以后，记者来到了巴以冲突的焦点地区——耶路撒冷，也因此对以色列在安全问题上的格外谨慎有了真切的体验：飞赴特拉维夫的航班安检仪是如此敏感，即使解下腰带、脱下鞋子，通过那道安检门时仍"嘟嘟"作响。想来想去，身上唯一的金属或许只是裤子上的那只小挂钩；在特拉维夫本-古里安国际机场已经通过海关安检后，一位女警官又走上前来将护照收走另外进行一番盘问；当晚想在一家意大利餐馆用餐时，除了餐馆外有一名保安，餐馆的大门还严严实实地安着一把密码锁。10月31日是斋月后的第一个星期五。记者正在耶路撒冷老城中采访。中午12时前，当潮水般的穆斯林群众涌向圣石圆顶清真寺和阿克萨清真寺做祷告时，大批以色列军警正在附近"哭墙"的一侧严阵以待。"我们已经习惯了走到哪里都要接受安检，"作为向导的罗恩先生说，"这是我们生活中的一部分。"

作为犹太教、基督教、伊斯兰教的共同圣地，耶路撒冷3000年来曾历经37次被占领或遭战火蹂躏，18次重建，也因此累积了太多的仇恨、隔阂和禁忌。现在，一道引起争议的隔离墙又在耶路撒冷的四周伸展蔓延。"我们不将其称为隔离墙，而称其为障碍物，"在耶路撒冷一处被称为"裂缝地带"的隔离墙边，罗恩解释说，"看看墙里边那些犹太人的住房吧，装的都是防弹窗户。有些地段的障碍物是修到了巴勒斯坦的地界里，但那也是出于安全的考虑。"谈及巴以冲突，罗恩说："巴勒斯坦方面首先要改变他们的学校教育。他们教育孩子仇杀犹太人，而我们却是在教育孩子寻求和平。"耐人寻味的是，仅仅一天之后，记者在向两名十几岁以色列男孩询问他们对巴勒斯坦人的看法时，他们同时做出的第一个反应竟是一个砍头的动作。"杀死他们，"两个男孩争相说道，"我们想要和平，但他们不感兴趣。"

以色列国防军发言人亚科布·达拉尔在接受记者采访时，也从《奥斯陆协议》谈起，进而指责巴方"不管我们做出多大让步，他们也不愿放弃冲突，意在用暴力冲突向以色列施压"。他还说，统计数字表明，以军方不断加紧的军事打击行动导致了国内安全形势的好转。"但也有一种看法认为，以军的打击恰恰造成了以暴易暴的恶性循环。"面对这一话题，亚科布说，"当然，这里确实有一个分寸的问题。"实际上，许多以色列人在巴以冲突问题上备感困惑。"4个人中起码有10种看法，"耶路撒冷希伯来大学杜鲁门研究所一位学者说，"问题在于双方都应努力妥协。""这个地区的形势与整个世界发展潮流背道而驰，"另一位学者说，"以色列似乎还处在19世纪。极端的民族主义使人们不了解其他民族的利益以及如何与别的民族相处。巴以矛盾的深刻之处并不是领土问题，而是严重的互不信任。"

这种长期的紧张冲突使得以色列经济状况愈发堪忧。"4年前每年有400万人次到以色列旅游,而现在一年只有4万人次,"一家旅游公司执行总裁罗恩说,"原来我雇用十几个人,现在公司成了夫妻店。犹太人尚且如此,巴勒斯坦人状况更糟。"10月31日的《耶路撒冷邮报》报道说,以色列全国保险研究所的年度报告表明,去年有33.9万个家庭,即相当于以色列全国人口21%的人们生活在贫困线下,这一数字较2001年增长了近13%。在严重的社会矛盾之中,以色列全国工人工会11月3日举行了为时4小时的大罢工,本-古里安国际机场面临关闭威胁,本报记者组也因此被迫改道而行。

饱经忧患的以色列人民呼唤着妥协与和平。就在"裂缝地带"的隔离墙上,人们用质朴的笔触画满了向往和平生活的图画。耶路撒冷老城一条狭窄石道旁的三幢房屋中,亚美尼亚人、阿拉伯人和犹太人互为邻居。一位信仰基督教的犹太妇女告诉记者,他们在那里"过着好生活"。颇有影响的以色列《国土报》总编辑哈诺奇和魏茨曼科学研究院生物化学教授米切尔·爱因斯巴赫几乎异口同声:"只要双方领导人更加理智,和平就有希望。"11月1日晚,10多万以色列人聚集在前总理拉宾1995年11月4日的遇刺现场举行纪念集会。8年过去了,人们更加缅怀拉宾为和平献身的伟大精神,"我们要和平"成为那个闪动着点点烛光的集会上的最强音。

十、国际国内,两个大局

不再闭关自守的中国必然注重国际与国内两个大局:一个是实现中华民族伟大复兴的战略全局,一个是世界百年未有之大变局。两个大局有着多方面、深层次的联动关系。

如前所述,任何一个重大国际新闻的背后都有着错综复杂的矛盾关系。在两个大局深度联动的新局面下,中国国际新闻工作者更应视野开阔、思路清晰,通过自身工作为中国的发展创造更为良好的外部环境,进而助力中华民族伟大复兴的战略大局。

2021年,成立20周年的上海合作组织站在了新的历史起点上。2021年9月17日,在塔吉克斯坦举行的上海合作组织成员国元首理事会第二十一次会议上,启动接收伊朗为成员国的程序,并吸收沙特阿拉伯、埃及、卡塔尔为新的对话伙伴。

2001年6月15日，上海合作组织成立。当时我前往上海报道了这一历史性事件。该文可以成为新闻报道统筹国内国际两个大局的范例：

载入史册的重大事件
——记"上海合作组织"正式诞生

公元2001年6月15日，历史将记住这一天。

就在新世纪第一年的这一天，"上海合作组织"宣告诞生，这既是在欧亚大陆上出现的一个崭新的区域性多边合作组织，又是第一个在中华人民共和国境内诞生并以我国城市命名的国际组织。为了能够占据一个最佳位置以记录这一具有重大历史意义的国际事件，自今晨6时许，400余名各国记者便相继赶到位于浦东的香格里拉大酒店。在采访这一重大活动的各国记者中，年纪最大的当数今年75岁的《俄罗斯报》政治评论员奥夫钦尼科夫。这位新闻界老前辈自20世纪50年代就曾在华工作。不久前，他刚刚在莫斯科接待了人民日报代表团，随后便赶来上海，并于14日采访了50年前就已相识的"老朋友"——中国国家主席江泽民。

1998年8月27日开业的香格里拉大酒店位于浦东陆家嘴金融贸易区。1996年"上海五国"元首的首次会晤是在位于浦西的上海展览中心内举行的。那时，香格里拉大酒店所在地仍是一片农田。代表着中国改革开放无限生机的浦东成为"上海合作组织"的诞生地颇为耐人寻味。为了迎接这一重大历史事件，香格里拉大酒店内的洛阳厅和开封厅被打通成为一间殿堂般的大厅。大厅内置有用中、俄两种文字写有"上海合作组织 2001·6"字样的巨大蓝色背景板。背景板上有一个寓意深远的标识图案：6只和平鸽在"上海合作组织"6个成员国地图上展翅飞翔。背景板前矗立着中国、俄罗斯联邦、哈萨克斯坦、吉尔吉斯斯坦、塔吉克斯坦和乌兹别克斯坦六国国旗和一排长长的签字桌。

上午10时38分，中国国家主席江泽民与其他五国元首来到签字大厅。两分钟后，六国元首开始依中、俄、哈、吉、塔、乌的顺序正式签署了《"上海合作组织"成立宣言》和《打击恐怖主义、分裂主义和极端主义上海公约》。当乌兹别克斯坦总统卡里莫夫最后签署完毕后，大厅内响起一片掌声，六国元首高兴地举杯互致祝贺。

这确实是一个值得庆祝的历史性时刻。从1996年诞生的"上海五国"到2001年问世的"上海合作组织",时光仅仅逝去五年,"上海五国"不仅在增进成员国间睦邻互信、友好合作和维护地区安全与稳定方面发挥了积极作用,而且实现了由会晤机制向区域多边合作组织的历史性转变,其关注的目光从边境安全方面的合作深化为全方位的互助,成员国之间在安全领域的合作也实现了由政治声明到签署法律文件的突破。"上海五国"是冷战结束后欧亚大陆上出现的一种新的地缘政治现象,今天发生的事件为此注入了新的内涵。

　　正因为如此,今天上午签字仪式结束后,当六国元首分别用3分钟时间向在场各国记者发表讲话时,吉尔吉斯斯坦总统阿卡耶夫指出,作为一个全新的地区合作组织,"上海合作组织"的吸引力"正在不断增加"。塔吉克斯坦总统拉赫莫诺夫则强调,"上海合作组织"是"新型国家关系的典范"。乌兹别克斯坦刚刚成为"上海合作组织"的最新成员国。最后一个走上讲台的乌兹别克斯坦总统卡里莫夫说的第一句话便是:"今天,这里正在发生的是一件具有重大历史意义的事件……"

此后,我们立即组织了一个记者组,前往中亚地区的哈萨克斯坦、吉尔吉斯斯坦、塔吉克斯坦、乌兹别克斯坦进行采访,出发点和着力点都围绕着刚刚成立的上海合作组织。记者组当天采访,当天发稿,围绕政治经济合作、反恐、历史文化等角度分析中亚国家与中国合作的现状与前景,相继以如何推动中国与中亚国家关系高质量发展,如何为中国在西部的进一步发展创造良好的外部环境为主题撰写了一系列稿件。

国际新闻采访：美国的深海

美国之所以成为国际新闻的深海，是由美国是当今世界唯一超级大国这一客观事实所决定的。几乎世界上所有国际热点问题都与美国有关。美国也是诸多国际新闻的发源地。

美国成为国际新闻的深海既是国际舆论场上"西强我弱"的原因，也是结果。倚仗其极为发达的媒体，美国的事情及其声音得到了最大限度的曝光和传播。2017年底《经济学人》杂志的一项统计表明，有着"推特总统"之称的时任美国总统特朗普，其推特粉丝人数达到4 240万，他的账号在社交媒体平台上的受欢迎度排在第21位。他发的不少推特都成为国际媒体新闻报道的内容。

与此同时，以美国为代表的西方媒体以其价值观为主导对国际新闻的报道在世界舆论场上占据了主要阵地，抓住了多数人的眼球。即便在如津巴布韦这样对中国友好的国家，其报纸上的涉华报道也充斥着来自西方媒体的信息，多数为负面新闻。这样的态势至少造成两个客观后果：其一，当来自美国和美国本身的国际新闻被充分报道时，所谓欠发达国家或第三世界国家所发生的国际新闻或被无情忽视，或被严重扭曲。其二，不少美国民众不知何为国际新闻，或对除美国以外发生的事情知之甚少，即便略为知之也是充满偏见、成见。他们脑中的世界就是美国，美国就是整个世界。只有那些有机会到国外旅行的人才能够多多少少了解美国以外的世界到底是什么样子。

在美国，特别是在美国国会中，一直存在着一批反华的力量，但他们中的很多人其实根本没有到过中国。在美国，有相当比例的美国人没有护照，也就是说，他们从来没有到过国外。因此，这样一个判断我认为是准确的：现在中国人普遍了解美国的程度高于美国民众普遍了解中国的程度。

美国成为国际新闻深海的另一原因是，当人们对当今世界"老大"的及时、全面、客观、真实、深度的了解、理解、认识和解读成为迫切需求时，人们所面对的却是一部貌似简洁，但内部构造却极其复杂、黑幕重重的政治机器。

美国先哲们所设计的立法、司法和行政三权分立制度发展到今天，每一权自身或与其他两权之间的关系都有着深不可测的黑幕，圈外人很难完全明了个中底细。这部政治机器自带吸附力极强的黑洞功能。身在黑洞外时，你可以诅咒它，批判它，但它又有着极大的诱惑力。没有入主白宫时，奥巴马对所谓"华盛顿政治文化"极尽批判，但入主白宫8年熬白了头发之后，他没有改变华盛顿的政治文化，最终只剩"无奈"两字。

没有入主白宫之前，没有一天执政经验的特朗普对华盛顿政治文化也是充满蔑视，真坐进白宫之后，也不得不受这架政治机器的制约，尽管很不乐意，但身不由己。对于外国记者而言，美国其实就是一片深海。面对这片深海，你甚至无法下潜到底部探个究竟，因为可能刚一入水就已经触碰一个叫作法律的无形大网。一些美剧，如《纸牌屋》，都试图撩开美国这部政治机器的黑幕一角，但事实证明，现实生活远远比任何具有超强想象力的好莱坞电影剧情要复杂得多。

美国成为国际新闻深海也是一个客观描述。在第三世界国家做记者的人，工作状态常常是找新闻，找题目，而美国发达的媒体造就了一个信息的海洋，每天一打开邮箱就有数以百计的邮件需要处理，更不必说报纸、杂志、电视、新媒体等不断涌出的信息洪流。

面对这样的海洋，你需要一双慧眼、冷静的头脑和极强的综合分析能力来处理信息，这是一个去粗取精、去伪存真，分辨轻重缓急，再迅速做出决断的过程。这是一个一周7天，每天24小时，没有什么节假日，需要做出很多牺牲和奉献，同时每天也会有高回报的高强度工作过程。这种工作强度又因中国与美国12个小时的时差而加剧。当你忙了一天，本来应该休息的时候，国内刚刚开完上午的策划会，一个电话打过来，一堆策划题目交给你去立刻完成，于是，尽量不加班加点、不赶夜车的允诺常常泡汤。遇到需立即找专家、学者采访的活儿是更头痛的事情，到哪里去找，要知道，人家也可能刚刚准备休息啊！

在美国采访或在美国当驻外记者，有一些技术或操作和操守层面的事情需要了解。

一、诸般事务，邮件或社交媒体联系

在美国，大大小小的事情，包括联系采访，多数需经过电子邮件和社交媒体进行联系。我刚到美国就遇到要重新租房的事情，在找房产中介公司时，总感觉面谈要好一些，但在美国，这类事情还是要先通过电子邮件联系，必要时再面谈。因此，见到一位有必要保持联系的人，留存对方的电子邮件和社交媒体联系方式很必要。

二、身份合法，尽快办证

在美国做新闻工作，最重要的是办妥三个合法证件：一是社安号，二是记者证，三是驾照。美国的驾照同时有着类似中国身份证的功能，无论是坐飞机，还是住旅馆，只要有驾照，即可办理。

社安号的办理需要一个过程。取得这个社安号非常重要，没有它，驾照等都无法办理。

记者证中最为重要的就是美国国务院的记者证。办理这个记者证需提供多个证明文件，在国家新闻大厦的国务院外国记者中心办理。这是最基本、最常用的记者证。有了这个记者证，就可以行使驻外记者职能。

在华盛顿，还有国会记者证、五角大楼记者证、白宫记者证，其办理难度逐级增加。办理国会记者证相对容易，但也需提供多个证明文件。五角大楼记者证较难办些，需在五角大楼定期采访多次后再酌情发放。所谓酌情，就是按新闻机构本身的分量等多重考虑。白宫记者证最为难办。表面上要求天天到白宫采访半年即可申请，但实际上却并非如此。

各州考驾照情况不同。以弗吉尼亚州来说，考驾照需经过交规考试和路考。交规为10道交通标志题和25道选择题，10道交通标志题完全答对后才可进入25道选择题考试，如答错5道以上便为失败。交规考试通过后，便是路考。路考通过后才可得到驾照，但有效期仅为一年。一年后需再次申请换领驾照。

三、以勤取胜，多赴现场

在华盛顿工作时，最为重要的还是在第一现场得到的信息，这是可以冠之以"本报记者""本台记者""本社记者"等的消息和报道。

在华盛顿，例行的重大新闻发布会主要是国务院例行发布会、五角大楼发布会和白宫发布会。国会会有不定期发布会、听证会。

美国国务院外国记者中心曾不定期组织采访报道，每次一个主题，后来逐渐取消。我曾参加过一些外国记者中心组织的采访活动，如"如何打造美国海军陆战队"等，很有收获。外国记者中心对这些采访活动会有一些规定，如在美军基地时不许多问等，记者应尊重对方要求。

四、智库资源，充分利用

在华盛顿，有不少智库，这对一名国际新闻工作者而言，即为金山和富矿。智库资源如此丰富，一定要充分利用。

智库的研讨活动安排一般为有主题的演讲，随后是嘉宾访谈。在嘉宾访谈后，会有一个问答环节。要充分利用这个机会提问，以获得有效信息。

在各种智库活动中，还有一个获取独家新闻的黄金时段，那就是活动刚刚结束后的那段时间。台上活动刚完，参会的各路记者会涌到台前，抓住要找的嘉宾，抓紧提问。

在各种智库活动中，可以见到美国一流的专家学者、前政要和政府现任高官，也因此存在一个媒体与他们之间关系的问题。一位在华盛顿供职的华人记者对此有这样一番感受：媒体与这些人之间的关系是微妙的。媒体的背景和立场各有不同，对于专家学者的观点难免各有取舍；专家学者希望通过媒体表达观点，发挥意见领袖的影响力，但不希望媒体断章取义。有的专家学者甚至会要求记者全面、完整、准确地报道其观点，尤其是在敏感的问题上，任何表达的偏差都可能引发外交风波。有的专家学者对报道不满时，甚至公开与媒体翻脸，这时专家学者与媒体之间的关系常变成"一锤子买卖"。

五、把握政策，踊跃提问

无论是在美国国务院、五角大楼、国会、白宫还是在各种智库研讨活动中，记者在悉心把握政策的前提下，应踊跃提问。在一个精英云集的平台上，这是彰显国际影响力、挖掘独家新闻的最佳渠道。

这两者之间有一个平衡的问题。政策把握不好，或不了解情况，积极了半天，净提别人听起来很傻的问题，或提的问题不符合自身利益，为自己挖坑，一来二去，记者在内部和外部的公信力都会受损。

当然也不能走向另一个极端。在华盛顿各种智库活动中，常常可以见到一个越南女记者，总是提关于南海的反华问题，最后不仅遭到中国记者的极度反感，也遭到研讨嘉宾的鄙视。

六、外地采访，租车行动

美国的租车业很发达，因此到外地采访时很容易就能解决交通问题。

租车业务最好事先在网上办理。每个机场都有租车柜台，可将事先办好的租车凭证交给租车公司办事人员，他们会帮助你安排取车、还车等事宜。除在哪里取车便在哪里还车业务外，还有异地还车业务，但办起来相对复杂些，价格也会稍高。租车公司有不同档次，价位也不一样。价位高的如赫兹租车，车会更新一些，档次也更高一些。

此外，外出采访所乘航班、下榻酒店等事宜均可在网上完成预订。其实，近年来随着中国的不断发展，上述事宜在中国办理时的方便程度甚至更高。

七、抢占先机，争抢独家

对于中国驻美记者而言，拼得独家报道极为不易，时机显得尤为重要。有的时候，你想要采访的对象怎么约都约不到，但如果时机把握好了，就可能事半功倍。

最好的时机是受访人有话要说的时候，这个时候如果有人表示想聆听，就会事半功倍。

2014年4月24日，哈佛大学商学院在其波士顿校区为赵朱木兰中心举行奠基仪式。这既是哈佛大学历史上第一座以女性命名的建筑，也是第一座以华裔命名的建筑。赵朱木兰是美国劳工部前部长赵小兰的母亲。赵小兰的父亲赵锡成博士与夫人赵朱木兰经历了中国外敌入侵、山河破碎、家人离散等诸多劫难后，一直奋斗不止，不仅在美国成功创办了航运公司，还将六个女儿培养得出类拔萃，其中四个女儿曾就读于哈佛大学商学院，为该院建院百余年历史上所罕见。2012年4月12日，时值哈佛大学375年校庆，同时也是哈佛大学商学院录取女生进入两年制工商管理硕士项目50周年纪念之际，赵家将4000万美元捐赠给哈佛大学商学院，以建造一座崭新的高级工商管理教育设施。举行奠基仪式时，我专程赶到哈佛，在哈佛大学商学院专访了年近九旬的赵锡成及其大女儿赵小兰和小女儿赵安吉。说了很多家常话。

2011年8月17日，《人民日报》刊登《美国副总统拜登接受本报专访时表示美方希望中美关系持续稳定发展》一文。同日，人民网在首页显著位置以问答形式全文发表这一专访。这是一篇在国内外引起强烈反响的独家专访报道。

那一年的8月17日，是美国副总统拜登抵达北京开始正式访问的日子。在奥巴马政府内，口若悬河的拜登被视为"解决麻烦问题的能手"。拜登此访可谓"摸底之旅"。在中国共产党第十八次全国代表大会召开之前，拜登此行除了就中美关系与中方沟通外，更重要的使命便是与时任国家副主席习近平进行密切交流，以着眼于未来的中美关系。

这一中美关系互动的"天时"无疑打着"未来"的印记。作为有着"地利"之便的人民日报驻美国记者，我们必须抓住先机。6月26日，我与主管美国外交报道的同事商议，提出专访拜登。在有着一致意见的同时，我们都知道此事操作起来相当烦琐，不确定性极大。

此事重大，牵一发必动全身，无不需要慎之又慎。事不宜迟，6月26日，我便向北京发回相关请示。第二天接到简短回复，关键词为"同意"和"辛苦了"。随后，我便将书面采访申请及问题清单同时传往美国副总统办公室和美国国务院外国记者中心。

过了一个多月，8月5日，我被告知，拜登副总统拟接受采访，但感到此前所提问题过于"硬"，希望能丰富一下问题类型，适度增加一些经济、文化等方面的"软"问题。

中美关系中的"硬"与"软"本来就相当微妙。较之其他采访，这一专访问题的设计既要分寸感格外强，更需对政策、时局悉心把握。在此后提交拜登办公室的采访问题清单中，我们以拜登家人学中文为引提出两国人民交往等问题，也不回避矛盾，就中美两国在一些敏感问题上仍有分歧，包括近来人们普遍关注的南海问题等发问，并据最新情况增加了美方高科技出口管制等事关中国利益的内容。

时至8月中旬，太平洋两岸的中美双方多个部门围绕这一专访展开了愈发密集的沟通与交涉。在此期间，白宫拜登副总统办公室副新闻秘书埃米·达德利女士与我建立了热线联系。

8月12日，美方同意此稿于8月17日，即拜登抵达北京当日刊出。待美方将英文稿传给我后，我方须在见报前将中文翻译件传给美方一阅，美方保留对此中文稿否决或要求修改的权利。这是基于中美双方在类似事宜上对等的惯例。

8月15日，埃米急问这一专访稿的全文是否会同时在报纸和网络上发表。我告诉她，见报的将是简版，人民网上将是一问一答式全文。

同日，埃米又突然提出这一专访稿能否推迟一天，即8月18日见报，理由是"副总统第一天有各种会见"。我立刻告诉她，最好不要改变，因为若改在18日见报，当拜登副总统在北京各种会见新闻见报时，已经没有人会更多关注于这一专访，"时效非常重要，我们应该抢占先机"。当我要求她确认这是否为独家专访稿件时，她做了肯定的答复。

这一专访的问世是报网融合推动中国国际影响力倍增的成功范例，离不开前、后方采编人员齐心协力的"人和"力量。

拜登借此访透露说:"现在我的孙女也已开始学习中文。我的第一次中国之旅是在1979年,那时我作为美国参议员代表团的一员见到了邓小平副总理。在那次旅程中,我见证了中国刚刚开始的变化,那是改革开放阶段和中国非凡转变的开始。那也是美中关系新时代的开始。……美中两国面临许多相似的挑战,分担许多共同的责任。我确信我们在这些问题上共同采取的行动越多,我们的人民和世界将受益越多。"

如同专访一样,书面采访也要注意以下几点:

(1) 想清楚,需求是什么,用最明了的语言准确传达信息,介绍自己和所在新闻机构。

(2) 既是需求,便有"求"的因素,怎样求有所得?"诚"是关键。尊重、理解、商量、解释必不可少。

(3) 了解对方,最高效地拉近与受访者的距离,最大限度释放亲和力,争取最高的成功率。

(4) 即使是书面采访,其过程也是一个思想火花碰撞的过程。听对方意见,或许可以碰撞出更好的点子、角度等。

成功的采访将使受访者永怀感恩之心。

八、找准人物,挖掘冰点

相对于国际热点问题,一些冰点问题同样具有挖掘价值,也因此会成为角度、内容新颖的新闻。

美国的印第安人到底现状如何,我为此进行了采访。但在印第安人已经碎片化的美国,要得以深入采访,就必须找对人。

经过一番考察,2013年8月,我决定对美国最大的印第安人保留地纳瓦霍部落进行采访。出发之前,我找到了纳瓦霍部落在华盛顿的办公室。以下为相关报道:

走进"失落"的美印第安人保留地

美国印第安人现在生活得怎么样?记者8月中旬长途跋涉,来到美国最大的印第安人保留地纳瓦霍部落寻找答案。华盛顿东北一街750号1010房间是纳瓦霍部落在首都的办公室,该部落也是唯一在华盛顿设有办事机构的印第安人部落。办公室挂着纳瓦霍部落总统和副总统的巨幅画像。办公室执行主任克拉拉·李·普拉特女士解释说:

"纳瓦霍部落有地方主权，与美国联邦政府之间的关系同外国政府与美国政府一样，不经部落同意，联邦调查局或中央情报局是不能进入保留地干事的。"但记者在保留地深入采访时发现，拥有"地方主权"的印第安人还是有不少"不如意"：地处偏远、缺水少电、经济滞后、语言流失、网络不畅，甚至姓名都已被同化。

横跨三州的印第安人保留地有60%的社区没通电

美国印第安人非常热情，当《环球时报》记者提出到纳瓦霍部落保留地采访的想法后，克拉拉主任和办公室联络主任吉拉德·金都积极安排，并邀请记者去自家做客。美国联邦政府正式承认的约300个印第安人保留地绝大多数地处偏远，纳瓦霍部落更是如此。记者须首先从华盛顿乘机抵达新墨西哥州首府圣菲，然后租车向西北方向长途奔驰。据了解，在从圣菲至新墨西哥州最大城市阿尔伯克基约80公里的路途中，就有4个印第安人保留地，美国印第安人保留地"碎片化"程度及联邦政府对印第安人"分而治之"的手段可见一斑。路边醒目的赌场电子大广告通常是进入印第安人保留地的标志。博彩业早已成为极为缺乏经济发展项目的印第安人保留地内的主要产业，也因此成为极有争议的话题。加利福尼亚州一些印第安人部落认为，赌博是从内部摧毁印第安文化的毒药，因此拒绝介入博彩业。

根据美国人口统计局2011年统计，美国登记在册的纯血统印第安人约293万，有着两种血统以上的印第安人约229万，合计522万人，约占美国总人口的1.7%，其中纳瓦霍人为33万。纳瓦霍部落保留地面积约7万平方公里，横跨犹他、亚利桑那、新墨西哥三州。《环球时报》记者进入纳瓦霍保留地后，满眼多为荒野，不时可见独峰突起的奇景，手机信号变得时断时续。在这片位于科罗拉多高原西部的荒野之中，有一处由纳瓦霍部落管理的独特景观：亚利桑那、科罗拉多、新墨西哥和犹他四州边界交汇点，那也是美国唯一一处四州交界点。从该纪念点一路驱车南下近3小时后，才抵达纳瓦霍部落首府窗岩市。除手机信号不好、网络不畅外，印第安人保留地内与美国其他地方显著区别之一是任何地址均没有门牌号。此外，根据印第安保留地的法律，保留地内不能出售酒类。

作为部落首府，窗岩市水电供应正常，但在美国印第安人保留地内很多地方，至今没有通水通电。一幢不高的褐红色建筑便是纳瓦霍部落总统办公室,部落总统特别顾问戴斯伍德·托米告诉《环球时报》记者,纳瓦霍部落至今60%的社区没有通电。关于印第安人保留地至今没有通水通电之事,记者曾采访美国内政部官员尼娜·亚力山大,她的回答是"那是他们的选择,他们愿意保留那样的生活方式"。在就这一说法征询当地印第安人看法时,记者听到了不同的回答。纳瓦霍博物馆工作人员罗伯特·约翰逊说:"确实有这种情况,比如纳瓦霍保留地内有一些煤矿,有意思的是,即使在煤矿周围的印第安人社区一到夜晚也是漆黑一片。"克拉拉的家人却说:"说心里话,有水有电当然更方便,人们还是愿意过有水有电的生活。"

立过战功的纳瓦霍语在流失

在窗岩,一处公园内有一座头戴钢盔、手持步话机的巨型士兵雕像,它讲述着一段有关纳瓦霍人对美国"特殊贡献"的历史佳话。世代相传的纳瓦霍语语法复杂,发音独特。二战期间,29名纳瓦霍人被美国海军陆战队征为密码员,他们用本部落日常用语和自行设计的暗码词汇编成军事密码,令极为狡猾的日军情报机关全然摸不着头脑。美军将领曾感慨,如果没有纳瓦霍密码,美军无法取得硫磺岛战役的胜利。

但这种"建过奇功"的民族语言在当地正遭遇窘境。记者的越野车左后轮胎瘪了,遇到一个骑自行车路过的戴眼镜、"少白头"的印第安青年主动帮忙。边干边聊中,这个名叫丹尼尔·琼斯的青年说,他原是数学老师,但正失业。他准备第二天参加政府教育部门组织的纳瓦霍语考试,一旦考试通过,他想在纳瓦霍部落学校教授纳瓦霍语。丹尼尔说:"现在会讲纳瓦霍语的人越来越少。语言是文化的载体,一旦语言消亡,我们的部落就完了。"

在纳瓦霍部落内,记者一再感受到人们对于纳瓦霍语前景的担忧。纳瓦霍博物馆的一角是"纳瓦霍小姐办公室"。在这一办公室前台工作的芭芭拉·菲利浦斯说,自1952年以来,纳瓦霍人每年都评选"纳瓦霍小姐",她们的主要职责就是推广纳瓦霍语和部落文化。芭芭拉慨叹年轻一代人纳瓦霍语能力下降,她说:"我女儿能听懂纳瓦霍语,但只能讲一点。在'纳瓦霍语日',我要求女儿全天讲纳瓦霍语,但她一路只是笑,就是张不开嘴。"令记者困惑的是——几乎遇到的印第安人的名字都很西化。芭芭拉说:"在学校上学时就起了这些名字。"这或许也是印第安人被"同化"的表象之一。

在纳瓦霍部落历史上,曾有酋长马努利托带领印第安人与美国军人苦战而留下英名。耐人寻味的是,纳瓦霍博物馆内的展示仿佛在向马努利托及后人诉说:"我们打不过美国人,因此我们的后代必须得到良好的教育。"1968年,为传承印第安人的文化,纳瓦霍部落成立了部落学院和大学。1994年,美国国会通过法案,承认部落学院为"政府赠予学院",让其有了获得资助的机会。纳瓦霍部落总统特别顾问戴斯伍德说,美国的不平等集中体现在教育上:只有富人才能享受好的教育,而穷人则输在起跑线上。现在美国政府给外国的援助多于给本国印第安人的援助。纳瓦霍部落每年得到约3.78亿美元资助。在联邦政府削减开支的背景下,纳瓦霍语言学校等教育项目势必受到影响。纳瓦霍部落华盛顿办公室联络主任吉拉德·金说:"我们的主要任务就是向国会要钱,以维持纳瓦霍部落语言学校,但非常困难。"

不愿做美国社会中的二等公民

纳瓦霍部落驻华盛顿办公室执行主任克拉拉女士的老家位于窗岩市以南近40公里处的原野之中。

当记者乘车一路颠簸来到一幢简易建材搭建的小屋前时,十几只狗、猫立即围拢过来。克拉拉61岁的母亲劳拉说,这间房子是家人于1972年申请,20年后的1992年才住进来。在此之前,家人都住在传统的八角棚屋内。劳拉说:"比起很多现在还没有房住、没有水电的人家,我们就算幸运了。"

小屋内光线很暗,屋中轮椅上坐着克拉拉85岁的老奶奶。劳拉说,母亲一生有过16个子女,但只活下来10个。她家在这片土地上生活了至少十代,现有土地160英亩,但这些土地并非私有,而须向联邦政府租用,租期75年,到期可续租。家中养的几十只羊是主要经济收入来源,一只羊可卖130至150美元。克拉拉的小姨拉福失业在家,侍候她年老的母亲和一个有些智障的姐姐,还要照顾两个女儿。

屋内的一面墙上挂着数幅军人照片。拉福说,她的侄子、侄女以及另一个姐姐都在国民警卫队工作。拉福还告诉记者:"我丈夫也在军队,他曾几次去伊拉克、阿富汗和约旦。我不让他去,他坚持去,并且对我不忠,现在我们已分居,准备离婚。"没有工作,又要照顾老人小孩,拉福说她只能依靠部落提供的基本救济和一点点存款生活。让劳拉、拉福姐妹不悦的是，时至今日，她们仍能在保留地外的一些城镇感到各种各样的歧视。劳拉说："我们到店里买东西时，店主甚至不用手接我们递过去的钱，而是说，你放在柜台上吧。"她还说："保留地中还有很多找不到工作的年轻人，他们对前途感到沮丧……"

纳瓦霍部落总统特别顾问戴斯伍德告诉记者，部落与联邦政府的关系基于1868年双方所签订的条约。

1924年，美国国会通过《印第安人公民资格法》，印第安人作为美国公民的权利才得以确立。但现在纳瓦霍人只是美国的"法定公民"，而不是"宪法公民"。戴斯伍德说："是的，我们是二等公民，与波多黎各人地位一样。"同其他印第安人部落一样，纳瓦霍部落虽然名义上具有"主权"，但实际上处处受制于华盛顿。比如印第安人保留地内的任何发展项目，均需联邦政府批准。而政府官僚机构手续繁多，得到批准非常困难，也因此很难吸引投资。一些中国公司本来有意到纳瓦霍投资，但了解到有如此繁杂的法律法规后只好作罢。

克拉拉告诉记者，联邦政府常以保护环境为由，阻止保留地的发展项目，结果是印第安人永远受穷。她说，走在华盛顿街头，她感觉不到什么，但一办起事来，就有二等公民的强烈感觉。印第安人保留地内有许多社会问题。由于经济无法发展，缺少工作机会，许多青年生存无望，自杀率极高。此外，在因享受不到医疗保障的印第安人中，患上或死于糖尿病、肺炎及其他病症的比例很高。

在美国社会中，印第安人保留地经济发展停滞、社会问题严重早已不是新闻。美国司法部2012年统计表明，印第安人保留地犯罪问题严重，约210万印第安人处于赤贫状态。美国小企业协会2007年一项调查表明，只有1%的印第安人拥有自己的企业。在所有社会指标中，印第安人几乎都在最底层，如青少年自杀比例为18.5%。印第安人高中辍学比例为54%，也是全国最高，但人均收入最低，失业比例高达50%至90%。哈佛大学一个关于印第安人经济发展研究报告总结说，美国印第安人缺乏资金，受教育程度低；保留地没有有效的发展计划，有的自然资源贫乏，有的又与市场相距遥远，运输成本高昂；部落管理者没有长远眼光等等。结束采访时，戴斯伍德说："纳瓦霍部落最重要任务是经济发展和创造就业。"据说，今年10月，纳瓦霍部落议会将就土地出租问题对相关法案进行讨论。如法案得以通过，部分土地的出租使用可不再上报美国内政部。

九、珍惜信用，良性循环

无论是单位还是个人，从事国际新闻工作，信用都极为重要。建立良好的信用需要经年累月的努力，而毁掉信用则只需一瞬间。

在实际工作中，建立良好的信用需要一种谨小慎微、认认真真的工作状态。这体现在对受访者原意的准确表达，以及从各个小细节上对受访者的尊重。良好的信用有助于记者不断扩大朋友圈，进而有助于你的工作和事业。

在美国工作时，我对卡特、傅高义等人的采访得以实现，便得益于这种良好的信誉。

美国第三十九任总统吉米·卡特虽然只做了一任总统，却因其在任内推动完成中美建交而名留两国关系发展史。

2014年1月1日是中美正式建交35周年。以此为由头，首届中美关系年度论坛于2013年11月11日和12日在卡特中心举行。11月10日，卡特在卡特中心内接受中国记者采访。

当代的美国总统均在卸任后在其家乡或最为心念之地建立一个图书馆（如奥巴马的总统图书馆就建在芝加哥而不是其出生地夏威夷），以保存和呈现与其有关的历史，卡特亦不例外。1924年10月1日生于佐治亚州普兰斯的卡特除了在亚特兰大建有吉米·卡特总统图书馆，还于1982年在相邻处建立了卡特中心。

我曾多次造访建筑风格简洁的卡特中心，中心内多处挂着卡特的画作。毕业于美国海军最高学府的卡特不仅做过军官，也种过花生，他还是位画家！在他的画作中，既有振翅高飞的美国鹰，也有风情优雅的美国小镇。

卡特接受采访当天，我被安排在紧靠卡特右边的位置，并率先提问。

房门打开，美国前总统卡特笑着来到采访现场。年过89周岁的卡特看起来仍然健朗、机敏。他与在场者友好地握手致意，坐下后将头偏向右侧，认真地听我提出的第一个问题。

开门见山。我请作为亲历者的卡特谈一谈对中美建交35周年的回顾与前瞻。卡特含笑思忖片刻后说："1949年10月1日中华人民共和国成立时，那一天正是我的生日。当我成为总统时，我被美中两国之间没有外交关系所困扰。我认为是改变这一情况的时候了。如果美国和中国能够合作，将使西太平洋及亚洲国家的未来受益。当时做出与中国建交的决定在美国是很不受欢迎的,因为美国已与台湾形成同盟关系。我与邓小平进行了秘密谈判。我们开始取得进展,因为我可以感到在地球另一端的邓小平决定改变中国与外部世界的关系,而不仅仅是改变与美国的关系。"

卡特接着讲故事:"我记得有一天晚上正在白宫内睡觉。大约凌晨三时,电话铃声响了,除危机时这种情况很少发生。我拿起电话,是我的一位顾问,他当时正在北京。我问他为什么这么早给我打电话。他说,我现在与邓小平在一起。我问他是因为有什么坏消息吗?他说,不是。是因为邓小平问你是否接受5000名中国学生到美国大学学习。我回答说,你就说我们可以接受10万名中国学生。一些年以后,就已经有10万名中国学生在美国学习了。"

卡特还提及,他注意到,《中美建交公报》发表于1978年12月16日,三天之后,决定中国改革开放的中共十一届三中全会在北京开幕。"我一直感到,美中两国建交与中国改革开放相得益彰。"

此时的卡特眯起双眼,说出了耐人寻味的金句:"美中两国合作既是机遇也是责任。"

中国古人将"涣兮若冰之将释,敦兮其若朴,旷兮其若谷"之高士赞为"虚怀若谷"。在我所接触到的中美问题专家中,哈佛大学教授傅高义最可当此赞誉。

1930年7月11日,傅高义教授出生于美国俄亥俄州一个犹太人家庭,在没有与傅高义教授谋面之前,我曾通过邮件对他进行书面采访。年过八旬的他不仅回复迅捷,且将每一回答清晰地列于相关问题之后,其认真、严谨可见一斑,令人顿生敬意。

2015年9月7日,我在傅高义的家中对他进行了采访。他家位于波士顿哈佛大学校园内,屋内办公桌右手处摆放着《习近平谈治国理政.第一卷》的英文版,此外,还有一本中文版的《谷牧回忆录》及各种中、英文纸质资料、光盘和便笺。屋中壁炉台面上并排摆放着5张有着数十人合影的全家福照片,照片上方悬挂着一幅有着东亚传统文化特色的画作。"我家每年都要团聚。"傅高义教授指着照片笑着告诉我。我注意到,在这张全家福照片中,身为长者的傅高义并没有就座于前排中央的显著位置,而是站在最后一排的边上。

在同我交谈时,傅高义一直面带微笑。他手中拿着一块手帕,时不时擦一下嘴角。最令人意外的是,当时已经年过85岁的他坚持用汉语接受采访。

语言是理解的桥梁,傅高义的一生都致力于了解位于东亚的中、日两国。2000年以后,他花了10年心血撰著长达876页的《邓小平与中国的变革》一书。

傅高义认为,中国是当代亚洲的最大亮点,而邓小平则对中国现代的发展轨迹产生了最大影响。傅高义告诉我,他下一步的计划是争取完成胡耀邦传记。

在接受采访的过程中,傅高义的汉语词汇表达并非完美,但足以清晰地表述他的观点。他说:"真正的朋友应该坦率交谈,实事求是。"

傅高义对中国的变化有着切身感受。他说:"我给你讲一个例子,一个月以前,我在重庆生病,需要手术,在一个医院待了五六天,手术很成功。医护人员刚开始不知道我是谁,就当我是一个普通外国人。他们的医疗制度、医护水平和美国差不多了。我第一次去中国是42年前,当时看到医疗设备不行。通过中美两国这么多年的交流和相互学习,现在的情况好多了。这就是中美两国交流、发展的好事。这种交流应该继续下去,因为这是互惠的。"

彼时美国即将进入新的大选政治周期,中美关系时不时被有些人拿来说事儿。傅高义说,美国的民主制度有坏处,总是讨论,太复杂了。好处是真理辩论出来了,可以纠错。现在是美国大选时期,一些人也说了一些胡说八道的话,学习不够,又想要讨好老百姓。但是当了总统以后要负责任。基辛格也说过,从1972年尼克松访华以来,谁当了总统之后都要和中国谈问题,谈合作。中国是一个大国,美国除与中国合作外,别无选择。

他还说,他对美国的政策也有一些批评:911事件之后,美国太紧张了。美国在中东做的一些事情太过分。美国应该多考虑世界经济发展。中国提出的"一带一路"和亚投行,方向是好的。怎么做,是否通过谈判,要按照国际法律来办。中国在这些事上同美国谈得不够。我认为,将来美国会慢慢同意这些事。我认为美国会改变。

用一生尽力了解和理解中国的傅高义认为这种了解与理解仍很缺乏。他说,为了减少中美关系中的分歧,双方要增加了解。现在美国的媒体也不了解中国。中国应该向外国介绍中国,但美国人对宣传又比较敏感。为了让美国更好地了解中国,应该让更多的美国记者到中国访问,虽然不一定都说好话,但总的来说,这样做会提高美国人对中国的了解。

傅高义告诉我,美国人也重视感情。中国领导人访美时可以多在公开场合与美国民众增进接触,增进了解,解惑释疑,美国人会很受感动。"中国继续发展有利于美国。中美两国相互交流非常重要。"

十、深入钻研，视野宏大

美国是信息深海，面对这片深海，如果记者不深入钻研，仅仅站在岸边望一望波涛起伏的洋面，做一些不痛不痒的描述，或概念化的说教，对于受众来说，没有发挥解惑释疑的作用。

美国是信息深海这一客观现实也要求我们必须视野极为开阔、宏大。任何一个与美国有关的国际热点问题，都要求我们把其中矛盾的各个方面展示出来进行剖析。

特朗普执政后挑起的中美贸易战不断升级。2018年4月3日，美国贸易代表办公室发布了根据所谓的"301调查"，建议加征关税的自中国进口产品清单，价值约500亿美元。此事发生后，有媒体从苹果手机论到大盘鸡，以举一反三的宏大视野进行了新闻报道有益的尝试。以下为相关报道：

> 由特朗普政府挑起的中美贸易摩擦，扔出一只靴子。
>
> 当地时间3日，美国贸易代表办公室依据"301调查"结果公布拟加征关税的中国商品清单，涉及每年从中国进口的价值约500亿美元商品，主要涉及信息和通信技术、航天航空、机器人、医药、机械等行业产品。
>
> 针对美方刚刚公布的对华"301调查"征税建议，中国商务部新闻发言人第一时间发表谈话，表示中国坚决反对，并将于近日依法对美产品采取同等力度、同等规模的对等措施。
>
> 其实，要驳斥美方挑起贸易战的理由，道理何其简单，讲讲苹果手机和大盘鸡的共同点就够了。
>
> 你没看错！就是那个在全球拥趸众多，甚至曾被赋予"划时代"标签的"高科技产品＋潮流单品"，与那盘虽然名字听起来简单粗暴、仅以鸡肉和土豆为主角却令人食指大动的新疆名菜大盘鸡，其实皆同一理。
>
> 你越理解两者的共同点，就越懂得所谓的贸易战是多么有百害而无一利。
>
> 先说苹果手机吧。
>
> 记者："你在哪里被设计出来的？"
>
> Siri："我是加利福尼亚州苹果公司设计的。"

记者:"你的故乡在哪里?"

Siri:"不要问我从哪里来,我的故乡在远方。"

这段真实对话,发生在记者与苹果公司最新手机 iPhone 8 内的 Siri 之间。有兴趣的苹果用户也可以自己试试。

Siri 的答案至少反映出两个事实:第一,苹果手机的创意来自美国;第二,苹果手机的"故乡"却不是美国那么简单。

iPhone 手机有几百个零部件,来自全球 200 多家供应商。曾有技术公司对 iPhone 手机拆解后发现,iPhone 手机的零部件供应商中,大约 50 多家来自中国台湾,40 多家来自日本,10 多家来自韩国。更遑论,这些零部件还要在中国组装成最终产品。

这个很多人耳熟能详的故事证明一点:全球各地使用的 iPhone 手机,都是全球产业链的结晶。

今天,当你在北京餐馆里点一份大盘鸡的时候,恐怕没意识到,这可能是一盘不仅属于中国也属于美国甚至还属于世界的鸡。

去年,中国从美国进口了数千万吨大豆。大豆两大用途,都能与大盘鸡发生关联。

第一,大豆用来榨油,要知道,舍不得放油的大盘鸡绝不是一盘优秀的大盘鸡;第二,大豆榨油后的豆粕,则是动物饲料的主要来源,所以各位"吃货"们不仅站在食物链的顶端,更站到了产业链的顶端。

看到了吧,苹果手机与大盘鸡,无论外表如何土洋之分,也是同样的"Bigger than bigger",也同是全球产业链的"亲生儿子"。

在经济全球化高度发展的今天,这条全球产业链深度交织,一荣俱荣,一损俱损。无论身处中国还是美国,你我的日常生活都已被这根"链"贯穿其中。

无论中国还是美国,都是这一根"链"上的蚂蚱。

明白了这个道理,你就会真正体会到,一旦中美之间爆发贸易战,将给中国经济、美国经济乃至全球经济带来何种灾难。

贸易战对美国的影响:如果特朗普政府对数百万亿美元的中国进口商品加征关税,美国消费者和生产者都会成为受害者。

简单来说,中国对美国出口的商品主要分为两个大类:第一,鞋、袜、牛仔裤、衬衫等终端消费品。如果美国对这类商品加征关税,美国消费者不得不面对更高价格。第二,中国对美国出口的中间产品,也是美国生产者生产终端消费品时的一个原材料来源。比如,罐装可口可乐和百威啤酒的罐体都是进口自中国的铝材。如果美国对这类商品加征关税,美国生产者的生产成本也会提高。

贸易战对中国的影响:如果美国的可口可乐、Levis牛仔裤可能受贸易战冲击,同理可证,一旦对美大豆征税,北京的大盘鸡恐怕就要涨价了。

美国是全球最重要的消费市场,中国对美国的大量出口产品也支撑着中国相关产业、企业和就业。环环相扣,一旦爆发贸易战,中国的进出口、投资、物价等都会受到影响。

贸易战对全球的影响:全球产业链上,并不是只有中国和美国两只"蚂蚱",还存在大量与中国和美国有着千丝万缕关联的利益攸关方。一旦爆发贸易战,这些经济体也会成为直接受害者。

一言以蔽之,挑起贸易战,对中国经济不利,对美国经济不利,对其他经济体、对世界经济都将是一件非常负面的事情。

当然,对于苹果手机和大盘鸡(或者换个菜,宫保鸡丁)的浅显道理,特朗普先生以及他身后挑动起贸易战的军师和拉拉队员们,恐怕不是不懂,而是揣着明白装糊涂罢了。

最后,作为大盘鸡深度爱好者,我们也期待着这道名菜不仅来自全球产业链,也能走向全球食物链。

面对这样的深海,一名好的国际新闻工作者不能望而却步,而是应该勇敢面对。

国际新闻写作：消息、导语与标题

2017年6月21日，新华社新媒体发布了这样一个消息：刚刚，沙特王储被废了。

这个"刚刚体"起初还是有争议的，但未承想会成为一种模式，火了起来。

有心栽花花不开，无心插柳柳成荫。为什么这个被有些人认为不太符合规矩的操作，却意外被广泛接受和效仿？其主要原因应是契合了新媒体的特质。新媒体为最快传播新闻提供可能。作为新闻通讯社，时效性极为重要，一条重大国际新闻哪怕快了一秒都值得首肯，新媒体为此起到了助力作用。

几位新媒体编辑努力用最为简短、精练的语言准确地表达一个刚刚发生的新闻，这契合了新媒体时代人们的阅读习惯。风借火势，火助风威，相得益彰。

评论区中编辑与网友之间的互动起到了接地气的效果。评论区中的互动一反长期以来新闻媒体板起面孔正襟危坐的古板形象，编辑俏皮、幽默、风趣，很接地气的回答恰恰有助于受众接受所传播的内容。

这一插曲为新媒体时代的国际消息写作与传播提供了有益的启示。

在国际新闻写作中，消息是最为基础、运用得最为广泛、传播最快的新闻体裁。这种体裁客观上要求国际新闻工作者以最核心的内容、最准确的文字、最直接的表达、最简练的方式以最快的速度传播出来。它的特点是新、快、短、实、活。这个"实"一是指新闻事实要准确，二是指在消息的写作中要让客观事实说话。这个"活"指的是写作方式灵活多样。不同的媒体对"最核心的内容、最准确的文字、最直接的表达、最简练的方式"都有着各自的理解。

在国际消息写作中，用得最多的是倒金字塔结构，也就是将最为主要、最为实质的新闻事实放在导语部分，然后依次是新闻事实的背景、新闻事实的解释、新闻事实的评述等内容。

这种结构除了符合受众阅读的客观需求外，也符合新闻机构的采用需求。广播、电视媒体可根据需要只播出导语部分，报纸可根据版面需求删减。

有一则消息，作者是耿学鹏，原文是这样的：

中国图片展在韩国河东郡开幕

"相约蟾津江"中国图片展8日在韩国庆尚南道河东郡艺术展厅开幕,展现了当代中国的发展现状和风光面貌。

开幕式上,河东郡青少年献上了文艺表演。河东郡守尹相基发表讲话,祝贺中国图片展开幕,并欢迎中国驻韩大使邱国洪出席。

本次图片展由中国驻韩国大使馆和韩国河东郡联合举办,中国驻首尔旅游办事处承办,将持续至5月6日,共展出照片近百幅,分为"中国故事"和"山水风光"两个主题。

"中国故事"收录生态保护、科技文化、健康生活和国际交流等多个领域照片,展现了当代中国的发展现状和发展理念。"山水风光"包括由中国驻首尔旅游办事处从一万多幅当地人拍摄的照片中筛选出来的40幅获奖作品,展现了韩国人眼中的中国自然风光和人文面貌。

邱国洪在开幕式上发表讲话说,这次图片展,观众既能欣赏到多姿多彩的中国山水,也能感受到当今中国经济和社会日新月异的发展变化,希望此次活动能成为大家认识中国、了解中国、喜爱中国的又一契机。

邱国洪表示,中韩两国地理相近、人文相通、经济互补,友好交流、合作共赢始终是中韩关系主旋律。中方愿同韩方一道,共同把中韩友好合作关系呵护好、巩固好,推动两国关系始终沿正确方向健康稳定发展,更好地造福两国人民。

河东郡位于韩国南部智异山脚下和蟾津江畔,是以山、水、花、茶闻名的韩国文化观光地之一。

《人民日报》在采用这一消息时,由于版面篇幅的原因,只采用了前面一部分,后面几段则进行了删除。

2003年,非洲国家利比里亚发生危机,美国是否派兵成为关注焦点。当年7月8日,时任美国总统布什访问非洲,前方记者发回这样一条消息:

美国总统布什8日抵达塞内加尔首都达喀尔,开始他为期5天的非洲之行。

布什在会见塞内加尔总统瓦德等7位西非国家领导人后对新闻界说,美国将与联合国和非洲国家合作,维护利比里亚脆弱的停火,但尚未决定是否派美军参加维和行动。

布什说，他与西非国家领导人就利比里亚问题进行了很好的讨论。美国将参与西非国家经济共同体的行动，正在研究如何维持停火并使利比里亚实现权力和平过渡。他再次呼吁利比里亚总统泰勒下台，以结束该国14年的内战。

布什随后前往塞内加尔著名的前黑奴集中营、大西洋中靠近达喀尔的戈里岛参观，几百年前成千上万的黑奴从那里被欧洲奴隶贩子运往美洲。

这个原稿被认为是不成功的。该消息从布什抵达达喀尔开始，到最后他要到戈里岛参观，完全是一篇流水账，重点内容被淹没在消息之中。

重点是什么？在当时的情形下，世人最为关心的是美国到底出不出兵。修改后的消息是这样的：

布什说，美国尚未就向利比里亚派兵做出决定

美国总统布什8日在达喀尔说，美国将与联合国和非洲国家合作，维护利比里亚的停火，但尚未决定是否派美军参加维和行动。

布什是在会见塞内加尔总统瓦德等7位西非国家领导人后对新闻界发表谈话时做这一表述的。布什说，他与西非国家领导人就利比里亚问题进行了很好的讨论。美国将参与西非国家经济共同体的行动，正在研究如何维持停火并使利比里亚实现权力和平过渡。他再次呼吁利比里亚总统泰勒下台，以结束该国14年的内战。

布什是当天抵达塞内加尔首都达喀尔，开始他为期5天的非洲之行的。

布什当天还前往塞内加尔著名的前黑奴集中营、大西洋中靠近达喀尔的戈里岛参观，几百年前成千上万的黑奴从那里被欧洲奴隶贩子运往美洲。

这条消息稿件修改的最大变化就是将最为重要、最为实质的内容放在导语部分，并且在标题中体现。

2000年6月13日上午9点30分左右，时任韩国总统金大中抵达平壤。金正日亲自在机场接见金大中，实现了两国元首的世纪握手。

这次韩朝首脑会晤是朝鲜半岛分裂55年来南北最高领导人的首次会晤，同时也是半岛分裂后韩国最高领导人第一次到访朝鲜。新华社为此编发的一组滚

动消息,获2000年中国国际新闻奖一等奖。

首先是发了一条快讯:

据平壤机场广播,朝鲜领导人金正日将要到机场迎接韩国总统金大中。

接着发了一条消息:

金正日将到机场迎接金大中

据机场播音处当地时间上午9点45分广播,朝鲜民主主义人民共和国最高领导人金正日将前往机场迎接韩国总统金大中。

金大中将在平壤与金正日举行历史性的首脑会晤。据一位不愿透露姓名的朝鲜官员说,金大中的专机预计在当地时间周二上午10点半抵达顺安机场。机场戒备森严。

这位朝鲜官员对新华社记者说,金大中将得到最高的礼仪接待,会得到"意外的惊喜"。

这次里程碑式的朝鲜半岛首脑会晤将在周二至周四举行。

金大中抵达后,新华社又发了一条消息:

金大中抵达平壤,出席南北首脑会晤

韩国总统金大中周二上午乘专机抵达这里,出席战后50多年来首次举行的朝鲜南北方首脑会晤。

专机在平壤北郊的顺安机场降落后,金大中及其一行受到了朝鲜民主主义人民共和国最高领导人金正日和其他官员的迎接。在平壤逗留的三天中,金大中将同金正日举行会晤,并同朝鲜最高人民会议常任委员会委员长金永南举行会谈。

朝鲜半岛双方4月8日在北京的会谈中同意在6月12日至14日举行双边首脑会晤。平壤方面后来因"技术原因"要求将会谈推迟一天举行。

新华社最后发了一条详讯,将这个事实的意义点了出来。

跨越55年的朝韩首脑会面

周二上午,韩国总统金大中抵达这里。朝鲜半岛北南双方领导人在半岛55年后首次握手。

朝鲜民主主义人民共和国最高领导人金正日在顺安机场迎接金大中。两位领导人进行了简短的交谈。

"很高兴见到你,我早就想见到你。"金大中在走下舷梯后对金正日说。

两位笑容满面的领导人并肩走在红地毯上,在军乐的伴奏下检阅仪仗队。他们还不停地向群情激昂的人群挥手。

一位朝鲜官员早些时候告诉新华社记者,朝鲜方面给予金大中最高的礼仪安排,要给他一个"意外的惊喜"。

随后,这两位领导人同乘一辆黑色轿车离开机场向平壤驶去。

在机场迎接金大中一行的还有朝鲜最高人民会议常任委员会委员长金永南。

近100万当地居民沿机场通往金大中下榻的百花园国宾馆的10多公里的街道欢迎金大中。车队通过的时候,欢迎人群中爆发出一阵阵欢呼。

人们预计,在金大中对平壤的3天访问中,双方领导人将举行两轮会谈。他们重申1972年7月4日签署的《南北联合声明》中阐述的关于民族统一的3个基本原则,并就实现民族和解与团结、交流与合作、和平与统一及其他问题交换意见。这将是1945年朝鲜半岛分裂以来的首次双边高峰会晤。

金大中在离开汉城之前发表讲话,希望这次首脑会晤成为非军事化南北方人民加强理解的机会。他说:"有了更好的相互理解,和平与合作的机会就会增加。"他认为首脑会晤本身就具有重大意义,在南北对峙长达半个多世纪后,会晤就是向着南北和解与合作的巨大进步。他还表示,希望此次访问将成为那些离散家庭团聚的转折点。

金大中一行由180人组成,包括3名内阁成员,7名总统高级秘书,现代、LG、三星和SK等大公司的高级管理人员,以及24名来自各行各业的人士。

分析认为,商业界人士参与这次首脑会晤之行意味着经济合作将是本次会晤的主要议题之一。

这是一组滚动报道，题材重大，时效性强。

在现场采访中，当记者听到机场关于金正日亲自迎接金大中的广播，立即意识到这是重大新闻，随即发稿，时效超过韩朝媒体和世界其他通讯社，成为新华社独家新闻。

记者在朝方限制很严的情况下，抓住一切可能的机会进行现场采访，并把金正日与金大中在机场见面时的简短对话、记者对朝方官员的现场采访、欢迎仪式的现场气氛写入消息，真实地记录了朝韩最高领导人在朝鲜半岛分裂55年后的首次握手。此外，记者还交代了必要的背景和此次会晤可能涉及的重要内容，增强了这组报道的现场感和独特性。

在20世纪八九十年代，日美间贸易摩擦一度很激烈。以下是1995年有关日美贸易摩擦的一篇消息：

美日汽车贸易高级谈判开始

美、日汽车贸易高级谈判今晚在日内瓦以坎特向桥本赠送一把竹刀的戏剧性场面开始。

美、日汽车贸易谈判延续已近两年，至今未获任何结果。美方5月16日宣布，若双方在6月28日之前仍达不成协议，美国将从这一天开始实施制裁，对日本输往美国的13种豪华轿车征收100%的惩罚性关税。这将给日本汽车制造商每年造成59亿美元的损失。

为了避免爆发贸易战，双方4位副部级官员自本月22日起在日内瓦紧张地展开了谈判，但进展甚微。双方于是决定提高谈判级别，由美国贸易代表米基·坎特和日本通产大臣桥本龙太郎直接晤谈，以做最后努力。

坎特与桥本的谈判于日内瓦当地时间晚8点半开始，开始前安排了一次简短的与记者会面、让记者拍照的活动。他们满面笑容地走向记者，站定之后，坎特出人意料地向桥本亮出了一把在日本剑道中所使用的很长的竹刀，说："这是我特意给您带来的。"坎特接着面对记者说："桥本大臣精通此道。剑道的精神就是勇敢、诚实、正直和耐心。"桥本应声答道："毫无疑问，和坎特晤谈是需要耐心的。我非常希望我们能礼貌地进行会谈。"桥本抓住竹刀的一头，对准自己的脖子，说："这可要使我损失惨重喽！"说完双方大笑。

有记者问，双方的谈判是否必须在28日前结束？桥本答道："美国定下的期限与我们毫不相关。我们不能在美国的法律约束下谈判。我们只想按照国际规则和世界贸易组织规则进行谈判。我也想告诉你们，这场谈判是非常艰难的。"

记者问坎特，最后期限定在哪一天？坎特说，6月28日。记者又追问："会不会延长？"已经转身退场的桥本扭过头来答道："这是'美国造'的期限。"

在坎特和桥本会晤之前，双方在日内瓦进行了副部级谈判，其主要内容是美国要求日本开放汽车市场，增加购买美国生产的汽车及零配件，并在国内增加销售美国汽车的网点。

这则消息通过对美国贸易代表坎特和日本通产大臣桥本见记者时戏剧性场面的精彩描写，揭示了美日两国在汽车贸易问题上的深刻分歧，这则消息有三个特点：

一是作者善于捕捉时机。本文作者十分重视这次谈判，在谈判开始前很早就赶到现场。有关人士告诉记者，在会谈前，美、日两方代表只亮亮相，让记者们照个相。谁知在会谈开始前的与记者见面仪式上，美国代表坎特突然拿出一把竹刀，讲了一通话，桥本也有问有答，场面十分精彩。记者感到这是难得的好题材，此后，就剑道问题专门采访了美国和日本的有关人士，进一步弄清含义。

二是通过形象描写而不是通过叙述来说明问题。国际消息一般通过叙述来说明问题，而这则消息则着重通过描写来说明问题。消息共有7个自然段，其中作者用3个自然段进行现场描写。这3个自然段结构紧凑，语言生动，给人以强烈的现场感。会见表面上谈笑风生，却反映了美日两国在汽车贸易问题上存在深刻分歧，预示着这是一场艰难的谈判。

三是言简意赅。全文只有700多字，内容却丰富、完整。美日贸易谈判是1993年7月开始的美日贸易框架谈判的重要组成部分，在将近两年的时间里，双方已谈了多轮，其中有许多曲折。作者在文中没有详细叙述整个过程，仅用"美、日汽车贸易谈判延续已近两年，至今未获任何结果"一句带过。文章在交代背景时，着重讲了美国扬言要对日本进行制裁和为何要提高谈判级别，语言也极其简练。

这一国际新闻获第一届中国国际新闻奖消息类一等奖。

以下这一例证于1996年获得第二届中国国际新闻奖消息类二等奖，其中有可以学习借鉴之处。

地球三分钟　净增五百人

随便问一个美国人，全世界有多少人？他默想一会儿可能告诉你：50多亿。可你再问他每分钟地球上增加多少人，恐怕就极少有人能够回答正确了。为了让普通美国人，尤其是孩子们了解世界人口问题多么严峻，美国人口零增长组织在世界人口日这天举办了一场别开生面的"3分钟新闻发布会"。

7月11日中午，酷暑之中的华盛顿热得让人心烦，可是当记者提前10分钟赶到发布会现场——位于国会东街的东部高级中学门前时，那里已经聚集了一群家长、老师、新闻记者和过路行人。

11时左右，人口零增长组织的负责人彼德·科斯特迈耶先生站到了校门前的一小块空地中央。他说："人们很难想象数百万乃至数十亿人口到底有多少，也很难理解当今世界的人口增长率是个什么概念。我想我们今天找到了一个方法向大家展示世界人口问题多么严峻。"

"罗马帝国时期，世界人口仅有2.5亿人，那时全球大约每小时增加一个人。"科斯特迈耶话音未落，一个举着"公元1年"牌子的黑人小姑娘站到他身边。"19世纪工业革命开始时，世界人口10亿左右，每分钟增加8人。"8个学生举着"工业革命"的牌子缓缓走来，围在他身边。"20世纪初，全球每分钟增加19人，世界人口20亿。"19个学生一下聚集到他身边，空地中央被站满了。

"现在的地球是个什么情景呢？1分钟要增加167人，每3分钟净增500人，一个星期要增加1个费城的人口，1个月增加1个弗吉尼亚州，1年增加1个德国……"就在科斯特迈耶讲演之际，近500名穿着代表世界五大洲红、黄、蓝、绿、白五色T恤衫的学生一下子聚拢到他身边，空地顿时拥挤起来，人群把科斯特迈耶也淹没了。

一个叫翠西的学生告诉记者，学生们正在放暑假，几天前老师和人口零增长组织的人向大家说起世界人口问题，自己很受触动，就参加了这个活动。所有学生除了表演时穿的T恤衫可以留作纪念外，没有任何报酬。

人口零增长组织传播部的几位女士向记者介绍说，成立于1968年的该组织是个全国性的非营利民间组织，它的宗旨是呼吁人们行动起来采取措施降低世界人口增长率，创造一个可持续发展的地球环境。

在1999年世界60亿人口日到来之际，该组织还将组织控制人口的宣传活动。

此文通过对一项新颖有趣的活动的描述，勾画出世界人口问题的严重性，以及控制人口任务的艰巨性。作者凭着职业敏感及时赶赴现场，从这项似乎不太引人注目的活动中觉察出新闻价值，挖掘出读者感兴趣的内容。

此文最大特点是写得十分生动，以小见大，很有可读性。

缺憾是11日的活动13日才发稿，略有些滞后。现在的要求已经是当日发生的新闻必须当日报。

以上三篇消息的一个共同特点是记者都在现场。

在国际消息的写作中，导语的写作颇费心思。有人说，导语就是以凝练的文句揭示新闻要旨，吸引受众阅读新闻的第一段或第一句话。有人说，导语是一篇报道的开头，用简洁的话介绍主要的内容，提示它的主题思想，以便引导读者进一步阅读全篇。还有人说，导语的作用就是引发受众的兴趣和注意力。记者如果在撰写消息时精心设计好导语，新闻就会像磁铁一样紧紧吸引住受众，使之对新闻产生浓厚的兴趣，保持高度的注意力。导语可以调动受众思维的积极性，如能通过适当的引导，激发受众积极思考，那么新闻的效应也能真正发挥出来。还有一位名为麦尔文·曼切尔的美国学者说："导语是记者展示其杰作的橱窗。"他们说的都有各自的道理。

在我看来，包括国际消息在内的国际新闻报道中的导语是以多种形式对最重要新闻事实内容、意义进行的最精要的提炼，要义在于能够抓人眼球。

在《美日汽车贸易高级谈判开始》这一则消息中，它的导语是这样的：

美、日汽车贸易高级谈判今晚在日内瓦以坎特向桥本赠送一把竹刀的戏剧性场面开始。

这是一个打破常规的导语。短短一句话，用会谈开始出现的一个细节（坎特向桥本赠送竹刀），别有情趣地制造了悬念。随后层层递进，步步深入，以小见大。

最常使用的导语形式便是对最重要新闻事实内容的提炼，其效用是让人们对于新闻本身最重要事实一目了然，可称之为概要式导语，如下例：

阿尔及利亚航空失联客机上约有110名乘客

据法新社24日报道,阿尔及利亚航空公司表示与一架从布基纳法索飞往阿尔及利亚首都阿尔及尔的航班在起飞后近一小时失联。

阿尔及利亚新闻通讯社援引航空公司的话说:"在飞机起飞后50分钟,空中导航系统就与这架飞机失去联系。"

据悉,阿尔及利亚航空公司已经启动对航班AH5017的"紧急方案",该航班每周飞此路线4次。

阿航空公司人员告诉法新社称,失联客机型号为DC-9,机上可搭载135名乘客。

据阿尔及利亚航空公司称,约有110名乘客办理登记手续。

另一种导语形式是悬念式导语。《美日汽车贸易高级谈判开始》这则消息就是用了一个悬念开头。一则题为《泰国北碧村发生"蛙战"》的消息也是用了这一笔法:

在泰国南部博他伦府博他伦县北碧村的一片田野里,前不久发生一起有数千只青蛙参加,历时一个多小时的"蛙战"。

这样的导语能够激发读者产生急于往下看的浓厚兴趣。还有这样一条消息,导语也是用了悬念的手法:

参观过巴黎卢浮宫的人无不被意大利绘画大师达·芬奇的代表作《蒙娜丽莎》所展示出的艺术魅力所感染。然而,人们不会想到,现在油画上的这位浅含微笑的女子的容颜与400多年前已大不相同。

第三种导语形式是对比式导语。法国《快报》周刊2003年12月4日刊登了一篇题为《诺贝尔奖的秘密》的文章。它的导语如下:

一页纸。一个孤独的男人1895年在巴黎写下的薄薄一页纸,他的家人在他死后才发现这一遗嘱。写在这页纸上的短短几十个字,成就了如今在全球享有盛名的奖项之一——诺贝尔奖。

在这里,"一页纸""一个孤独的男人""短短几十个字"都与后面的"全球享有盛名"形成鲜明对比。这种强烈的对比吸引读者继续将诺贝尔奖的故事一探究竟。

1990年11月3日，密克罗尼西亚联邦总统访华，对于这样一条时政消息，我对导语的写作费了一番功夫，最终提炼了这样一个导语：

> 今天，来自约10万人口的密克罗尼西亚联邦总统一行在有着11亿人口的中国首都受到了热烈欢迎。约翰·哈格莱尔加姆总统高兴地说，这生动地体现了国家不论大小一律平等的原则。

第四种导语形式是描写式导语，即通过一个典型场景作为引导，以便引人入胜，如：

> 沿着宽阔的香榭丽舍大街向西望去，人们发现闻名于世的巴黎凯旋门突然"消失"了，一幅巨型帷幕覆盖了它雄伟的身躯。这意味着巴黎凯旋门全面维修工程即将开始。

第五种导语形式是引语式导语。将国际新闻事实中最有实质内容的直接引语提炼出来，以突出新闻事实本身的意义，如：

> 正在此间访问的中国政府特使、上海市副市长杨晓渡18日说，如果2010年世界博览会在上海举行，其访问人数预计超过7000万人，从而成为世博会有史以来规模最大、最精彩的一届盛会。

第六种导语形式是冲突式导语。将新闻事实中最具震撼力的冲突展示出来，以吸引读者读下去，了解详情，如：

> 他的工人威胁要杀他，他的妻子由于过度担忧终于病倒而住进精神病院。但是，浙江海盐衬衫总厂厂长步鑫生先生，顶住了来自"左"的势力的压力，成为中国改革浪潮中的一名佼佼者。这位52岁的裁缝的儿子，在昨天会见西方记者时，讲述了他同"吃大锅饭"的平均主义战斗的经过。

中国改革开放之初有一些风云人物，步鑫生是其中之一。美联社的这条消息在导语中没有写他取得的改革成就，而是将他在改革过程中最具震撼力的冲突展示出来。

第七种导语形式是述评式导语。在导语中将最为重要的事实简要交代后，

用第三人称转述的方式对其意义进行评述,这是新闻导向的重要表现形式,如:

英国首相布莱尔18日表示,今后工党政府将推动对社会财富的再分配,以尽快消除贫困。此间评论家认为,这可能预示着工党政府将提高对富人的税收,使穷人获得的社会财富有所增加。

在导语的提炼上,选择独特的切入点很重要。

任何一个国际新闻作品都有标题。与导语相比,标题更要精要。

国际新闻标题的写作要求是信、达、雅,其中最基本的要求是用尽可能少的字数表达尽可能多的信息,把最重要的事情准确地说清楚,令人一目了然。如2007年1月6日《人民日报》第一版左下位置一则消息的标题是《歼10亮相》。标题写作的进一步要求是把观点表达出来,入木三分,如《美元仍是国王,但王冠已失去光泽》。更进一步要求则是将标题做出味道来,能立即吸引眼球,如《潘基文正式上班》。

历史上,有一些很有味道的文章标题,至今仍为人称道。毛泽东的《别了,司徒雷登》便是一例。

1948年,美国驻中国特使马歇尔奉命回国,被派到南京接替马歇尔职务的是华莱士。当时南京某报纸以《马歇尔歇马　华莱士来华》作标题报道了这条新闻。此标题运用"回文"手法,正读反读都一样,巧妙至极,至今为人称道。

1998年2月18日,《解放军报》国际版获得第四届中国国际新闻好版面一等奖,它的头条标题是《不宣而战　弹雨急袭巴格达　大军压境　兵锋直逼萨达姆》。这一标题形式对仗,用语准确,生动鲜活。

对于中国媒体来说,国际新闻标题的制作也体现出导向。《赫鲁晓夫死了》与《米洛舍维奇在海牙去世》二则标题的味道一品便知。

近年来,在国际新闻标题写作方面,多家媒体进行了很多有益的努力和尝试。与此同时,一味耸人听闻的"标题党"现象也一再遭到批评。

一个好的标题是对记者和编辑认知、学识、功底的考验,推敲斟酌,苦辣酸甜,不一而足。仅此一项,对国际新闻工作者来说便是穷其一生的挑战。

个中况味,各有心得,挂一漏万,粗表如下:落笔实在,言之有物;概括精当,凝练精警;潜心探索,忌步后尘;饱含激情,引人爱读;长于表现,疏于陈述;多用动词,务去粉饰;评点事理,立言达意;平易亲切,望文生欢;立意深新,气盛理直;简单明快,一目了然;突出一事,不及其余;巧用数字,传神生辉；诸种关系，虚实得当；藏而不露，出其不意；多方设问，触景生兴；字无虚发，要处显奇；采其精粹，摘其要旨；比兴得宜，出神入化；反义对用，互为映衬；古句新用，巧取珠玉；活用成语，文题增辉；开阔眼界，深入挖掘。

国际新闻写作：通讯的挥洒

不拘一格成佳作

1986年，英国伊丽莎白女王二世与菲利普亲王访问中国。在北京期间，他们登上了长城，一些媒体记者随行采访。在一位摄影记者的作品中，有一张伊丽莎白女王看长城一边，菲利普亲王看另一边的照片。编辑在选择时，认为女王夫妇"东张西望"，因此没有采用那张照片。另外一家媒体的编辑采用了一张同角度拍摄的照片，并且起了一个标题《望长城内外》。这张照片后来因此获奖。

这件事告诉我们，立意、思路、文采很重要。立意决定着一件新闻作品的高下。

1984年10月1日国庆35周年群众游行时，北京大学的学生们打出写有"小平您好"的横幅标语。在现场的人民日报摄影记者王东抓拍了这一画面。当天晚上，《人民日报》二版决定采用这张题为《小平您好》的照片。1984年10月2日，《小平您好》这张照片见报，在几个版面中成为最引人注目的照片。

有新闻机构在1984年国庆报道的总结中说："这次报道中的重要失误，是漏拍了北大学生高举'小平您好'横幅游行的场面。在浩浩荡荡的游行队伍中，这条横幅比起那些巨大的模型和彩车，的确是过于朴素了，然而它在国内外人们心目中的反响，却异常强烈。电视台的摄影师和人民日报的摄影记者分别通过视频和照片突出地表现了这条横幅。漏拍这个镜头，绝非一时疏忽，症结在于新闻敏感不够。"

《小平您好》这张照片成为一个时代的生动缩影。刊载过这张照片的报刊不计其数，中华世纪坛甚至还据此做了浮雕。

这件事告诉我们，记者的敏感、激情，编辑的胆略、思路、格局很重要。

挥洒自如是大家

在国际新闻写作中，较之其他体裁，最能够体现各种立意、文采、格局、思路、胆略、激情、敏感、眼光、胸怀的就是通讯。

网上对通讯的定义是：一种新闻体裁，比较详细地报道典型人物、事件、消息等。但通讯的时效性不及消息。

这样的定义显然很苍白。

通讯是中国独特的新闻文体。通讯的内容涵盖一切新闻领域，任何消息都可以通过挖掘成为活灵活现的通讯；通讯有着中国散文乃至文学的基因，又因强烈的新闻性有别于散文等文学作品；通讯流着新闻的热血，却因对描写、文采、思辨的偏好有别于消息、评论；通讯同样钟情于第一现场的鲜活，却因视野更为宏大而有别于特写、侧记。

我之所以在论及国际通讯写作时用了"挥洒"一词，是因为通讯写作，较之消息、评论，是在国际新闻写作中最可以抒怀、可以感慨、可以拍案、可以借喻、可以直白、可以嬉笑怒骂、可以举一反三、可以尽显才情、可以思绪万千、可以激情澎湃、可以彰显个性、可以古今中外的一种体裁。一句话，在通讯中你可以尽情挥洒，至于是否自如，那就见仁见智了。

何为好文章？内中道理古今相通。明人唐顺之曾言："学为文章，但直据胸臆，信手写出，如写家书，虽或疏卤，然绝无烟火酸馅习气，便是宇宙间一样绝好文字"，反之，"只见其捆缚龌龊，满卷累牍，竟不曾道出一两句好话"，"翻来覆去，不过是这几句婆子舌头语，索其所谓真精神与千古不可磨灭之见，绝无有也，则文虽工而不免为下格"。（《答茅鹿门知县二》）

文章千古事，不可不自重。"挥洒自如"是有极为严苛的前提条件的。没有深厚的功底，在任何舞台上你都是无法挥洒自如的。唐人柳宗元曾言："吾每为文章，未尝敢以轻心掉之，惧其剽而不留也；未尝敢以怠心易之，惧其弛而不严也；未尝敢以昏气出之，惧其昧没而杂也；未尝敢以矜气作之，惧其偃蹇而骄也。抑之欲其奥，扬之欲其明，疏之欲其通，廉之欲其节，激而发之欲其清，固而存之欲其重。"（《答韦中立论师道书》）国际新闻写作中，也应禁"轻心""怠心""昏气""矜气"，学会"抑""扬""疏""廉""激""固"。

与其他新闻作品一样，一篇国际通讯的写作需要大量的采访工作作为基础。采访与写作之间的关系，在我脑中常常有着这样的类比：一位雕塑家，在雕塑任何一件作品前，都要先准备好一堆泥。采访过程就是堆泥的过程。在这个阶段，凡是与这件作品有关的泥都要一股脑地收集起来。然后，雕塑家再根据深思熟虑后的构思，从粗雕到细刻，最终反复修改润色，拿出一件令自己满意的作品。

国际通讯贵在直抒胸臆，正所谓"独抒性灵，不拘格套，非从自己胸臆流出，不肯下笔"（袁宏道《叙小修诗》），"其所见山奔海立，沙起云行，风鸣树偃，幽谷大都，人物鱼鸟，一切可惊可愕之状，一一皆达之于诗。其胸中又有勃然不可磨灭之气，英雄失路、托足无门之悲，故其为诗，如嗔如笑，如水鸣峡，如种出土，如寡妇之夜哭，羁人之寒起；虽其体格时有卑者，然匠心独出，有王者气，非彼巾帼而事人者所敢望也"（袁宏道《徐文长传》）。

在中国国际新闻事业的发展过程中，涌现出一批国际通讯写作的大家，留下了诸多字字珠玑的佳作，也因此以准确、真实、优美、生动、深刻的笔触记录下一段段逝去的历史。

字字珠玑须锤炼

国际通讯的篇幅一般不能过长，这就需要记者在有限的篇幅内，用有限的文字表现一个主题，讲好一个故事，就像用有限的砖瓦盖好一座漂亮房子。在国际通讯写作中，这一砖一瓦就是一词一句，就是语言。

能够做到字字珠玑是一个很高的境界，需要一生的追求与磨炼。明人汪琬曾言："古之善读书者，始乎博，终乎约。"（汪琬《传是楼记》）为文也是如此。清人廖燕亦曾有言："大块铸人，缩七尺精神于寸眸之内"，"故言及者无繁词，理至者多短调。巍巍泰岱，碎而为嶙砺沙砾，则瘦漏透皱见矣；滔滔黄河，促而为川渎溪涧，则清涟潋滟生矣。盖物之散者多漫，而聚者常敛"（廖燕《选古文小品序》）。

什么样的语言是好语言。在信、达、雅的要求中，首先是信，就是用词准确。

美国密苏里新闻学院编写的教科书《新闻写作教程》中谈到用词准确时说："词汇应该准确无误地表达你想要表达的思想……一位市长可以'说'、'宣布'、'声称'或者'大喊大叫'，但是其中可能只有一个词是准确的。""词汇是记者的工具。技工可以用一个扳手去拧一个特定的螺丝帽。同样，作者在特定的情况下只能使用某些特定的词汇来表达思想。与技工不同的是，他只能使用那个扳手，而作者却有许多词汇可供选择。"

在用词准确的基础上再要求文笔生动。在描写春天的佳作中，朱自清的

《春》之所以被视为经典,多在于他能够用灵动的短句、鲜活的短词搭配,虽不动声色,却韵味十足,全篇溢发出春意盎然。

春

　　盼望着,盼望着,东风来了,春天的脚步近了。

　　一切都像刚睡醒的样子,欣欣然张开了眼。山朗润起来了,水涨起来了,太阳的脸红起来了。

　　小草偷偷地从土里钻出来,嫩嫩的,绿绿的。园子里,田野里,瞧去,一大片一大片满是的。坐着,躺着,打两个滚,踢几脚球,赛几趟跑,捉几回迷藏。风轻悄悄的,草软绵绵的。

　　桃树、杏树、梨树,你不让我,我不让你,都开满了花赶趟儿。红的像火,粉的像霞,白的像雪。花里带着甜味儿;闭了眼,树上仿佛已经满是桃儿、杏儿、梨儿。花下成千成百的蜜蜂嗡嗡地闹着,大小的蝴蝶飞来飞去。野花遍地是:杂样儿,有名字的,没名字的,散在草丛里,像眼睛,像星星,还眨呀眨的。

　　"吹面不寒杨柳风",不错的,像母亲的手抚摸着你。风里带来些新翻的泥土的气息,混着青草味儿,还有各种花的香,都在微微润湿的空气里酝酿。鸟儿将窠巢安在繁花嫩叶当中,高兴起来了,呼朋引伴地卖弄清脆的喉咙,唱出宛转的曲子,与轻风流水应和着。牛背上牧童的短笛,这时候也成天在嘹亮地响。

　　雨是最寻常的,一下就是三两天。可别恼。看,像牛毛,像花针,像细丝,密密地斜织着,人家屋顶上全笼着一层薄烟。树叶子却绿得发亮,小草也青得逼你的眼。傍晚时候,上灯了,一点点黄晕的光,烘托出一片安静而和平的夜。乡下去,小路上,石桥边,有撑起伞慢慢走着的人;还有地里工作的农夫,披着蓑,戴着笠的。他们的草屋,稀稀疏疏的,在雨里静默着。

　　天上的风筝渐渐多了,地上孩子也多了。城里乡下,家家户户,老老小小,他们也赶趟儿似的,一个个都出来了。舒活舒活筋骨,抖擞抖擞精神,各做各的一份事去。"一年之计在于春",刚起头儿,有的是工夫,有的是希望。

　　春天像刚落地的娃娃,从头到脚都是新的,他生长着。

　　春天像小姑娘,花枝招展的,笑着,走着。

春天像健壮的青年，有铁一般的胳膊和腰脚，他领着我们上前去。

意大利女记者法拉奇1972年在人物报道《亨利·基辛格》中这样写道：

> 这个人太著名、太重要、太幸运了；他被称为超人、超级明星、超级德国佬；他拼凑自相矛盾的联盟，签订无法实现的协议，使世界像他在哈佛大学的学生那样为之屏息。这是个不可思议的、难以理解的、实际上是荒唐可笑的人物。他可以在他想见毛泽东时就能见到；在他想去克里姆林宫时就能进去；在他认为合适的时候叫醒美国总统并进入总统的房间。在这个50岁、戴着黑边眼镜的人面前，詹姆斯·邦德（007）的那一手黯然失色。此人不像詹姆斯·邦德那样开枪、斗殴或跃上奔驰着的汽车，可是他能建议发动战争或结束战争；他自认为能改变甚至已经改变了我们的命运。那么，这个亨利·基辛格究竟是何许人呢？

法拉奇用急促的短句、排比句，用精准的语言提炼出基辛格的特点，醒目地引出有关基辛格的悬念，进而吸引读者去了解这个人物。

幽默的文采更耐人回味。美国作家马克·吐温之所以受人喜爱，他的幽默感是很重要的原因。他曾经说过："保持身体健康的唯一办法，就是吃点你不想吃的，喝点你不想喝的，以及做点你不愿做的事情。"

在《赤道环游记·用砒酸布丁毒杀土人》一文中，马克·吐温描写了白人对土人抢劫、凌辱、虐杀之后写道："世界上有许多幽默的事情，其中之一就是白种人有这样一种想法：他们认为自己不像其他野蛮人那么野蛮。"

文字中含蓄的不动声色有时比声色俱厉更令人印象深刻。一位美国记者采写《从底特律看到的两个美国》中展现了当生活舒适的美国中产阶级坐满了共和党代表大会会议厅之时，大批失业者却在外面排队要求救济的现实情况。他这样写道："如果你在共和党全国代表大会期间想要了解美国人的情绪，你首先必须问：'是哪一个美国？'""参加这次代表大会的代表们是一个美国。""离饭店几个街区远的地方还有另一个美国。""现在有两个美国，这不错。它们是邻居，却又相距如此遥远。"

精当的文字运用可以事半功倍。正如刘知几在《史通·叙事》中所言："使夫读者望表而知里，扪毛而辨骨，睹一事于句中，反三隅于字外。"

新华社记者徐勇在世时强调为文务去冗词，少用"地""的""得"。他的国际通讯作品便为一例：

追随船长郭川

郭川，18日启程，以旧金山为起点，驾驶"中国青岛号"帆船，西向航行，进入太平洋……

那是一个艳阳天。郭川与送行者道别，松开缆绳，帆船离岸，当地时间中午12时。那是旧金山东湾一处游艇俱乐部码头，地处里士满市郊外，帆船先向南，再向西……

升帆，转向，调整风帆，多个回合，郭川由3名助手伴随，几乎没有闲暇。金门大桥在望，两名助手下船，由一艘小船接走；继续接近这处美国西海岸地标，最后一名助手离开，攀上一艘橡皮艇。

从那一刻开始，郭川是船长，也是船员，独自驾船，向金门大桥进发。

偌大一片水域，鲜红船体、高耸桅杆、红色主帆、白色三角帆，"中国青岛号"独行，成为瞩目焦点。

金门大桥上，帆船通过桥下瞬间，14时24分11秒，国际帆船联合会委派计时员沙马·科塔-古特蒂按下计时器。

金门大桥周边，船长的友人们、媒体的记者们，各自占据位置，目送这艘三体帆船远去。地球的弧度，在海面上，相比在陆地上，似乎更容易遮挡视线。

橡皮艇内，与船长分别的最后一名助手，是法国籍船员约亨·克劳思，郭川2015年挑战北冰洋东北航线不间断航行世界纪录的船队成员之一；还有郭川团队的项目总监，再加一名记者和一名橡皮艇操作员。

金门大桥外，旧金山湾出海口，海水远非清澈，水色并非深蓝，但更为接近太平洋，涌浪高度2.5米，风速11节，即每小时11海里，相当于每小时20公里。

航路向西，大洋彼岸，太平洋西岸，是亚洲大陆，包括郭川航行的预定终点上海。

"中国青岛号"前行，橡皮艇在克劳思指挥下一路追随。帆船处于浪峰时，橡皮艇可能在浪谷；帆船在浪谷时，橡皮艇可能位于浪峰。有一些身处摇篮的感觉，却比摇篮的晃动剧烈；向浪峰攀爬或顺浪谷跌落，伴随船体颠簸和海浪冲击，一些感受从脚下开始，一些浪花落在脸上、身上。

郭川，身处帆船驾驶位，站立，背对橡皮艇，没有回望，没有四顾。15时，他转身，到船尾，面对橡皮艇，挥手，挥手，再挥手，随后转身回到驾驶位，留下一个背影。

克劳思指令，橡皮艇调转方向，在水面划出一条弧线。

除了驾驶员，其他3人转身，朝向"中国青岛号"，目送她逐渐变小。

橡皮艇返程，4人一路无语。上岸，克劳思与项目总监道别，约定"上海见"，与船长汇合。

21时30分，郭川借助卫星电话，拨通项目总监的手机，首次通报航行状况，包括初次进餐内容：方便面、鸡蛋。

他听取抱怨：海上告别，船尾挥手，时间太短，橡皮艇上所有人都来不及照相。

立意高远善驾驭

既然砖瓦是用来建房的，那么要盖一座什么样的房子就成了首先要考虑的问题。这在国际通讯中便是"如何立意"。

立意是文气，是文魂。文气通了，谋篇布局便有了依赖，有了蓝图。文魂有了，整篇文字便活了起来。立意的过程与画家创作一幅作品的心路过程很类似。

唐代王维说："凡画山水，意在笔先。"张彦远说："意存笔先，画尽意在也。""骨气形似，皆本于立意。"清代王原祁说："如命意不高，眼光不到，虽渲染周致，终属隔膜。"

立意高远后能否驾驭也是严峻挑战。

1940年9月7日至1941年5月10日，德国对英国进行了大轰炸，以伦敦受创最为严重。伦敦因此成为第二次世界大战期间遭受轰炸最为严重的三座城市之一，其他两个城市是柏林和重庆。

大轰炸后的伦敦到底是什么样子？作为二战中反法西斯战线重要一方的英国社会到底是什么样子？从更大的范畴来看，战争期间的人间百态到底是什么样子？时任《大公报》驻欧洲特派员萧乾的国际通讯《矛盾交响曲》可以回答这个问题。

这是一篇很有味道的国际通讯。在二战的大背景下，作为英国首都，伦敦到底是怎样的情景，这是一个很难驾驭的大话题。这一点连作者自己也承认。

作者经过观察、体验、思考，最终将他脑中的伦敦提炼为一个矛盾交响曲。

古典交响曲中的四个乐章有快板，有慢板，有急板，终曲中有快板或急板，在主调上用奏鸣曲式、回旋曲式、回旋奏鸣曲式或变奏曲式。在肖乾所描述的伦敦战时矛盾交响曲中，有英雄，有懦夫；有幽默，有古怪；有热情，有冷酷；有奇闻，有轶事；有动物，有人类；有人性，有兽性；有哭笑不得，也有耐人寻味。大量的人、事、物、景的呈现，让人看到半是天使、半是野兽的人性，看到纷繁复杂的战时景象。真是一幅战时人间百态图。

以下为这篇报道：

矛盾交响曲

当我认真画这幅"英格兰"时，我反而不知怎么落笔好了。宇宙果真永是阴阳两面，战争又具有放大作用。我知道在游览上我遭受着不少可憾的损失。但十三个月来，我观看着善与恶、忧与喜的交流，少年的激奋，中年的镇定，一个民族的灵魂各面，如走马灯般晃着，如怒潮般澎湃着。你问我英国好吗？伟大吗？不好吗？我答不出。这没有军舰吨数来得省事。而且，这是怎样一个时代！一颗炸弹丢下来，十二世纪名教堂钟楼顶上的天马坠了地，一辆汽车可震上了屋顶。这是9月25日的事。一个叫约翰·雅各布的男子盼着入伍，可是投效无门。他有个糊里糊涂的母亲，糊涂到出生后把他登记为女性。女人当时不过一时疏忽，但她不久即下了黄泉，如今这遗孤找不到谁作证人，来改回原来的记录。一个裁缝店老板被主顾控告，但他制成的那件值13基尼的衣服确实埋在炸毁的店里了。法院判主顾手工钱照付。过两天，那原告要求缓付，因为他的家也给炸成了废墟。

这是什么时代？这是英雄的时代。一座平民住宅眼看倒下来。十个壮汉用胳膊硬托住了三层楼，让救护队在瓦砾中扶老抱少。一个戏班子巡行了二千五百英里，为军队做义务表演，回程汽车周围落着炸弹，演员们在车里洗着脸上的油彩。空袭制止不了生育，产婆也戴起钢盔。第一批就是两万顶，一个绰号叫老爹的义勇救护员，上次大战中他是炮兵，可是全须全尾儿由法国凯旋。这回他反而丢了只眼睛，是右眼，为了救他的邻居。英雄不只属于七十高龄的老翁，某城防空壕里，就有一个四岁的管理员。

但这个时代还有另外的一面。征兵法案在英国刚一提出，婚姻登记所门前就挤得人山人海。二百八十二个男子想要速成为"已婚人"，以免被军役抽出。这也是全民总动员的时代。苏格兰某城市议会有人提议,既然瞎子耳朵特别灵,不能任他们在战争中游手好闲。正好利用他们那敏捷官能监听来袭的敌机。孩子也不得光玩,他们既爱在林间打手棒,东岸某城的战时农业委员会就组织了一个"铲除麻雀团",农家按只付酬金。北英国的树丛里常满地滚着无人收捡的羊毛,孩子们每捡十五磅,即获一份饽饽钱,毛织业也就多一把原料。全国三分之二的理发匠不久就应征入伍,现有的理发匠正在把手艺传授给各自的媳妇,大批女理发师即将出现。妇女在这战争中,除了维持家小,还做着一切男人能做的事。地道车站的脚夫、军用飞机的司机,以至驾飞机,开高射炮。一个牙医生的太太,婚前在伦敦剧坛上颇享有盛誉。市议会出示征求开垃圾车的司机,专收废铁、碎骨或烂纸。她应征了。谁都忙。坐落英国中部森林区的一个大修道院,有修士六十名。地方偏僻得警报达不到,修士们日夜在塔顶轮流守望敌机的来临。什么都忙。连威尔士靠近海岸的一条小河也忙起来。数十年来,除了春天的柳絮、秋天的枯叶外,连个玩具都没航过的小河,警察忽然在河畔贴起一张告示:"此河今后严禁航船,违者重罚。"

　　英国人是很幽默的。在危机中,他们喜欢用幽默来表现镇静、沉着。《泰晤士报》上有读者提议说,上届大战,法境战壕上种的是红罂粟、白菊花,本届他主张马其诺应遍种玫瑰,以示杀敌不忘自然美。6月23日,即法国投降那个晚上,无线电广播完这可怕的消息,由作家J.B.普利斯特利作时评。他劈头就说:"昨天我看了个电影。"敦刻尔克撤退那晚,他追忆起他曾乘过的一条小白船。新闻部发言人哈立德·尼科尔森向全国广播征捐书籍,以备军队阅读时说:"未来的冬天,军营势必无聊、枯燥得可怕。"在战火蔓延中,人们还有着闲情逸致。屋顶被炸弹揭开,屋主说:"这下子谜底揭开了,原来冬天苍蝇藏在那儿。"一个停车的空场落了个炸弹,炸出了个大坑。次晨,有人把碎砖堆齐,坑缘上栽了几棵绣球花,旁题"戈林花园"。闲情不难寻。昨天威尔士朋友来信描写巴茂港的初秋,我们曾共看日落潮涨的山头。新近《泰晤士报》上还登了某贵族征求猎伴的新闻。就在纳粹对伦敦狂轰猛炸之际,女钢琴家缪拉·海斯等一批英国音乐家在市中心的国家艺术馆举办起一种"午餐时间音乐会",入场券只一个先令。大家一边嚼着夹肉面包,一边站在那里(没有座位)听三重或四重奏的室内乐。我也是经常参加的一个。其实,外面炸弹与高射炮的"交响乐"音量太大了，与其说是去听音乐，不如说是一种精神上的示威行动。

太子剧院前，一个耳聋的街头卖艺人为门前排队买票的观客们演奏。警报鸣了，人们四散了。聋子还低首用帽子讨钱。一抬头，人不见了。他丧气地说："嘿，票卖得可真快呀！"自从陆军部宣布军官禁挂腰刀后，七十六高龄的瓦铁尔先生，英国仅存的制刀剑匠人，也将发生面包问题。在战争中，你永不知道什么将告缺乏。不久，价值三十五先令以上的结婚戒指将由市上消失了。战时的戒指是划一的，越小，新夫妇越算爱国。但今天又发现缺一样东西，生理试验室里用的蛙大告恐慌。曼彻斯特大学动物学系主任说：对医学生，蛙的用处至广，最宜于研究心脏、肌肉、神经的构造。每年英国医学校的解剖室至少需要十五万只。去年奇寒，冻死若干只。如今大陆（法、比）来源又断，医学势必受一大打击。

这是什么时代？这是慷慨解囊的时代。伯明翰出了一个古怪善人，他沿着几条穷巷按户往信箱里投金镑票，一镑的，十先令的，分别用橡皮筋缠起。在吉姆街、阿思顿街共投了一百二十三镑，在白灵顿社会服务所投了一百一十六镑，圣马丁教堂五十七镑。直到今天，没有人能查出这位善人的真名实姓。莱斯特一个老樵夫，每周末把工资中省出的十先令交给红十字会，不等人追问姓氏，抹头就跑。一个伤感的老太婆，1918年为了庆祝停战协定，买了一瓶香槟酒。二十多年来她不忍碰那瓶塞，因为瓶上印着："此酒担保确为大战时在法国兰斯酒窖中所酿，地距战壕仅一英里。"如今，这瓶宝贝酒她捐给第二次世界大战的红十字会拍卖了。在这个时代，不但人与人之间有着温暖，人对畜生的爱怜也倍于往常。一个农夫硬要领着一匹栗色牡马进防空壕。警察和纠察员不准；这农夫哀求着："它曾经是一匹好马，我起誓它是。它见过大场面。"人们围上来。警察更坚决了。这农夫的大粒热泪落了下来："你们多不讲理，它要是有个三长两短，我可怎么办呀！"还有一个六十五岁的老太婆，坚持要住在东伦敦炸毁的残屋。楼顶透了天，窗户揭了盖。但她是百多只无家可归的猫儿们的寄母。同她一样，这些猫也留恋着它们成天爬的台阶、攀的屋角，它们熟悉这条街的鼠洞。老太婆每晚特地生起火来，喂完了它们，就带它们烤火。一只只猫舔着周身瓦石的碎碴儿，望着火焰喵喵叫。遇有警报，她照例躲到楼梯下面，她还有大批客人们也跟了来——它们是五六十只无家可归的灰鸽。它们的家原在教堂，但教堂也一样化为废墟。

对于同类，对于小畜生，人尚且变得如此仁慈。至亲的骨肉，恩爱的男女，自更要加重一分。多少母亲在轰炸下，把身子覆在她们儿女身上，情愿代为受难。在人岛拘留的德、意籍侨民，每月一次准许会见囚在女拘留所的妻子。一个礼拜前，在做苦工之余，一个个便都采起野花来，预备在那甜美的一刹那奉献给自己心爱的人。前天泰晤士河里漂着一具男尸。捞上时发现他那肿胀的背上刺着"我爱娜拉"字样，和一颗用锁链缠起的心。

但这个社会也有冷酷的一面。被炸出的房客正彷徨在冷清街头，房东还拉长了脸催付房租。爱丁堡一个印刷局老板，因为巨厦里收容了三对难童难母，竟起诉说有碍他独居的自由。而《法学杂志》警告塔桥一个仗义扶贫的地方法官说："只要合同未满期，无论房子全毁或半毁，房客须照付全租。如系每周合同，自可于周末退租。法律与人情绝不能混为一谈。"

我不是说过吗，这是个矛盾的时代，你有什么话可说！比方，下面这个案子你怎么判：去年开战前夕，三条德国船载了值一千万镑的英国货。货在伦敦保了险。三条船在海上被英海军包围，自动沉了两艘，第三条逃回德国。保险商究竟应否负赔偿责任？这案子到一年以后的今日还未判决。案子明显到双方都不需证人，单由法官耗费唇舌。这案子的辩驳书已积逾五十万言。在罗马，古时用来囚基督徒（令与狮搏）的土牢，如今是法西斯意大利的防空洞了。希腊被侵前，英、美考古学者刚发掘出一批古希腊文化的遗迹。战争爆发，考古老头儿们又赶快把发掘出的玩意儿埋回土里去了。

慧眼独具需观察

人类生活在同一个星球上。这个世界很精彩。

为何同样生活在一个世界中，有人就能看到精彩，表达精彩，从而活出精彩，有人却熟视无睹？从国际新闻业务角度来看，是否善于观察、积累、思考，从而练就一双慧眼，进而厚积薄发，融会贯通，举一反三，形成对外部世界认识和表达的良性循环，是成败的关键。这是一种境界。正如明人唐顺之所言："至于中一段精神命脉骨髓，则非洗涤心源，独立物表，具今古只眼者，不足以与此。"

在南非工作了几年以后,我试图对南非最大的城市约翰内斯堡做一番全景式描述。为了这篇国际通讯,我曾反复思量。

首先是标题的确立。对于一位中国记者而言,约翰内斯堡是一座外国城市。我对它从陌生到熟悉,最后即将离去时竟然感到些许不舍。在这几年里,发生了许多事情,如果用几个字概括这几年的心境,那便是"百感交集"。

在为这篇通讯的开头思考时,我问了自己一个问题:在过去的岁月中,什么事情给你留下了最为深刻的印记?什么事情与你在中国时最为不同?要相信自己的直觉,打动自己的通常也能打动读者。我最终提炼出了这样的开头:"又要出外办事了。发动汽车后的第一个动作便是回手将四个车门全部锁定——这是任何一个在约翰内斯堡生活的人必须养成的习惯,也是最基本和最必要的自我保护措施。"

这篇通讯的主要内容全部为平时观察积累所得,且经过悉心提炼,以描述约翰内斯堡这座城市万花筒般的特质。没有平时的观察、积累和思考,便没有此时井喷般的宣泄。

在做了这样一番描述之后,这篇通讯以"约翰内斯堡,一个光怪陆离、令人阅尽人间百态的城市"收尾,水到渠成。以下为全文:

百感交集话约堡

又要出外办事了。发动汽车后的第一个动作便是回手将四个车门全部锁定——这是任何一个在约翰内斯堡生活的人必须养成的习惯,也是最基本和最必要的自我保护措施。

约翰内斯堡,实在是一座令人百感交集的城市。

这座被简称为"约堡"的城市首先令人感到神奇。约堡市内维多利亚时代风格建筑与各种现代派建筑摩肩接踵,争相刺向蓝天;密如蛛网般发达的高速公路从市内向外辐射,车流如落瀑般在高速路上疾速倾泻;北、西、东三面郊区风景之优美、生活之奢华每每令欧美游客自叹不如。观看约堡城的最佳角度是从沿城南高速公路向城内眺望,那七彩云霞之下阶梯般错落有致的高楼大厦织就了一幅现代都市的风情画,此景每每令我心中怦然一动:要知道,仅仅在110年前,这里还只是一片荒原!

约堡城南路边时时可见一座座锥形或矩形的金矿渣山。与身边这座满身珠光宝气的大都市相比，这些仍旧泛着黄色的矿渣山显得大煞风景，但只有它们才最了解一个世纪以来约堡的暴富身世。1886年3月，澳大利亚淘金者乔治·哈里森在兰格里格特农场意外地发现一条金矿脉后，他按惯例赶到比勒陀利亚向官方管理部门报告这一发现，以期得到可以享受免税待遇的"金矿发现者所有权证书"。比勒陀利亚政府则派出约翰尼斯·里西克和克里斯琴·约翰尼斯·朱伯特两名专员前往视察，并宣布金矿脉两边的农场为公共采金地。当时的总统保罗·克鲁格随后派出私人秘书埃洛夫前往采金地附近，选中了政府拥有的"兰德亚斯兰格特（意为小山谷）"农场作为建镇地点。1886年12月8日，经过测量的980块土地首次向公众拍卖，这座海拔高度1763米、日平均温度为22.4摄氏度的小镇，据上述两位专员的名字被命名为"约翰内斯堡"。1928年，约翰内斯堡被正式给予城市地位。

　　哈里森的发现诱发了据说历史上规模最大的淘金热。在黄金的诱惑面前，各种肤色的淘金人、投机客、冒险家、赤贫者潮水般涌到约翰内斯堡，人性中的善与恶、美与丑使这座泡沫般迅速扩大的城市，从问世时起便接连不断地上演着一出出反差极大的人间悲喜剧。倘佯在约堡市内大街上，至今仍可处处感到这种对比鲜明的反差：220米高的卡尔通大厦号称非洲最高大楼，站在最高处的50层可以饱览约堡全景，目力所及之处，可以看到一片片低矮的铁皮贫民棚；已全部改为计算机运作的股票交易市场大厦内，跳动着南非经济活动的命脉，最直观地诠释着约堡为何被称为南非的"经济首都"。马歇尔大街55号是世界矿业巨头南非英美公司和德比尔斯公司的总部，那里的一举一动对世界黄金和钻石等矿产市场都会产生微妙的影响，而在这些高楼大厦的外面，则是一排排吵吵嚷嚷的小商品摊位和一群群游荡的黑人失业者；城市大剧场内出出进进着欣赏高雅艺术的男男女女，而不远处的希伯罗区则集凶杀、贩毒、卖淫等所有罪恶于一身，是一个令人谈虎色变的藏污纳垢之地。

　　新南非成立以后，政治暴力活动大为减少，而有着深刻经济、文化根源的社会犯罪活动却大幅攀升，偌大一个约堡城已成为举世闻名的"凶杀之都"。在这座城市里，已难见悠然自得的游人。除了正常工作日外，约堡街头已不见白人白领的身影。这里发生过太多可怕的事情，乃至于最近官方为外国游客印制的所有约堡市旅游指南中都有一页醒目的提示："天黑后或街上无人时不要一人走在街上；夜间外出要坐出租车或乘私人汽车，要向声誉好的出租汽车公司租车；在街上不要拿照相机或佩戴贵重首饰；将贵重物品留在旅馆的保险箱内；在市中心行车时要关上车窗，锁上车门，车座上不要摆有任何手包；如果遇到抢劫奉劝你不要抵抗。"

约堡城在衰败，而约堡郊区则在不断膨胀。除了为数不多的大公司外，越来越多的各国公司将总部迁到约堡郊区。一个个环境优雅、设施齐全的住宅小区、购物中心、娱乐场所依山傍湖地建立起来；一群群不同肤色、不同背景、不同境遇的社会团体自然而然地聚居在一起，又在重新编织着一张大约堡地区社会关系网。南非一家报纸曾就约堡最好和最糟生活向读者发出问询，最后的答案不无调侃，但亦不无道理：大多数读者说，在约堡的最好生活是住在没有犯罪活动的梅尔维尔区；邻居是纳尔逊·曼德拉；收听调频5台托尼·布莱韦特主持的节目；购物要到"选后付钱"超市；把孩子送到圣斯蒂丝恩学校读书；周末带着全家到非洲博物馆、动物园湖、埃马伦什坝和格蕾丝山游玩。在约堡最糟的生活则是住在希伯罗区内一间公寓；邻居是温妮·马蒂基泽拉·曼德拉；收听702电台约翰·博克斯主持的节目；周末到"黄金城"或朱伯特公园。

约翰内斯堡，一个光怪陆离、令人阅尽人间百态的城市。

伊拉克战争后，美国在全世界的形象急剧下滑。为改善美国国家形象，美国国务院于2003年通过"国际访问者项目"请来全世界舆论领导人物访美。在美期间，美方安排了大量的座谈、采访和会见。在潮水般的信息面前，记者必须在有限的时间内敏锐观察，高速思考，在成篇前提炼立意，对所有素材进行选择、提炼和综合。你必须看到事物的本质，同时又要删繁就简，在有限的篇幅内以充足的论据有血有肉地阐释事物的本质。

我一直密切关注911事件之后的美国。在实地考察后，美国在两个问题上的言行给我留下深刻印象，我便据此撰写了一个上下篇的观感。上篇主标题为《美国失去"绿色"》；下篇主标题为《爱国主义的悖论》。

这两篇国际通讯充分运用所见所闻、所思所想，以期尽量客观地描述911事件之后美国的几个典型侧面。

美国失去"绿色"
——"国际访问者项目"观感（上）

如今到美国旅行的人们，最需要的是"耐心"二字。尽管对美国严格的安全检查措施早有心理准备，但眼前的一切仍多少令人感到诧异：底特律机场十几台安检机器同时满负荷运转，但十几条长龙般的人行队伍难免混乱，"赶不上飞机"的抱怨时有耳闻；圣路易斯市机场安检官员当场打开每个行李箱，用镊子夹起一张纸片在每个行李箱周围转上一圈，然后将这种对爆炸物特别敏感的纸片放在旁边的机器中进行化验。"他们每天的工作量真够大的。"来自日本的同行忍不住发表评论；轮到对人进行安检时，你不仅要脱掉鞋子，还须解下腰带。然后，你被带到一张椅子上坐下，在安检人员手中探测器的指挥下，你须先伸直右腿，再伸直左腿；此后起身叉开双腿，伸直两臂，最后以同样的姿态转身180度接受检查。数个回合下来，记者与安检人员的配合相当默契，也因此数次引来安检官员会心一笑："你还挺熟练的！"

正值阴晴不定的季节，记者与来自亚洲国家的6位同行参加了由美国国务院主办的"国际访问者项目"，其主题为"美国在后'911'世界中的努力"。行前，记者便被告知：根据美国机场新的行李安检规定，不要给行李上锁，检查官员会随时打开行李；不要把食物和饮料放入行李，安检仪可能会把某些物质当成炸药；鞋类放在行李其他物品的最上层；书不能叠放，而要分散放置；一定要带剪刀的话，放在托运行李中；礼品不能包扎起来，它们可能会被打开；化妆品放在透明的塑料袋中以便检查……抵达华盛顿后，一份关于"国际访问者项目"的注意事项中更是叮嘱"要有耐心。不要开安检的玩笑，绝对服从所有安检指示"。

911事件的发生使世界上唯一的超级大国感到了不安全，似乎无处不在、但又难以预料的安全威胁成为美国社会的热门话题。圣路易斯市是美国国会众议院少数党领袖格普哈特的地方选区。在圣路易斯市郊外那间毫不起眼的红砖房内，格普哈特议员地方选区办公室的工作人员告诉记者："以前，格普哈特先生向议会提交的议题多涉及退休待遇、医疗保健等，现在他更多地提及安全问题。"在俄克拉荷马大学，几位大学生在与记者座谈时仍然难掩对911事件的震惊。"原来一直以为这种事情只在别的国家发生,也一直以为没有人能够对美国发起攻击……"一位男生说。"现在到处安检,连我的钱包也被翻来翻去,感觉特别不好!"一位女生说。911事件对美国经济的负面影响显而易见,"圣路易斯市一位企业家认为,"每家公司都为安全问题付出了代价,许多投资决定被推迟,公务旅行被迫减少,经济发展步伐放慢。""现在这些安检措施太过分了!"一位旅居美国的日本学者评论说。"那你说我们又该怎么办?!"俄克拉荷马城一位负责国土安全的官员反诘道,"盗贼专找门锁不太好的人家。不断打着响指毕竟能吓退不少敌人。"

曾经遭受恐怖爆炸灾难的俄克拉荷马的管理者对反恐事宜可谓尽心竭力。位于美国"心脏地带"的俄克拉荷马地区是多个能源、军工、制造等行业大企业的所在地。"我很担心这里的供水系统、输油管道和炼油厂等处的安全问题。"一位政府官员坦言。为防止恐怖悲剧重演,俄克拉荷马专门成立了防止恐怖主义的研究机构,其研究领域从如何寻找大规模杀伤性武器一直延伸至恐怖主义的法律善后事宜,其中的一个研究项目是如何通过人体的毛发确定他或她是否使用过爆炸物。

近两年来,美国国内的五级安全警戒级别曾数次上升至仅次于最高级别的橙色。"何时能够达到最低级别的绿色?"记者问俄克拉荷马负责国土安全的官员。"恐怕我们永远不会回到绿色,"这位官员说,"保持在橙色级别应是很正常的事情。"

如果这位官员的判断不谬,失去"绿色"应该是很令人悲哀的事情。正在失去的弥足珍贵,孰料无意之间我竟能偶享一丝绿意:最后从华盛顿至纽约的旅行改乘火车。结果不仅没有经历那些繁复的安检,且能从容欣赏沿途所经巴尔的摩、费城等地路边景致,我因此感受到一种久违的惬意。

爱国主义的悖论
——"国际访问者项目"观感(下)

没人能够否认,911事件后美国人的爱国主义情绪空前高涨:即使是在远离首都华盛顿的中西部城市圣路易斯和俄克拉荷马,也能见到不少住宅门前悬挂着美国国旗,不少飞驰而过的汽车上也悬挂着国旗；一部名为《一位爱国者的手册》的图书正在热销当中。这部由卡罗琳·肯尼迪女士编选的图书汇集了美国历史上颂扬爱国情怀的歌曲、诗歌、史实和演讲，被《纽约时报》评为今年6月份美国非小说类畅销书排行榜上的第三名。

就在记者按照"国际访问者项目"计划访美期间，驻伊拉克美军接连遭袭伤亡的消息不断传来，美国国内对美军占领伊拉克的支持率亦呈跌势。6月26日，记者在美国国务院二楼新闻发布大厅旁听了由发言人鲍彻主持的新闻发布会，其间记者们的话题多集中在为什么中央情报局日前宣称在伊发现了有关大规模杀伤性武器的重大线索后，美国国务院却对此另有异议？这似乎揭示出某种寓意：在爱国主义和反恐的大旗下，美国在海湾地区的所作所为仍受到诸多质疑。

在与俄克拉荷马大学9名师生座谈时，"为什么有那么多人恨美国？"的提问引来热烈争论。"我们的价值观那么好，我极不理解为何会有人反对我们。如果需要，我会到伊拉克打仗。"一位学生说。"我们总认为美国最强大，想做什么就可以做什么，而且做什么都是对的。我个人不喜欢战争，在伊拉克问题上或许原本可以找到和平解决的办法。"另一位学生说。"我们对穆斯林确有歧视。那次学校举行了一次关于伊斯兰世界的报告会，没有几个人参加。"又有一位学生说。当记者征询他们对于恐怖主义根源的看法时，与会者大都感到茫然。

不仅是在俄克拉荷马大学，记者在与数十名美各界人士的交流过程中，悖论的困惑始终难以消除：在为本国国民的爱国主义情结感到自豪之时，一些美国人士却对别国的爱国主义反应淡漠或缺乏应有的尊重；在对恐怖主义表示深恶痛绝之时，却极少有人深究恐怖主义的根源；经济全球化的进程，似乎并未从根本上改变美国某些决策者对世界多样化的认识，因而在国际事务中的判断标尺非此即彼，导致"不是朋友便是敌人"的偏执；一个不惜用武力在世界某些地区推行"民主"的大国，却在处理国际关系中全然不顾民主准则；具有世界上最强大军力的国家以"安全"为由占领一个远在天边的主权国家，却在本土安全上捉襟见肘；美国的"先发制人"战略到底是在消灭恐怖主义，还是在不断引发出更多的恐怖主义；美国在当今国际舞台上发挥着无与伦比的重大影响，但其不少国民对国际事务的了解却极为有限。"一切以商业营利为目的，多登国际新闻不好卖报，读者对国际新闻不感兴趣。"圣路易斯一位报纸主编告诉记者。美国反恐与政治之间的关系恰似雾里看花。911事件成为美国可以做任何事情的借口。"一位被视为美国政界"新星"的人士告诉记者,"看着吧,布什的一言一行都是在着眼于再次当选。为了保持高支持率,布什必须做一些事情。"

记者在密西西比河边的圣路易斯市踏访时,当地官员屡次提及将庆祝美国购买路易斯安那200周年。1803年,美国利用英法争夺海上霸权和法国在海地惨败的时机,以一英亩不到3美分的地价,从法国手中购买了拥有200多万平方公里的路易斯安那等地。这笔买卖使当时的美国领土一下就扩大了一倍多。200年后的今天,美国在全球的霸势可谓登峰造极。然而,高处不胜寒。如果不能更为理性地处理自己与地球村中其他成员的关系,源于强烈优越感的爱国主义或许会误导整个国家。

国际新闻写作：通讯的激荡

好的国际通讯自能朗朗上口，入情入理，感人至深，恰如明末清初文学家张岱形容南京说书人柳敬亭："其描写刻画，微入毫发，然又找截干净，并不唠叨……说至筋节处，叱咤叫喊，汹汹崩屋……疾徐轻重，吞吐抑扬，入情入理，入筋入骨。"（《柳敬亭说书》）

第一人称的激情表达

没有激情的人做不好国际新闻报道工作。同理，没有激情也写不出感人的国际通讯。

一般情况下，消息很忌讳直接将记者本人写入，换句话说，很忌讳用第一人称。但在国际通讯中，却可以用第一人称，其重要原因在于使用第一人称常常意味着人在第一现场。

美国合众国际社驻白宫记者梅丽曼·史密斯的一篇题为《我看见历史在爆炸》的报道详细记录了1963年11月23日肯尼迪遇刺时的情景，这一报道在1964年获普利策国内报道奖。他在这篇报道中完全使用第一人称。

　　这是一个十分迷人的、阳光和煦的中午，我们随着肯尼迪总统的车队穿过达拉斯市的繁华市区。车队从商业中心驶出后，就走上了一条漂亮的公路，这条公路蜿蜒地穿过一个像是公园的地方。
　　我当时就坐在所谓的白宫记者专车上，这辆车属于一家电话公司，车上装着一架活动无线电电话机。我坐在前座上，就在电话公司司机和专门负责总统得克萨斯之行的白宫代理新闻秘书马尔科姆·基尔达夫之间。其他三名记者挤在后座上。
　　突然，我们听到三声巨响，声音听起来十分凄厉。第一声像是爆竹声。但是，第二声和第三声毫无疑问就是枪声。
　　大概距我们约150或200码前面的总统专车立刻摇晃起来。我们看见装有透明防弹罩的总统专车后的特工人员乱成一团。

　…………

　　当我们乘坐的直升机在暮色中盘旋，就要在白宫南草坪降落时，谁会料到，六小时前，约翰·肯尼迪还是一个欢快活跃、笑容满面、精力充沛的人啊！

　　正如明人薛瑄所言，"凡诗文出于真情则工，昔人所谓出于肺腑者是也……故皆不求工而自工。故凡作诗文，皆以真情为主"（《薛文清公读书录》）。国际通讯亦如此。这种真情也会感染读者。中国国际新闻界前辈蒋元椿所撰写的国际通讯《在东京听国歌》便为一例。

　　蒋元椿曾经历抗日战争，他平日不苟言笑。他于1984年作为随行记者采访了中国领导人胡耀邦。他在以下这篇国际通讯中多处用了第一人称。全篇以国歌立意，融入家国情怀。作者在这样一个历史性场合，思潮澎湃，竟然流下泪水。该文一气呵成，生动感人。

在东京听国歌

　　雨停了。欢迎仪式马上就要开始。
　　红地毯在迎宾馆院子里湿漉漉的地上刚刚铺好。
　　日本自卫队的三军仪仗队已经站立整齐，等待检阅。旁边是军乐队。另有一队仪仗兵，各持一面卷起的旗，走上迎宾馆门口的台阶，分站在门的两边，把手里的旗展开。那是中日两国的国旗，按一面中国、一面日本的次序，间隔地排列着。
　　胡耀邦同志和中曾根首相从迎宾馆里走出来，登上检阅台。军乐队奏起中华人民共和国国歌。铜管乐器奏出的悲壮、激昂的旋律，像拍岸的怒海惊涛一样冲击着人们的心。
　　听着这几乎伴随了我一生的歌，我仿佛看到了祖国无边的原野上匝地的烽烟和日本侵略军刺刀的闪光，听到了炸弹的爆炸，伤者的呻吟，和奋起抵抗的中国人民的怒吼。
　　我仿佛看到当年无数正直的日本朋友，在战场，在延安，在各根据地（甚至在日本本土），同中国人民并肩进行反对日本军国主义的侵华战争。
　　我仿佛看到无数背着背包、打着绑腿、扛着步枪的抗日战士的英灵，在大院里谛听这首直到他们永远闭上眼睛的时候始终伴随着他们的歌。

我拼命咬住嘴唇，不让眼泪流到脸上。

是啊，谁能忘记这首歌中蕴藏着的中华民族的屈辱和希望。它的每一个音符是用我们整整几代人的青春、眼泪和热血写下的。它曾经激励着中华儿女，为了挽救我们民族的危亡，义无反顾地奉献出自己的一切。今天，它又在告诫炎黄子孙，不要忘记过去，玩忽现在，鄙视将来；要求他们以万分的热情，百倍的努力，使祖国屹立于世界民族之林。它像一面熊熊燃烧的旗帜，用它的火点燃每一个中国人心里的火炬，用它的光指点出中国人民的去路。从它的旋律里可以听到中国的过去、现在和将来，可以听到中国人民前进的步伐。赞美你呵，世界上最好的这首国歌！

当人们在三十年代热血沸腾地唱它的时候，谁想到过自己会看到这样的一天？

这一天终于看到了。它告诉人们，中国人民胜利了，日本人民胜利了。无数抗日战士的血和汗，无数反战的日本人民的努力，换来了中日两国的和平与安宁，换来了亚洲的和平和中日关系的今天。让我们永远把他们记在心上，永远高举维护和平的旗帜；让中日两国和两国人民永远友好合作，握手言欢，永远不在战场上兵戎相见；让中华人民共和国和日本国的国歌，一次又一次地一起在东京和北京演奏吧。尽管这需要我们做出比抗日战争更长期、更艰巨的努力。

我抬起手，轻轻拂去已经流到嘴边的眼泪。

谋篇布局逻辑顺

有了立意之后，就要具体地考虑这篇文章是个什么结构，它的开头怎样开，结尾如何结，中间放些什么内容，怎样在有限的篇幅内，将最有特点的内容提炼出来，最终实现立意的目标。

盖房子，修园子，都是要讲究布局的。《红楼梦》中的薛宝钗对此很有见地。她在谈到大观园图时是这样说的："这园子却是像画儿一般，山石树木，楼阁房屋，远近疏密，也不多，也不少，恰恰的是这样。你就照样儿往纸上一画，是必不能讨好的。这要看纸的地步远近，该多该少，分主分宾，该添的要添，该减的要减,该藏的要藏,该露的要露。这一起了稿子,再端详斟酌,方成一幅图样。第二件,这些楼台房舍,是必要用界划的。一点不留神,栏杆也歪了,柱子也塌了,门窗也倒竖过来,阶矶也离了缝,甚至于桌子挤到墙里去,花盆放在帘子上来,岂不倒成了一张笑'话'儿了。第三,要插人物,也要有疏密,有高低。衣褶裙带,手指足步,最是要紧;一笔不细,不是肿了手就是跐了脚,染脸撕发倒是小事。依我看来竟难得很。"

包括国际通讯在内的文章结构也应该是分主分宾,远近疏密恰到好处,该精的精,该藏的藏,该露的露。具体来说,国际通讯的开头与结尾最要有味道,即凤头、猪肚、豹尾,或者叫虎头豹尾。在这一点上,包括国际通讯在内的所有新闻报道具有共性要求。

在新媒体迅猛发展的今天,国际通讯写作在谋篇布局中应格外注意受众需求,借用消息写作的方法,尽可能将最为实质的新闻内容最为突出地表达出来,同时既要避免"标题党"做派,也要力戒以文害意,避免将最实质的新闻内容埋没于华丽辞藻之中。

国际通讯在结构安排中应讲究逻辑关系,照顾到前因后果,讲明白来龙去脉。要在有限的篇幅内说清楚事件内容,进而再追求余味无穷的"雅"态。

千方打造寻切入

"工发于端",是古今中外的共识。无论是"凤头"还是"虎头",指的便是最能够打动人、吸引人的切入点。如同新闻报道的标题一样,国际通讯的开头亦需反复锤炼,精心打造。

开头可以是单刀直入的。比如,美国记者尼克波克在《索索大帝的少年时代》报道中的开头:"一个格鲁吉亚小学生在课堂上回答教师的提问:谁是格鲁吉亚历史上最杰出的统治者?"

开头可以是举一反三、由点入面式的。1987年普利策国际报道奖授予《洛杉矶时报》驻南非记者迈克尔·帕克斯。他在《被取缔的南非黑人组织赢得支持》一文中的开头是这样写的:

被取缔的南非黑人组织赢得支持

西弗说自己是一台"活广播"。他住在约翰内斯堡的黑人卫星城索韦托的市中心,每天早晨,一登上他家附近的火车,他就开始讲述从非洲人国民大会的"自由广播电台"听来的新闻。

随着拥挤的火车"咣当咣当"地驶向约翰内斯堡，30多岁的经纪人西弗详细介绍了蔓延全国的骚乱，非国大的军事组织"民族之矛"中"咱们的战士们"的英雄事迹，以及该组织流亡领导人的活动情况。接下来，他又就自由广播电台的最新评论进行了一番讨论。

"伙计，现在我的听众真是不少！"他说，"两年前，大家对这事可一点都不感兴趣，我一般也就是自己唠叨唠叨。现在，我说新闻时他们总让我大声点，下车时他们也不仅仅是在谈论非国大，而是准备着为它工作，为它战斗……他们知道非国大将会领导我们赢得自由。"

非洲人国民大会……

开头也可以是同类合并，聚焦深入式的。迈克尔·帕克斯的另一篇报道开头是这样的：

西蒙、玛丽、法蒂玛：消失的南非人

西蒙、玛丽、纳扎雷斯、法蒂玛、费基尔——他们都在哪里？

西蒙是约翰内斯堡城外索韦托的一名15岁的学生，上个星期三晚上家里让他去附近的商店买点面包、牛奶和果酱。他一直没有回来。他的父母现在心急如焚。

20岁的玛丽是索韦托的一个学生领袖，6月15日她告诉妈妈要去一个女朋友家待两天，上个星期二早上就回来。她一直没有回家。

17岁的纳扎雷斯是伊丽莎白港外一家天主教堂的侍者，6月15日他去教堂做弥撒。他被3个男人从教堂带走，那是人们最后一次看见他。

20多岁的法蒂玛在一家保险公司工作。那个周末她所属的一个印度人文化组织在德班附近开会，她去了以后再也没有回来。

费基尔是一个40多岁的卡车司机，6月17日他离家去上班。但是他在开普敦市的老板说，他一直没来，虽然他有着"出色的出勤记录"。尽管他的上司和公司的律师与警方、当地医院、殡仪馆和他所有的朋友都进行了联系，人们还是无法找到他的下落。

…………

1987年普利策调查性报道奖授予了哈里·杰拉尔德·比辛格关于"法院的失序"的一组报道。他的开头用了同样的方式：

中级民刑法院法官乔治·艾文斯与一名交往甚密的律师私下达成协议，宣判他的当事人缓刑。这位辩护律师的当事人被认定开车撞死了一名护士。

另一天，在另一个法庭，市法院法官约瑟夫·麦凯布降低了一名谋杀案被告的保释金——既没有法律依据，也未同检察官磋商。

在另一个法庭，中级民刑法院法官利萨·里奇特判处一名杀人犯监禁。但等感激涕零的受害人家属一退庭，他马上改判为缓刑。

在第四个法庭上，市法院法官阿瑟·卡夫里森竟然离开法官席，走出去逛了一整天，留下证人、法警和律师面面相觑，不知所以然。用一位愤怒的证人克利福德·威廉斯的话来说："简直是一片混乱。"

随着积弊日深，法官和律师们都不得不承认：在大多数时候，费城法院系统可以提供任何东西，就是没有正义。

开头又可以是鲜明对比、深入开掘式的。比辛格另外一篇报道的开头是这样的：

政治利益集团是如何阻碍改革的

为了防止政治支配法庭，22个州都成立了专门小组对法官候选人的经验、能力、品德等进行审查，以筛选出最合适的人选。

费城不是这样。

其他13个州法官选举是不分党派进行的。

费城不是这样。

一些大城市的法院系统严格规定承审法官和律师之间不得有私人的利益关系和政治瓜葛。

费城不是这样。

这篇通讯通过排比，引出记者所要论述的主题：政治利益集团是如何阻碍改革的？

1987年，获得普利策批评奖的理查德·埃德在对《耶路撒冷的冬天》这本书进行评论时，是这样开头的：

我能想到的所有国家，由于它存在，所以我们可以给它下定义。只有一个国家例外，那就是以色列。它正好相反，我们是通过给它下定义才使它存在的。

首尾呼应出新意

好的国际通讯，应有意味深长的首尾呼应。"揭全文之指，或在篇首，或在篇中，或在篇末。在篇首则后必顾之，在篇末则前必注之，在篇中则前注之，后顾之。"（刘熙载《艺概·文概》）

在美国工作期间，我一直关注在美华人的状况。历史上，在美华人曾因《排华法案》备受屈辱。直至今日，对华人的歧视仍广泛存在。然而，曾百般忍气吞声的在美华人近年来有了一个重要变化，那就是对各种形式的歧视挺身说"不"。

为更深入地了解美国华人曾经的遭遇，我专程踏访了天使岛。

美国旧金山海湾有一座天使岛，就像纽约自由女神像所在的艾丽斯岛一样。当年移民到达美国后，先要到艾丽斯岛办理各种手续。艾利斯岛是美国东部的移民受理中心，跨越大西洋来到美国的欧洲移民多在那里办理入境手续。作为美国西部的"艾利斯岛"，天使岛移民站在1910年至1940年间主要处理来自亚洲、南太平洋、俄罗斯、南美和非洲地区移民，其中以亚裔居多。无数中国同胞到了美国后先到那里，许多人被滞留关押在那里，也因此发生了许多故事。

我在采访之后撰写的国际通讯《从天使岛到塔科马——探寻美国华人血泪史》一文的开头是这样提炼的："美国有一座天使岛。天使，一个多么缥缈美妙的名字！细察之下，却是一方曾经充满厄运的地界。天使与恶魔厮混，人世间的反讽莫过于此！"

之所以强调豹尾，就是希望结尾能够对开头有一个有力的呼应，文章将更有余味。蒋元椿的《曼哈顿掠影》一文的开头与结尾便是这样。

（**开头**）据说，纽约人喜欢把华盛顿说成只不过是个"村庄"。确实，比起华盛顿来，纽约繁华得多了。至少，华盛顿没有纽约曼哈顿区那么多的摩天大楼，因为那里的大楼不得高于国会大厦。而在纽约这个贸易和金融中心，就没有这种限制了。从华盛顿乘汽车快到纽约的时候，老远就可以看到曼哈顿世界贸易中心那两座像孪生兄弟般并排站着的大楼，以及它周围雨后春笋般拔地而起的楼群。

（**结尾**）一百一十层的世界贸易中心是曼哈顿的骄傲，它睥睨一切地站在哈得孙河边。从它上面往下眺望，漂浮着冰块的哈得孙河像一条带子通往纽约湾。河口上的自由女神像，在两岸的雪和河上的冰的衬托下，只剩下一个黑乎乎的影子。代表垄断资本威力的摩天大楼越修越高，象征美国人民理想的自由女神像相对地越缩越小，曼哈顿这一具有典型意义的景象是颇为耐人玩味的。

1995年，美国小城俄克拉荷马发生了震惊世界的大爆炸。2003年，我赴俄克拉荷马大爆炸现场进行了采访。对于中国读者来说，数年前发生在美国的这一事件已在空间和时间上有了距离感。点出这种"距离感"，恰恰可以成为做活这篇文章的一个切入点。在题为《俄城，永久的哀思》这篇国际通讯中，我对前两段文字进行了这样的提炼：

> 如果不是8年前发生了那场震惊世界的悲剧，位于美国中西部的俄克拉荷马城对许多人来说仍将是陌生的，因为它太平常，也太偏远。
>
> 地形像一把砍刀的俄克拉荷马州被称为美国的心脏，有着2000多口油井的大油田，包括波音军机制造在内的一些大军工企业和印第安人"五大文明部落"，成为这方地界最为鲜明的特色。但直到现在，作为首府的俄克拉荷马城与首都华盛顿之间没有"点对点"直航班机，两者间的空中交通需择道转机。

随后这篇国际通讯对历史悲剧和现场情形进行了追述和描写。在现场描写中，我仍然坚持珍惜身在第一现场的鲜活，以第一人称进行描述：

> 一到俄克拉荷马城，喧嚣即刻远去，涌来的是一种略感异样的静谧。刚到6月末，白日的热浪就已严重地阻遏着人们出行的脚步，夜晚的小城更显空寂，令人诧异其40余万人口莫非均在夜间弃城而去。夜色冥茫中，忽见一处灯火闪烁，虽人影憧憧，却绝无喧哗。"你一定要在晚上到那里去看看，"载我路经那里的当地主人特意停下车来说道，"感受会很不一样的——那里就是当年发生大爆炸的遗址处。"
>
> 应允了主人的建议，等于应允了又一次心灵震撼的体验。身临其境时，早已尘封的一幕人间悲剧再次活现在面前：1995年4月19日上午9时02分，一辆装有3200公斤炸药的卡车在俄克拉荷马城默拉联邦政府大楼门前被引爆。9层大楼的瞬间坍塌，无情地夺去了168条生命，另有伤者数以百计。"凶手一定是来自中东地区的外国恐怖分子！"曾有人愤愤地猜测说。然而，铁的事实证明爆炸案的主凶为曾经参加过1991年海湾战争，并因此得过奖章的白人老兵麦克维。海湾战争的

勋章不能改变麦克维回国后失业、流浪的生存状态，渐为偏执的思维方式最终导致他以极端手段向政府泄愤，而受害者却是那些无辜的男女老少。2001年6月11日，在印第安纳州特里霍特监狱的死刑执行室内，三剂毒针结束了"孤独之狼"麦克维的生命。

为了永远防止类似悲剧的发生，在默拉大楼遗址处建立国家纪念园和纪念中心博物馆便成为当地人民的共同心声。"在来自23个国家的624个方案中，由遇害者家属、幸存者、救援者、公共事务官员和设计专业人员组成的委员会最终选定了布泽尔合作设计公司的方案。"带领我参观国家纪念园和纪念中心博物馆的肯·汤普森先生介绍说。汤普森的母亲便是大爆炸中的遇难者之一。他在述说往事时，眼眶内数次充盈着令人心酸的泪花。

俄城国家纪念园建成于2000年4月19日，其东西两端分别建有两道"时间门"。东门上端刻有"9：01"的字样，象征着未发生大爆炸前的时间——1995年4月19日9时01分；西门上端则刻着"9：03"，意味着当日9时02分发生大爆炸后，俄城的一切从此不再一样。两门之间轻淌着一汪"映思池"。一池如镜的碧水似乎在轻轻地抚慰着人们心头的创痛，轻柔的乐声更令人肃穆沉思。"映思池"的南面便是最为令人惊心动魄的"空椅地"。那一片绿草地正是以美国已故巡回上诉庭法官艾尔弗雷德·默拉命名、面积为2.924万平方米的联邦政府大楼所在地。草地上分9排摆放着168把空椅。椅摆9排象征着9层大楼，每排的椅数与每层楼死亡人数相等，其中19把小椅子代表着遇害者中的19名孩子。所有椅子上部均由青铜与石头雕刻而成，椅下部的玻璃基座上刻有死者姓名。一到夜晚，所有玻璃座中的灯光闪亮，象征着168座希望的灯塔。灯火在"映思池"中随波摇曳，更添一分忧思。"空椅地"的四周有一条由花岗岩铺成的小路，那些花岗岩便是默拉大楼中的遗物。

"空椅地"的东头矗立着一道曾支撑着默拉大楼的"幸存墙"，北面则挺立着一棵"幸存树"。就像一位历史老人，这棵已生长80年的美国榆树见证了悲剧的发生，且幸存了下来。悲剧往往是人类爱心的催化剂。在大爆炸发生后，俄城发生了许许多多救死扶伤的感人故事。围绕着"幸存树"的是一片"援救者果园"，并镌刻有"我们向那些勇敢、有爱心的救援者，无论其远近，致以永久谢意"的字样。"援救者果园"的北面便是纪念中心博物馆。为了寄托永久的哀思，纪念中心博物馆门口处的一面墙上还嵌满了全国各地儿童寄来的纪念画。

如果仅仅是对历史悲剧的回顾，哪怕再生动鲜活，也未免感到有些缺失。我到现场采访之时正值911事件之后，而911事件对于美国乃至整个世界而言都有着诸多可以反思之处。在这篇通讯的结尾，我又试图从历史走回现实，提炼出以下文字，意在举一反三，对911事件后美国的所作所为"以子之矛，攻子之盾"：

> 对整个世界来说，俄克拉荷马城发生的悲剧不啻为一声警钟。斗转星移，此后这个世界发生的与恐怖主义有关的事情更令人震惊，也更发人深省。与"幸存树"相邻的一面墙上，至今留有俄城救援第五队成员1995年4月19日当天于愤怒之中用黑色染料喷在上面的一段话，今天读来仍耐人寻味："我们要调查真相；我们寻求正义；法庭需要真相与正义；受害者为此哭诉；上帝要求这样！"

2005年是中国人民抗日战争暨世界反法西斯战争胜利60周年，我带领一个记者组于当年5月下旬赶赴泰国西部的桂河，在烈日下踏访了那条被称为"死亡铁路"的泰缅铁路及有着"死神之桥"称谓的桂河大桥。这是一个沉重的、有震撼力的题材，为了充分表现这一震撼力，我在题为《桂河大桥的诉说》这篇通讯中，提炼了这样的开头："一条铁路，埋葬着十多万冤魂；一座大桥，见证着60余年前日寇无比残忍的战争罪行……"

此文本可以在对桂河大桥及其历史进行翔实而生动的描述后就此打住，但我在采访过程中观察到一个细节：现存的纪念物中多展现盟军俘虏的遭遇，而死亡多达十余万的亚洲劳工却极少被提及。在这篇国际通讯的最后，我提炼出以下文字作为结尾，正是这"笔锋一转"，才使这篇国际通讯更有新意：

> 在桂河大桥的采访过程中，一个疑问愈发强烈地在记者脑中盘桓：我们所能见到的博物馆、公墓、各类回忆书籍几乎全部将关注点聚焦于建设"死亡铁路"时盟军战俘的遭遇，为何死亡人数多达十多万的亚洲劳工却极少被记载、被追忆、被祭奠？要知道，在那些不知道遭受过何种悲惨遭遇的白骨冤魂中，还有许多是我们的骨肉同胞！
>
> 历史，是不能这样被轻易忘却的。

融会贯通耐寻味

一篇国际通讯能否成为佳作,其内容是否耐人寻味是一个很直白的标准。记者要珍惜第一现场的第一手资料,却又不能有闻必录,所遴选出来的事实描述一定要深有其义。历史与现实一定有着某种具象的联系,高手能够窥见其端倪,加以有新意的阐发,使历史、现实、未来融会贯通,最终令人拍案叫绝。

蒋元椿的《白宫一角话沉浮》一文对此提供了一个范例:

白宫一角话沉浮

都说今年美国特别冷。一月中旬,华盛顿积雪皑皑,冷风刺骨。从水门饭店楼上眺望,结了冰的波托马克河像一条冻僵了的蟒蛇,在冬日的阳光下闪着铁灰色的寒光。只有那些在桥上和河边行驶的汽车,才给这肃杀的景色带来了一点生气。

美国东道主安排我们住在水门饭店似乎有一种象征的意义。这是一个包括饭店、办公楼、住房、体育设施、超级市场和商店的综合建筑群,因位于波托马克河上从前一个水闸旁而得名。迫使尼克松下台的水门事件就发生在这里,而尼克松是为中美关系正常化做出贡献的第一位美国总统。九年过去了,两年前中美建交后在白宫欢迎邓小平副总理的卡特总统,在新的一轮总统竞选中被里根击败。里根上台以后中美关系前途又将如何?这是人们站在水门饭店台阶上自然要想到的问题。

好像预见到我们要寻找这个问题的答案,美国朋友早就为我们做了去白宫会见卡特总统的国家安全事务助理布热津斯基先生的安排。

白宫像我两年前初访时一样,景物依旧,但是人事将要全非了。车如流水的宾夕法尼亚大街上,从白宫大门往东,两侧人行道上用钢管密密麻麻地搭起了看台的架子,还没有来得及铺上木板,在林立的钢架之间,几家电视台选择最好的位置停放好了转播实况用的车辆。到里根就职那一天,他将从国会山沿着宾夕法尼亚大街来到这里,入主白宫。白宫门外的一番布置,就是为此而准备的。

白宫铁门紧闭,旁边开了一扇小门。我们的东道主鲍大可先生和国家安全委员会的沙利文先生在门后出现。布热津斯基先生由于巴黎大雪,滞留在欧洲,因而由沙利文接见我们。门警按照名单,逐个放我们进入白宫。

　　沿着甬道，主人把客人请入白宫西翼最后一个房间。据介绍，国家安全委员会就是在这里开会的。房间不大，中间放了一张长会议桌，桌上显眼地放着三个黄色大烟灰缸。四壁橡木镶板上挂着几幅华盛顿等人的肖像油画。房间尽头有一扇门，大概可以通往总统的椭圆形办公室。主客就座以后，在交谈中，客人对中美建交以来两国关系的发展表示满意，也对前景中可能出现的问题表示担心。主人坦率地说，他很快就要离开白宫，他虽然不能保证，但是相信中美关系是会继续发展的。对于一个即将卸任的人来说，这大概是他所能说的最好的话了。

　　我望着那扇通往总统办公室的门，猜想着卡特总统在不在那里，在干什么，又在想什么。现在他有充裕的时间，来考虑一位美国总统能做些什么和不能做些什么了。在这个标榜自由的国家里，总统其实并没有多少自由。美国今天面临的问题，都不仅仅是美国一国的问题，而是世界性的问题，也不是任何一个总统根据某个利益集团的需要所能解决的。一个总统所能做的，只是在内外各种压力的荆棘丛莽中择路而行。正如尼克松的国家安全事务助理基辛格所说的，"每一届新政府所做的保证就像波涛汹涌的大海上漂流的树叶一样"，谁也不知道"压在一个大国所有领导人身上的重重压力的疾风暴雨，最后会把它们冲向何方"。基辛格是过来人了，卡特也尝到了滋味，里根又将如何呢？

　　会见结束了，沙利文匆匆走向西面的行政大楼，我们则向大门口走去。阳光照在仍然青绿的树丛上。一队旅游者在向导的带领下正从东面缓缓走来。突然，不知从什么地方钻出来一只松鼠。它跃过甬道，在草坪上用后腿站住，抬头滴溜溜地环顾四周，然后一溜烟地消失了。白宫的主人要更换了，然而松鼠显然将留在这里。它将不问人世间的浮沉得失，继续悠然自得地享受它那一点儿生活的乐趣。

这篇通讯从"今年美国特别冷"的描述开始，写到笔者所下榻的水门饭店，从水门饭店联想到尼克松，又从尼克松联系到中美关系，从白宫所见所闻联想到总统办公室门后，进而生发出"在这个标榜自由的国家里，总统其实并没有多少自由。美国今天面临的问题，都不仅仅是美国一国的问题，而是世界性的问题，也不是任何一个总统根据某个利益集团的需要所能解决的。一个总统所能做的，只是在内外各种压力的荆棘丛莽中择路而行"的议论。从会见结束后的场景描述到捕捉到一只小松鼠,又从这只小松鼠生发出"白宫的主人要更换了,然而松鼠显然将留在这里。它将不问人世间的浮沉得失,继续悠然自得地享受它那一点儿生活的乐趣"的议论。夹叙夹议,举重若轻,余味无穷。

高人一筹是苦功

在我的工作经历中,有赤道烈日烧灼出的系列国际通讯。这是一组战地通讯,其背后是巨大的人身风险、险恶的战乱环境和赤道线上挥汗如雨的独自奔波采访。这组通讯在我心目中的分量格外重!

这个国家就是当年的扎伊尔,现在的刚果(金)。在那以前,我采访过仍在内战中的莫桑比克和安哥拉。一个位于非洲东南部,一个位于非洲西南部,两个国家的一个共同点是都讲葡萄牙语。扎伊尔则是法语国家。

自1996年10月开始,扎伊尔东部战火迅速蔓延,与中国保持友好关系的蒙博托32年的统治岌岌可危,整个非洲大湖地区局势成为世界瞩目的新热点,也成为我报道的新焦点。1997年3月14日,我从南非出发,假道肯尼亚、卢旺达前往战乱升级的扎伊尔。

临行前,我被告知,扎伊尔战乱地区瘟疫流行,必须注射脊髓灰质炎、破伤风、伤寒、黄热病、霍乱和两种肝炎等疫苗。此外,还必须每日服用预防疟疾的药片,离开病区后还要继续服用四周。我准备前往的扎伊尔东部戈马地区已有113例霍乱病例,其中24人死亡,此后我前往采访的廷吉廷吉难民营平均每日死亡人数为25至30人。我还被告知,当时霍乱疫苗效果极差,世界卫生组织已建议不打。霍乱的主要传染源为水,因而一定要注意只喝瓶装矿泉水,不能吃生拌沙拉。疟疾的传染源为蚊子,一定要注意防止蚊叮……

听说我要去扎伊尔,办理航班事宜的蒂拉萨女士很热心地建议我上一个人身保险,但由于不是南非公民等原因,竟没有一种适宜我的险种。"不管怎样,我还是要谢谢你!"在感谢蒂拉萨女士的同时,我的心中陡生一种横下心来背水一战的悲壮:我将在没有任何人身、医疗保险的情形下前往一个瘟疫流行、完全陌生、内战正酣的非洲国家。

此次的行装格外沉重。除了那台笨重但打印一体的文豪机外,还带了18升水、十几包方便面和约10盒罐头食品。

正值战乱的扎伊尔实际上处于国家分裂状态。从首都金沙萨出发已无法跨越战线进入东部地区,因此进入扎伊尔东部地区的最佳路线是穿越卢旺达西部边境。

我从肯尼亚首都内罗毕转机前往卢旺达首都基加利时，小飞机上只有数十名旅客，且都神态肃穆。卢旺达，在几年前（1994年）刚发生过种族大屠杀，共造成约百万人死亡。为节省费用，我在基加利住进了一家教会办的小旅社。随后便有人告诉我，卢旺达发生大屠杀时，小旅社对面的树下死尸累累。当晚，基加利突降大雨。尽管旅途无比劳累，但想象着卢旺达大屠杀时此门之外的景象，再设想着西向扎伊尔战区的种种艰难，辗转反侧中我度过了在非洲大陆的又一个不眠之夜。

几经周折进入扎伊尔后，多日吃不上饭是常有的事。作为当时在扎伊尔东部战区唯一来自亚洲的新闻记者，为了工作方便，我没有下榻在条件更好的酒店，而是住在距联合国难民署等国际机构较近的马斯克旅馆，但那里常常停水停电，客房内厕所的下水管道显然已被堵塞，又不敢打开门窗放进蚊子，屋内空气湿臭难闻。住在那里需要耐力。大体力的奔波，肠胃早已对方便面之类的食品生厌，只好在旅馆餐厅内改善一下伙食。此时，不能吃生食的忠告已显得十分苍白，生菜沙拉也得吃下。

在扎伊尔两处难民营采访之时，太阳喷火般灼热。从南非带来的一升一瓶的水派上了用场，连在现场忙碌的联合国难民署工作人员都渴得对我说："温先生，您能不能给我一口水喝？"此时，我突然意识到：这里正处于赤道线上。

赤道的太阳火一样烧烤着，我不顾身上出着水洗一样的大汗，四处奔波采访。国际救援人员先后将14具死尸从难民群中抬去掩埋，空气中弥漫着一股股刺鼻的秽气，我目睹着这一幕幕人间惨剧，感到无比悲哀。在几天的时间内，我都是白天奔波采访，晚上回到充满恶臭的旅馆房间内，打开文豪机，胸中如翻江倒海，笔端似大坝决口，撰写了《基桑加尼见闻》《风雨戈马城》《烈日下的难民营》《今日基加利》一组四篇通讯作品。

在这些通讯作品中，我力求用第一现场的鲜活见闻真实报道非洲大湖地区这场战乱。此时，无须任何画蛇添足般的描写，真实记录足矣。

在完成扎伊尔东部战区采访后，我经由乌干达返回南非。在乌干达，我来到那道赤道线标识处，两脚分别踩在南、北半球上，思绪万千。

在飞回南非的航班上，我遇见一位利用假期专门到卢旺达高山上观赏黑猩猩的南非女士。当她得知我刚从扎伊尔东部战场返回时，这位女士瞪大眼睛接连发问："你就没想到害怕吗？你就没想到被抓作人质吗？……"我回答说："我什么都想过……"

1997年4月3日，时任人民日报副总编辑李仁臣在题为《这组通讯得来不易》的值班手记中批道："今天，非洲大湖地区采访记登完了。这是温宪同志深入扎伊尔写成的。从文章中不难看出，这一路采访非常艰苦。我们的记者虽然没有写他自己，但是一路上危险和疾病随时都会遇到。作者笔下这方充满不幸的土地，满目疮痍，疾病肆虐，身处绝境的难民在苦苦挣扎，此情此景，不但倾注了我们的记者对这片苦难土地的关注，也展示了本报记者的敬业精神。"

以下是这一系列国际通讯报道：

基桑加尼见闻
——非洲大湖区采访记之一

抵达扎伊尔东部重镇戈马市的第二天清晨，记者便得以搭乘联合国难民事务署租用的小飞机前往基桑加尼。只能容纳12名乘客的小飞机中多为联合国难民署、世界粮食组织、无国界医生等国际救援机构人员，另有一位衣冠楚楚、举止斯文的比利时外交官。比利时是扎伊尔前殖民地宗主国。这位谈吐谨慎的比利时外交官向本报记者透露说，他此次前往基桑加尼的使命是面见反政府武装领导人卡比拉，以全面评估扎伊尔瞬息万变的局势。

小飞机着陆之前，记者从空中俯瞰，对基桑加尼的战略地理位置更加了然。非洲第二大河扎伊尔河（刚果河）弯弯地穿过基桑加尼，城市四周被浓密的原始丛林所包围。这个地区公路极少，除空中走廊外，从首都金沙萨到基桑加尼最便利的通道便是沿扎伊尔河顺流而下。作为扎伊尔省省会和全国第三大城市，物产丰富的基桑加尼扼住了扎伊尔河的咽喉要道。为了遏止反政府武装的攻势，扎伊尔政府军协同一批雇佣军曾在此重兵集结，筑垒防范。然而，3月15日，扎伊尔反政府武装在只遇到小规模抵抗的情况下便占领了这座重镇。基桑加尼易手后，反政府武装领导人卡比拉任命他25岁的儿子小卡比拉主持政权改造工作，卡比拉本人则于上周末亲临基桑加尼巡视。

走入基桑加尼，城里城外荒草一片，各种建筑面目污损。虽然反政府武装在该城实行的宵禁已经解除，街上行人渐多，但维持城市运转的经济活动仍无复活迹象。基桑加尼码头处三座塔吊冷冷清清地呆立着，不见任何船只前来光顾，城内各种店铺大多关门上锁。

城内一条主要大街的两旁站满了一团团神情严峻的人们，他们正各自围住一架收音机侧耳倾听，那里面正在广播新的权力机构的政策规定。一所军营的外面也围着一大群人。刚一发问，这些人便你一言我一语地争相诉说他们的家产如何被溃军抢走了,他们到这里来是向反政府武装注册登记被抢财产,希望将来能够将家产找回。在基桑加尼市内一家高级宾馆前,几位年长者在谈到时局时说,他们希望全国局势能够尽快恢复平静,这样才会使"个人有安全,大家有工作,国家有发展"。

去年年底大批卢旺达难民自扎伊尔东部地区返回祖国后,尚有数十万难民滞留在扎伊尔,其中不少人就在距基桑加尼以南150公里的乌本杜地区。乌本杜地区至今仍由扎伊尔政府军占据,双方的战事使国际救援组织无法接近这些急需救济的难民。此外,战乱还迫使不少扎伊尔人流离失所,基桑加尼机场外便围挤着数百名从戈马、布卡武等地跑出的扎伊尔难民,他们眼巴巴地望着机场内的飞机,乞求搭机返回家园。联合国难民署驻基桑加尼负责人保罗介绍说,据估计,现在扎伊尔东部尚有30万卢旺达难民,其中10万集中在乌本杜,另有20万人散落在各地丛林之中。这些难民饥肠辘辘,因瘴疫流行多染疾病。"20分钟以前,我们的人已经乘坐你来时的那架小飞机到乌本杜了解难民情况,"保罗说,"我们希望先与他们取得联系,然后用各种救援手段使难民状况不再恶化,最后将他们遣返卢旺达。"这位负责人说,联合国难民署没有卡车或飞机等交通工具将如此众多的难民运回卢旺达,只能靠难民自己走回卢旺达。这些距死神不远的难民能否真能在非洲丛林中再度跋涉千里回到家乡,这实在令人生疑!

当记者赶回基桑加尼机场时,那些到乌本杜探寻情况的联合国难民署人员刚刚返回。他们颇有些兴奋地说,数以万计的难民已经离开乌本杜,正在向基桑加尼方向做大规模移动,其中一些人已经抵达扎伊尔河河边。下一步的救援任务将是准备大批船只,将难民接过扎伊尔河。世界粮食组织地区负责人卡塔斯告诉记者,此前,因战事一直未能向难民投放食品,但当天(25日)向难民投放了120吨粮食,今后将每天向难民投放救济食品。

风雨戈马城
——非洲大湖区采访记之二

扎伊尔东部眼下正值雨季。戈马城上午还是头顶骄阳,中午即乌云翻滚,顷刻间风雨交加,直搅得大地昏黑犹如夜半。

尼拉贡戈火山脚下的戈马城是扎伊尔北基伍省省会。自去年10月反政府武装在东部起事后，戈马便被选定为反政府武装总部所在地。戈马与卢旺达西部边境小城基赛尼紧连。自基赛尼进入戈马边境站时，扎伊尔海关人员拿着记者的护照反复端详。"这个签证在这里没有用。"他指着记者在扎伊尔驻南非比勒陀利亚大使馆办理的签证说，"你必须在此重新办理刚果民主共和国的签证。"当记者在交涉过程中提及"扎伊尔"国名时，他断然纠正说："不，应该说是刚果！"此后，记者看到戈马城的许多人都在学唱一首名为《刚果人，站起来！》的歌曲。一位失业大学生说："扎伊尔这个名字已成为耻辱，因此我们要改叫刚果这个老名字。"

位于基伍湖边的戈马本是一座秀美小城，但现在却是满目疮痍。坑坑洼洼的道路上不乏去年年底留下的弹坑；这个省城没有电话，没有电视，没有报纸，想知外界消息只有打开收音机；旅馆内常常停水停电。小城中的人们大多没有工作，稍微懂些英文的人便追在一些不懂法文的外国记者身后，争着给他们当翻译或当向导赚些外快。年轻人驾着充当出租车的摩托车满街飞跑成为一大景观。"飞车族"成员在一起难免兜风炫耀，一位小伙忘乎所以，一个跟头连车带人栽进市中心的花坛中，那辆摩托车彻底报废了。大街上的另一景观便是公开的黑市货币交易。通货膨胀曾使1美元兑换9.5万扎伊尔新币，据说反政府武装执政以来，通货膨胀率有所下降，1美元现兑7.5万新币，而一瓶啤酒的现价则为15万扎伊尔新币。

蒙博托总统在基伍湖边的豪华别墅已被反政府武装占据，成为森严的总部，在大门处担任警卫的人中常可见刚刚穿上军装满脸透着稚气的十来岁男孩。名为"解放刚果民主力量阵线"的反政府武装正在加紧稳固自己在东部地区的政权基础，外交经济、新闻等主管机构已经成形，各部门的负责人均得到"部长"尊称。"信息、新闻、通讯、宣传总委员会"的办公室内只有两张方桌，几位工作人员正凝神收听各种广播，然后整理出供人参考的文字资料。负责经济和财政事务的首席顾问巴比教授说，现在反政府武装急需筹资支持这场战争。他承认反政府武装"当然得到了国外支持"，但拒绝详说国名。

小小的戈马城内现有联合国难民事务署、国际红十字会及其他一些非政府国际救援组织机构。这些以人道主义援助为使命的机构有其各自的独立性，但又不能不受着新建政权机构的制约。联合国难民署租用的飞机可以向在扎伊尔东部的卢旺达难民运去各种救援物资,但飞机的起飞时间和降落地点必须首先经过反政府武装的批准。当地政权与国际组织间有着完全不同的运作方式。那位反政府武装安全部门负责人听完记者拟赴第三大城市基桑加尼采访的要求后,一口气提出"你首先要提供单位介绍信、采访理由、两张照片、健康证明书"等七八项条件。当记者求助于联合国难民署首席行政官时,他立即指示后勤官员将记者列入前往基桑加尼的乘客名单。反政府武装在东部战场上的强劲势头已使戈马城的一举一动影响着扎伊尔的时局与前途,因此,这里已成为各种国际利益集团秘密外交的热点。衣冠楚楚的比利时外交官刚刚离去,嚼着口香糖的美国外交官又匆匆赶来。自称"商人"的一位德国女士一连几天在旅馆花园内与当地新贵秉烛长谈,戈马机场中又走出一批批新到的南非"商人"。

各显神通的外国记者到处打听新闻,各种小道消息借着窃窃私语不胫而走。但人们最关心的还是这场内战到底对国家的前途意味着什么。许多扎伊尔人的诉说充分表明人心的确思变,但展望前景又不尽乐观。"这么富有的国家就这样被糟蹋了,"两位在联合国难民署工作的扎伊尔司机说,"但谁上台也难以改变这一切。"

扎伊尔,正在风雨飘摇之中。

烈日下的难民营
——非洲大湖区采访记之三

3月27日上午8时30分,数十名联合国难民署、无国界医生等国际救援组织人员齐集戈马市小机场准备分乘两架飞机前往廷吉廷吉和阿米西两个难民营。一个多小时过去了,飞机仍未起飞。一问,才知他们是在等扎伊尔反政府武装允许飞机起飞的通知。最终他们只得到了两架飞机同时飞往阿米西的通知。记者有幸一同前往。反政府武装自感对阿米西地区的军事控制有绝对把握,而对政府军时有小规模袭扰的廷吉廷吉地区则心存疑虑,担心国际救援组织人员会成为武装袭击的目标,从而造成国际事件。

廷吉廷吉难民营位于戈马市西北约250公里处。在不到一个月前,它还是扎伊尔东部最大的卢旺达难民营。由于飞机不能在此降落,国际救援人员只能先抵达阿米西后,再乘车约60公里到达廷吉廷吉。这里是一片人烟稀少的原始丛林地区。车驶近廷吉廷吉时，道路左侧出现了绵延3公里密密麻麻无人居住的简陋草棚，这就是被遗弃了的难民营。只是在难民营的尽头，才见几座联合国难民署搭建的临时棚屋，那里面仍有约200名卢旺达难民在挣扎着。来自坦桑尼亚的联合国难民署官员康弗特女士介绍说，扎伊尔战乱后，原在戈马、布卡武一带的难民纷纷西逃，许多人最后的落脚点便是廷吉廷吉，这里难民人数最多时达20万。然而，当反政府武装西进夺取第三大城市基桑加尼时，廷吉廷吉是必经之路，这里的难民们再次西逃到乌本杜地区。联合国难民署现正在逐步把遗留的难民转往阿米西难民营，然后再由阿米西分批遣返卢旺达。

记者一到阿米西难民营，顿时被眼前的场景震惊得难以言说。这真是一幕令人无比悲哀的人间惨剧：路边原始丛林中方圆一公里左右的坡面上密布着由树枝、油布或纸片搭就的低矮窝棚；多数不到两平方米的窝棚内蜷缩着几个有气无力的难民；还有力气坐起的难民们蓬头垢面地围坐在一丛丛高大灌木树荫下；瘦骨嶙峋的孩子仍在下意识地吮吸着母亲们那早已干瘪的双乳；年轻的妇女们仍在承载着顽强生存的重负，默默地点起柴火，支起乌黑的破锅煮青豆、熬菜根；一群群苍蝇嗡嗡作响，一股股秽气直冲脑际；一个蓝色油布大棚内传出一片呻吟，一大群面色痛苦的人们正坐等医生看病。另有一些奄奄一息的病人则躺在铺在地面的油布上，一个瘦得骷髅般的病人拼尽全力向记者扬起了右手；七八名捂着口罩的工人一趟趟地用担架抬走当天的死人，仅3月27日一天的死亡者就有14人，这些死者随即被掩埋在坡后的群葬坑中。

灼人的太阳火一般烧烤着非洲原始丛林中这一方充满不幸的土地，国际救援人员个个满脸挂满汗水，为多多少少减少一点不幸而奔忙着。他们将随飞机运来的国际援助的饼干、黄玉米面和青豆等食品分发给难民，又将病得最厉害的50名难民用飞机运往戈马，难民营的一角全是与父母走散的孩子，救援人员正在对他们逐个登记和拍照，然后在他们的手腕上系上一个黄色标志牌。不远处的一棵大树下立着一个挂有272张人像照片的木牌，每张照片下都注有登记号码。一位救援人员介绍说，这都是在别的难民营中与家人失散者的照片，在这里展出这些照片，是为了帮助他们寻找到自己的亲人。

这些几近绝境的难民仍在顽强地表现着对美好生活的向往。一个七八岁的女孩在自己裸露的上身上挂上了一串紫色项链,手里用两根自行车车条权作毛衣针编织着一小片彩线。路边的小块油布上摆着一堆堆拇指大的蔫瘪西红柿、一点少得几乎只能以粒计的盐巴、一支麦克风和一段带有插座的电线,这些在难民营中已属贵重的物品在等待着有人肯以货币相换。道路上突然驶来一辆小卡车,卡车上的扎伊尔人一声唤,一大群卢旺达难民急拥而上,用刚刚领得的意大利饼干换取卡车上人们手里的纸币。看到记者手中的照相机,卡车上的人们一阵叫嚷:"不准照相!不准照相!"

满面汗水的扎伊尔女医生基图图告诉记者,这所难民营中有60%的人患有腹泻、霍乱、疟疾或营养不良。这位留学美国的女医生说,她每天都以极为沉重的心情在此工作。"有一位死去丈夫的妇女独自带着四个孩子,我昨天还在向她允诺说,今天就将她和四个孩子优先安排遣返卢旺达,今天一来才知道她的一个孩子已于昨晚死去。"女医生音调颤抖地说,"这里的扎伊尔人不喜欢这些卢旺达难民,因为难民的到来打乱了当地人的生活秩序。"

阿米西难民营毕竟得到了国际救援机构的关注和照顾。据估计,目前在扎伊尔东部丛林中尚有约30万得不到任何救助的卢旺达难民,他们的悲惨情形可想而知。

今日基加利
——非洲大湖区采访记之四

自肯尼亚首都内罗毕至卢旺达首都基加利只有一个多小时的航程。肯尼亚今年很旱,从飞机上望下去,境内一片深褐黄色。然后,便俯瞰到一片怡人的湛蓝,这是在非洲名列第一的维多利亚大湖。湛蓝湖光隐去之后,映入眼帘的是团团葱翠,一座座山头上星星点点地散落着民居,袅袅的炊烟更增添了一分诗意。飞机降落在加利卡农贝国际机场后,大多数旅客都是面色严峻地走出机舱。这座由比利时人设计的候机大楼的楼顶至今仍留有被炮弹炸缺的一角。它似乎在告诉人们基加利曾经历过的一场腥风血雨。

卢旺达号称"千山之国",首都基加利就伸展在几个山头上。与所有非洲国家一样,卢旺达有过遭受殖民统治的历史,也有过争取政治独立和经济发展的奋争。然而,近三年来,这个中非山地小国成为国际社会关注的热点。1994年4月6日晚，卢旺达总统哈比亚利马纳与布隆迪总统恩塔里亚米拉在基加利国际机场上空同机罹难。这一事件顿时激化了卢旺达胡图人与图西人的武装冲突。以胡图族人为主的政府军立即向反对党人士和图西族人大开杀戒。多年来一直流落异国的图西族人武装"爱国阵线"则自北部乘势兵分三路南下，直逼基加利。卢旺达全国爆发了一场持续数月的部族大屠杀，约百万人惨遭杀戮。"爱国阵线"经过几番血战后攻占基加利，建立了新政府。200多万胡图族难民随即潮水般涌向邻国。

基加利是那场大屠杀和血战最惨烈的中心，至今仍然可见斑斑印迹。在从机场至基加利市内的路上，一位曾亲历那场灾难的中国外交官不时指点着路边弹痕累累的路牌介绍说，当时这条路两边躺满了尸体，他们绝大多数是平民百姓，有的地方尸体重叠数层，长时间无人敢去收尸。褚黄色的卢旺达国民发展议会大厦上至今可见密密麻麻的弹洞。在那场灾难中，所有外交机构都遭到洗劫，唯有深得当地人民敬重的中国大使馆是一个例外。尽管如此，中国大使馆的大楼内，也仍然可见到8处流弹留下的痕迹。

如今基加利的街头已经显得很平静。市中心一度关张的各种店铺重新开门进行正常的生意买卖。在商业中心区处人头攒动的大市场内，最引人注目的商品是一层层摆放得极高的桶装食用油、奶粉及其他食品。一问卖主，他们都承认这些印有外国生产标志的产品均为联合国向难民发放的救济物资。新政府上台后，对市内沿途自发开设的地摊市场进行了整治，加盖了一些棚屋，使得城市面貌较以前更为整洁。高高矗立的塔吊成为基加利一大景观，它表明这个城市已经迈出和平建设的步伐。记者下榻处紧邻一座教堂，那天下午，一阵悦耳的合唱歌声从那里响起，一场气氛喜庆且庄重的婚礼正在举行。当记者向一位当地人士询问这对新人是胡图族还是图西族时，这位人士回答说，新娘是图西族人，新郎则为胡图族人。但他接着强调说："我们现在不再说谁是胡图人，谁是图西人，我们都是卢旺达人。我们有过大屠杀的历史，但现在大家都希望和平相处。"

卢旺达新政府一直强调在政治上奉行民族和解政策，在全国实行"和平文化教育"。不久前，卢旺达政府还派团考察南非事实与真相委员会如何施行种族和解政策的经验。然而，在基加利表面的平静下仍然有着令人不安的隐忧。胡图族人对图西族人逐步掌管各级政权私下常表不满。去年年底以来,约百万胡图族难民自扎伊尔和坦桑尼亚返回国内,其中便夹杂着一些曾参与1994年大屠杀的前政府军人员。卢旺达境内因此发生了数起武装骚扰事件。一位曾在非洲工作多年的比利时经济学家告诉记者:"胡图族人和图西族人中都有为和平努力的人,也都有一些极端主义者。当我们探讨卢旺达的前途时,不要忘记这个国家的700万人口中有405万儿童、200万妇女,而全国的土地只有两万多平方公里。这就是一个很难解决的基本矛盾。"

获得第二十五届中国新闻奖二等奖的国际通讯《擦亮沉默的道钉》也是一篇佳作。

2014年5月14日至5月30日,《南方日报》在显著位置推出"再寻沉默的道钉——纪念华工参建美国中央太平洋铁路150周年"系列报道,以铁路沿线纪行的形式,把过去与现在、史料与口述进行了有机组合,生动展示了以粤籍华人为主的铁路华工的历史贡献;尤其是收官通讯《擦亮沉默的道钉》,在国内外产生巨大反响,为推动中美民间友好交往传播了正能量。在这12期的系列报道中,记者走沙漠,过荒原,翻雪山,进行深入、艰苦的采访,行程1100多公里,打捞那些湮没在历史尘埃中的鲜活面孔。采访组登上飘雪的塞拉岭,寻访华工当年搭建的"中国墙";奔波于远离城市的卡森荒漠,拍摄华工曾经生活的痕迹;在拉夫洛克小村找到华工墓地,采访守护墓地的白人老者……这些采访内容有力增强了报道的真实性和感染力。

它的开头是这样的:

擦亮沉默的道钉
——写在华工参建美国太平洋铁路150周年之际

2014年5月9日,美国华盛顿劳工部大楼荣誉堂。

一块幕布拉开,"铁路华工"的英文字样出现在荣誉榜中。这是美国劳工部自1988年设立荣誉堂以来,亚裔人群首次载入。现场不少华人喜极而泣:"150年了,先人的荣誉终于得到了。"

1864年,华人开始参建美国首条贯通东西的跨州铁路。这条铁路将南北战争后重生的美国真正连在了一起,为美国成为第一强国奠定了基础。

然而,作为修建铁路的主力,这些被后人称为"道钉"的铁路华工,却"沉默"地消失在历史大潮中。

在有了"华工建造了铁路，铁路成就了美国""许多华工终生未归，妻子素未谋面""美国的'中国迷'誓守37座华工荒冢"等小节内容的描述后，这篇国际通讯的结尾是这样提炼的：

> 2014年5月10日，与145年前的时间一样，两辆火车向蓝色的天空喷着白色的蒸汽与黑色煤烟，相向驶来，停在同样的合龙地。一枚"金色道钉"下，两车成功"牵手"，现场的欢呼声久久回荡……

从现实走回历史，在历史中寻找典型，又从历史回到现实，这篇国际通讯对"铁路华工"的境遇进行了有历史感、令人读罢唏嘘的报道。

与写好国际通讯的所有要素一样，融会贯通是基于深厚的认识基础。古今中外的知识积累，特定国际问题复杂联系的准确把握，长时间的跟踪观察与思考，第一现场资料的权威占有，准确严谨乃至生动鲜活的文字表述，深刻独到的思想火花，所有这些都不是一日之功，也不可能一蹴而就，需要日复一日的艰苦努力和不断进取。

国际新闻写作：分析与述评

在国际新闻写作中，从消息—通讯—新闻综述—新闻分析—国际述评—国际评论，大体上可以形成一个既有联系又有区别的链条。

新闻综述是将一个新闻事件的来龙去脉做一个清晰的梳理，旨在告诉人们发生了什么，而不是浓墨重彩地深度解读到底为什么会发生这样的新闻事件。

近年来，纯粹的新闻综述已不多见，更多的是新闻分析。

新闻分析的主要特点是：一、讲清新闻事件本身各种信息要素；二、在此基础上，更多地借用"外脑"条分缕析，客观揭示新闻事件的内外联系；三、主要是叙述新闻，还要有分析，一般而言，叙述的篇幅大于分析；四、与国际述评相比，时效性更强；五、新闻分析与新闻事件的动态发展相得益彰，随着新闻事件的不断发展，新闻分析也随之不断完成解惑释疑的使命。

近年来，新闻分析的内容更注重于全方位，因此，一种集合式写作模式越来越多地被采用，西方媒体的新闻分析作品亦如此。

2018年5月初，习近平在大连会晤金正恩。这是两位领导人时隔40多天的再度会晤，中国《环球时报》的报道导语如下，其中画线部分更有分析意味：

北京时间昨天傍晚，中方发布的一条消息迅速吸引全球目光：5月7日至8日，中共中央总书记、国家主席习近平同朝鲜劳动党委员长、国务委员会委员长金正恩在大连举行会晤。这是不到一个半月时间里，中朝最高领导人第二次举行会晤，3月底，金正恩曾访问北京。有韩媒强调，金正恩自2012年掌权以来6年间未曾"离境"，近期却接连两次访华，这种情况十分罕见。除了中朝关系，双方还就半岛形势进行了沟通。当前半岛正处于一个特殊节点，上月底金正恩与韩国总统文在寅进行首次会晤。根据计划，5月底或6月初，金正恩还将与美国总统特朗普进行美朝之间的首次首脑会谈。然而在"金特会"前，美朝之间出现的一些"异常气流"显示，双方的谈判恐怕不会轻松。复杂局面下,中国作为半岛问题重要利益攸关方的作用再次受到瞩目。

韩国《首尔新闻》的相关报道说,正当美朝首脑会谈时间和地点迟迟未能公布的情况下,金正恩突然访华,外界正高度关注可能对美朝首脑会谈的影响。在特朗普进一步提高朝鲜弃核标准的情况下,有分析认为,朝鲜摆出亲华姿态,消除中国可能被排除在半岛和平进程之外的担忧,这实际上是对美国施压的一种反制。

实际上,新闻分析已经不仅仅是一个独立的文体,它还成为国际新闻写作中一个基本要素,融汇在从消息到评论等各个文体之中。同样是报道此次会晤,还有两则消息是这样写作的:

法新社:中国国家主席习近平与金正恩进行了六周内的第二次会晤。这显示朝美领导人举行峰会前,中朝两国关系不断升温。

这是金正恩3月以来第二次访问中国,凸显了这两个冷战时期的盟友为修复关系做出的努力。由于北京支持联合国因平壤活动而对其实施的制裁,两国关系趋冷。

美联社:中国周二宣布,国家主席习近平在中国东北港口城市大连与朝鲜领导人金正恩会晤。此次会晤是两人近几周以来的第二次会面。这位朝鲜领导人正准备与美国总统特朗普举行历史性峰会。中国迫切希望彰显自己在缓解朝鲜半岛紧张局势过程中的重要性。

2018年10月22日,美国正式开放驻耶路撒冷大使馆。《华盛顿邮报》在相关报道的导语部分便有分析要素:

本周一,一个欢快的仪式标志着美国大使馆在耶路撒冷开馆,对于耶路撒冷和巴勒斯坦领土,以及更远之地,这多半是一个仅有象征意义却有深远政治影响之举。

较之新闻分析,国际述评分量重。它的功能是对重大和错综复杂的国际新闻事态进行叙述、解读、评论,进而表达观点,影响舆论。

乔冠华曾为重庆《新华日报》撰写过大量国际述评。在当时的时代背景下,他对国际述评有着自己的看法:

国际述评,顾名思义,当然要又述又评,这就涉及材料和对材料的分析两个方面。关于材料的搜集，当时在重庆是受到很大限制的。我们想方设法开辟自己的材料来源，力求做到能掌握一切有关国际形势的材料。正面材料是研究的重点，但也绝不轻视、放松对反面材料的搜集和研究。有时正是从反面材料中看出了问题的关键。在国际形势的发展中，任何一个新出现的问题都有它自己的历史以及同前后左右其他问题错综复杂的关系，尽可能弄清楚这个问题的来龙去脉和它同其他问题错综复杂的关系。在第二次世界大战中，战场上发生的所有重大变化都是互相关联的，因此，就有必要经常从战争的全局来考察战争中发生的任何一个新的问题。国际述评从表面上看好像是"述"和"评"各占一半，实际上真正费气力的是"述"，即掌握材料，做到这一点，问题就解决大半了。

对问题的分析和判断，力求做到有比较充分的根据，避免没有多少根据或根据不足的论断。这些话说起来容易，要真正做到是不容易的。我自己在这方面就犯过不少错误。总而言之，判断必须有比较充分的根据，有多少根据说多少话。在没有比较充分根据的情况下，要设想几种可能，做几手准备。有了比较充分根据，在指出主要倾向时，也要注意留有余地，不要把话说绝，说死。

乔冠华的国际述评视野开阔，文采飞扬，仅从1943年部分作品的标题便可得知：《条条道路通往柏林、罗马和东京》《春潮》《斯大林的大手笔》《这一个世界不能只有一部分国家是自由的》《希特勒只能重蹈拿破仑的覆辙》《"太迟"和"太少"是一样致命的错误》《警惕希特勒的阴谋》《法西斯的日子越来越不好过》《北非战事结束》《共产国际的解散》《事件的急流往往把人们带到更远的地方》《不应过高估计敌人》《希特勒的"夏季攻势"》《墨索里尼的垮台》《只有血的纽带》《胜利必须在地上争取》《形势比人还强》《漂浮终不是办法》《人创造了形势》。这些作品也因此成为一份珍贵的历史记录。

国际述评与新闻分析既有相似之处，又有自身特点。在不少情况下，分析的本身就具有评论特点，这是相似之处。国际述评还有以下自身特点：

一、主题、题材更为重大，同时，因为涉及重大国际热点、焦点问题，世界瞩目的事态、事件，因此视野也更为宏大。

二、解惑释疑、舆论引导和论战性更为突出。

三、有述有评，无述便成无源之水，无评便成无根飘萍。述是铺垫，是基础，是前提，是引子；评是高楼，是压轴大戏，是点睛之处，是精粹所在。评的分量更大于述。评寄于述，述而引评，述以托评，形述实评，评为述归。

在述评的写法上，可以以小见大，以点带面，述的切口小，评的结论大。例如1974年夏秋之际，《芝加哥论坛报》派出文字记者威廉·马伦和摄影记者奥维·卡特到亚洲和非洲实地调查饥荒情形，他们回来后，于当年10月13日至18日发表了一组报道。这组报道获得1975年普利策国际报道奖。

1974年10月13日这组报道的第一篇发表，题为《五亿人在慢慢死去》。

> 每天，在印度东部一个叫辛吉玛利·帕奇尼帕的小村庄上空，以及非洲中部尼日尔一个叫考的小村庄上空，升起的都是同一个太阳。
>
> 黎明的曙光首先降临到辛吉玛利村的农民难民营。就在这里，六岁的萨库·巴门摇摇晃晃地站起身来，一拐一拐地走出了无顶的小屋，开始了又一天饥肠辘辘的生活。
>
> 六小时后，曙光也来到考村撒哈拉牧民难民营。在这里，一个叫哈米达、年仅四岁的瘦长小女孩无精打采地从地上爬了起来，也开始了同样的一天。
>
> 萨库和哈米达虽然相隔5500英里，但是太阳给他们投下的阴影是一样的。

在讲述了萨库和哈米达的故事后，记者笔锋一转，这样写道：

> 当然，哈米达和萨库的故事并不新鲜。有史以来，饥荒每年都要夺去许多人的生命。
>
> 但是，各国的食品、农业和气象专家越来越关注的是，世界已陷入一种比以前任何时候都要严重得多的景况。
>
> 他们担心，千千万万像今年死去的萨库和哈米达一样的儿童会被头一股浪潮卷走，这股浪潮会成为历史上的最大灾难。
>
> 许多专家估计，到公元2000年，有5亿人将死于饥饿。

用各国食品、农业和气象专家的看法进行评论，用专家的预测引出"到公元2000年，有5亿人将死于饥饿"这一论点。

他们在之后的报道中还指出，饥荒的原因不仅因为气候恶劣，还在于无能的救济、官僚主义和贪污腐化。

记者也可以用对比的手法夹述夹评，如1972年，尼克松对中国进行了历史性的访问。《纽约时报》记者马克斯·弗兰克尔作为随行记者，对这次访问以

《中国八日之行札记》为题做了详尽报道。这组报道获得了1972年普利策国际报道奖。

以下为这组札记的最后一篇的开头部分：

> 远涉重洋的美国人是以疲惫不堪的眼光对中国投以最后一瞥的。他们的心情像马可·波罗一样激动，但是他们在中国只逗留了八天，而马可·波罗却待了许多年。确切说来，他们是用八天的时间来满足数十年的渴望心情——对每一亿中国人花一天时间。要知道，当美国人上次在这些大街上溜达时，他们中的大多数人还是襁褓之中的婴儿！
>
> 街道上给人的印象是单调，确实太单调了，街道上拥挤的人群差不多都穿着蓝衣服，一片单调的蓝色。但是，这单调的一切却包含着丰富的生活，充满着生命力，潜藏着无比的雄心壮志，经历过无数灾难和风险，有过许多美好的梦想，能把这叫作单调吗？

述评还可以运用反向思维和发散思维，见微知著，由表及里，以理服人。评在述中，余味无穷。

中国国际新闻界前辈彭迪是新华社记者，他于1979—1984年作为中华人民共和国第一批记者常驻华盛顿。

1981年，时任美国总统里根遇刺，彭迪据此发回国际述评：

震惊之余

> 总统遇刺是一件令人吃惊的事，但是在美国来说，似乎又很少有人真正感到意外。
>
> 这次里根总统被人枪击的地点——华盛顿希尔顿饭店，离白宫只有两公里左右，是一个人来人往的热闹地区。事件发生的时候，枪弹横飞，呼声四起，出现一阵紧张和混乱的局面。事件过去以后，旅馆照常营业，除了少数警卫人员在那里看守和清理现场以外，跑去观察现场的人寥寥无几。看起来，对这件事，美国人早已司空见惯。
>
> 的确，暗杀总统的事，在美国历史上屡见不鲜，已经成了美国的历史传统，或者像《波士顿环球报》所说的，成为一种"令人苦恼、熟悉的习惯"。里根只不过是九个被谋刺的总统之一，其中被谋害丧生的有林肯、加菲尔德、麦金莱和约翰·肯尼迪。罗斯福和杜鲁门等总统都受到袭击而幸免于难。至于其他被谋杀的名人更是数不胜

数。这一代美国人耳闻目睹，记忆犹新，谁都可以列举几个。例如：肯尼迪总统的弟弟参议员罗伯特·肯尼迪、著名的黑人领袖马丁·路德·金、被枪击致残的总统候选人华莱士、两次被谋杀未遂的前总统福特，以及四个月以前被枪击致死的著名"甲壳虫"音乐家列农等等。

如果说被枪击的有名人物还可以数一数的话，那么，在美国社会上每天被枪杀的普通人就数不胜数了。根据调查机关的统计，每25分钟，在美国就要发生一次谋杀案，每年被手枪打死的有一万多人。正当25岁的约翰·欣克利向里根开枪的时候，从美国南部亚特兰大传来的最新消息是：被无辜暗杀的黑人小孩增加到21人，凶手至今逍遥法外。在与此同时，联邦调查局公布，1980年美国发生的暴力犯罪案件比前一年又增加了13%。

这些事实，触目惊心。这次总统遇刺的当天，参议员杰克逊不禁慨叹道："我能说什么呢？我们一而再、再而三地希望过去的这种悲剧不要再重演了，但是，它毕竟又发生了。"

两天以后，两个哥哥被枪击致命的参议员爱德华·肯尼迪在一次集会上沉痛地说："在最新的这一道枪声的火光从我们的记忆里消逝，并载入我们历史上这黑暗的一页之前，我们必须问我们自己，我们为什么还能容忍暗杀和行刺者用手枪和子弹来继续这种大屠杀。"

他还指出：一个美国总统得到的安全保护比全国任何一个人都要多，然而总统还是不免要受到袭击，那么一般的公民每天就不知道要冒多少风险了。

《纽约时报》在事件发生的第二天发表社论说："别再来了，别再来了……难道真的没有办法防止这种骇人听闻的事情吗？"

这种希望，这种绝望，这种充满着气愤而又无能为力的沮丧，笼罩着美国。

怎么办呢？像每次重大的谋杀案件一样，又开始了一轮新的议论。尽管新的意见不多，但情绪相当强烈。许多人反复提出：对这种杀人最方便的武器——手枪，特别是对这次袭击里根的那种德国进口货"星期六夜特制"型，应不应该加强管制？管制总比不管制好，为什么就管不得？

对于那些显而易见的杀人嫌疑犯，在正式定罪之前，为什么法律还容许他们自由自在地活动，继续为非作歹？这种法律究竟是保护好人，还是保护坏人？

就总统遇刺的问题，讨论得比较多的是，如何既能使总统同各界人士广泛接触，而又能出入安全。

同往常一样，这些讨论都很少涉及这些现象的根本社会原因。最近看到一篇文章，标题是《美国的暴力文化》，指出美国这个社会，暴力犯罪成灾，在美国要买一支手枪比买一个牛肉饼还要容易，这种强烈的对手枪的癖好本身就是病态社会的象征。

这篇文章分析得似乎深刻一点，比较吸引人。但是仔细一读，原来文章讲的都是欧洲人对美国的评论。可惜美国人自己写的这类文章，所见不多。也许正像《波士顿环球报》所说的，美国人对他们的社会太熟悉了，即使有时候会感到悲痛、苦恼，但已经成为习惯，积重难返。

要写出一篇优秀的国际述评，站得高、看得远、厚积薄发很重要。需提炼，需积累，需揣摩，需观察，需思索，需绞尽脑汁，需反复推敲。还是那句老话，天道酬勤。只要努力了，就会有收获。

2015年7月20日，美国和古巴正式恢复外交关系。当天中午，我到现场进行采访，随后立即撰写了《古巴国旗在华盛顿升起：历史老人笑了》一文。这是一篇厚积薄发之作，既有现场采访，又融合着历史积淀。夹叙夹议，力求厚重。这一作品当天发表后在新媒体上得到广泛传播，美国媒体进行了转载。

古巴国旗在华盛顿升起，历史老人笑了

这一天美国首都华盛顿天气晴朗，阳光明媚。上午10时30分，古巴共和国国旗在位于华盛顿市西北16街2630号的古巴驻美国大使馆冉冉升起。当古巴国歌响起，三名来自古巴的仪仗兵护卫着的蓝、红、白三色星旗在华盛顿上空冉冉升起时，现场早已聚集在那里的数百人一片欢呼，中间也夹杂着些许抗议。

在现场，还有数百人正在瞪大眼睛捕捉着每一个镜头。这就是常驻美国的各国记者和来自美国各个媒体的同行。这是笔者驻美6年多来所见到的各国驻美记者和美国媒体因为某一外交事件齐聚人数最多的一次现场采访。

喜、怒、哀、乐，在这一重大外交事件的现场，什么人都有，什么心情都有，但大家的共识便是：这确实是历史性的一天。

只有从历史的高度才能掂量出这一面国旗在这里升起的分量。

古巴离美国很近。位于美国佛罗里达州墨西哥湾中的西礁岛是美国陆地最南端。在西礁岛南大街与怀特黑德大街汇合处，有一个美国大陆最南端标志物。它像一只被倒置的巨大陀螺，上面标有此处"距古巴90英里"的字样。90英里，大约为144.8公里。

至近者至远。1961年1月3日，在冷战中意识形态愈发偏执的美国容忍不了坚决走社会主义道路的卡斯特罗，宣布与这个位于加勒比海地区的岛国邻居断交。自那以后的54个春秋中，美国对这个眼中钉、肉中刺般的邻居使尽禁运、制裁、颠覆、控制、孤立甚至暗杀手段。有统计表明，有着美国中央情报局背景的刺杀古巴领导人菲德尔·卡斯特罗的未遂事件共计638起，使卡斯特罗成为世界上被暗杀次数最多的人物，这一纪录于2011年载入吉尼斯世界大全。

如今，菲德尔·卡斯特罗还在。美国总统从肯尼迪开始，一直经历了约翰逊、尼克松、福特、卡特、里根、老布什、克林顿、小布什再到奥巴马，菲德尔·卡斯特罗的韧性熬退了、熬老了、熬死了他们中的绝大多数人。

古巴很小，与美国相比，似乎很弱，也很贫穷。但小与大、强与弱、贫与富，所有这些在历史老人的掌中都有着辩证发展的回旋空间与时间。小而韧便高大，弱而奋便自强，贫而勤可富。在古巴的坚韧面前，禁运、制裁、颠覆、控制一筹莫展。孤立人者变得愈发孤立。历史老人青睐的是民心，民心不喜欢霸道与强权。

美古两国关系将近1.98万个日日夜夜的跌宕起伏令人悟道，为国之道恰如为人之道，要学会平等，也要学会尊重，那种"卧榻之侧，岂容他人鼾睡"的思维定式不可持续。公道自在人心。要处理好邻居关系。在一个国内宣扬民主的国度，在国际关系上也应促进国际关系民主化。各国自有其国情，各国有权根据本国情况选择发展道路。鞋子是否舒适只有自己的脚知道，而自己的道路一经选择，就应坚定地走下去。

美国在历史道路上前进了一步，却并没有改变其为美国。它的骨子里仍有着通过新的形式改变古巴社会制度的冲动。奥巴马政府在实施与古巴改善关系的进程中，还会面临国会内反古势力的强力阻挠。2016年美国总统大选在即，不少共和党总统候选人已经发誓阻止美古关系的进一步发展。

在新的历史条件下，美古关系的新博弈已经展开。

好的国际述评是历史的真实记录。所述的是真实的历史,所评也经得住历史的检验。述得有据,述得客观;评得有理,评得中肯。

1991年,苏联解体,冷战结束,整个世界也因此发生巨变。当年年底,新华社记者王崇杰据此撰写了以下国际述评:

苏联剧变和解体的一年

1991年的苏联,政权急剧更迭,民族矛盾激化,经济危机深重,社会激烈动荡,年末,这个联盟国家已不复存在。这是引人注意的重大转折。

苏联从成立到消亡,经历了69个春秋。苏联人民为建设新社会所进行的艰苦卓绝的努力和创造的光辉业绩,是本世纪世界历史上的重要篇章。然而,社会往往不是笔直地发展,60多年来苏联政治舞台上风云变幻,波澜起伏,不乏严重挫折和惨痛教训。

戈尔巴乔夫是苏联共产党和苏维埃联邦国家的最后一届领导人。他当政期间,苏联发生了转折性的急剧变化。从1990年春以来,取消宪法规定的苏共领导地位,实行多党制和政治多元化,转到三权分立的政权体制,提出向"主权共和国联盟"过渡。与此同时,苏联的政治、经济和民族危机不断加深。

在政治领域:苏共党内的三大派和社会上各种政治力量展开激烈的夺权斗争,议会成为"争吵不休的剧场",政府不断受到冲击而无法正常工作,国家政权陷入"瘫痪状态"。

在经济领域:社会生产严重衰退,国民收入1990年绝对负增长4%,1991年上半年下降12%,下半年下滑约17%;国家的预算赤字、内债和外债惊人增长,通货急剧膨胀,卢布大幅度贬值;市场供应全面短缺,物价猛涨,居民的实际生活水平下降;正常的经济联系遭到破坏,"整个国民经济体系处于失控状态"。

在民族关系领域:加盟共和国同中央的对抗、加盟共和国之间的冲突以及加盟共和国内部的民族纠纷,愈演愈烈;民族分离倾向不断增强,许多加盟共和国和自治共和国纷纷宣布独立;民族冲突的热点有增无减,造成许多人员伤亡和大批难民。

正是在政治、经济、民族危机交织发展和连续冲击下,1991年苏联激烈动荡,急剧变化。8月19日—21日,苏联领导层的8人组成"国家紧急状态委员会",采取夺取戈尔巴乔夫总统权力的行动,但遭到失败;接着出现反共、夺权和民族分离的新浪潮,苏联政局发生进一步的变化。

第一,执政70多年的苏联共产党被停止活动。8月23日,俄罗斯总统叶利钦签发命令,"停止俄罗斯共产党的活动"。8月24日,苏联总统戈尔巴乔夫宣布辞去苏共中央总书记职务,并提出苏共中央"自行解散","各共和国共产党和地方党组织的前途自行决定"。苏共在国家机关、军队和企业的党组织被取消,苏共的办公楼和财产被全部没收,档案被接管。各加盟共和国的共产党有些停止活动或宣布解散,有些宣布脱离苏共自立新党。原来的苏联共产党已不复存在。

第二,苏联的中央政权急剧更迭和消亡。经过8月震荡,俄罗斯总统叶利钦迅速扩大了对联盟中央的影响。根据叶利钦和戈尔巴乔夫的决定,很快对军队、安全、内务、外交和财政等重要部门进行了改组,其主要负责人都已更换。9月上旬,对苏联原来的国家最高权力机构和管理机构进行了全面改组;取消了1989年5月选举产生的国家最高权力机关——苏联人民代表大会;原常设的立法机关——苏联最高苏维埃被改组为新的两院制议会,议员由各加盟共和国重新确定和派出;原来的总统制也发生重要变化,由苏联总统和加入联盟的各共和国的领导人组成国务委员会,"共同协商解决涉及各共和国利益的内外政策问题";取消原来的内阁,建立跨共和国经济委员会负责联盟的经济事务。近来各加盟共和国拒绝继续向联盟中央提供预算拨款,许多中央部门被接连解散或划归俄罗斯政府管理,新议会也陷入瘫痪。随着联邦国家的解体,联盟中央政权最后被完全取消,戈尔巴乔夫也在12月25日宣布辞去苏联总统职务。

原来的"苏维埃社会主义共和国联盟"彻底瓦解。今年3月17日,苏联就联邦国家的命运举行公民投票,当时参加投票的公民中有76.4%的人赞成保留"苏维埃社会主义共和国联盟"。但后来新联盟条约草案屡经修改,既删去了"社会主义",又删去了"苏维埃",以后又提出把联邦制改为"邦联制"。与此同时,随着政治斗争和民族矛盾的激化,签订新联盟条约的进程波折起伏,更加艰难。9月6日,新成立的苏联国务委员会正式同意波罗的海沿岸的立陶宛、拉脱维亚和爱沙尼亚这3个加盟共和国脱离苏联而独立。12月1日,人口和经济实力在苏联占第二位的乌克兰举行公民投票,宣布完全独立,这对签订新联盟条约的设想是非常沉重的打击。12月8日，俄罗斯、乌克兰和白俄罗斯的领导人共同签署了成立"独立国家联合体"协议，其中明确指出"苏联作为国际法主体和地缘政治现实正在停止存在"。这3个斯拉夫族共和国的决定意味着苏维埃联邦国家已不可挽回地瓦解。面对这种形势，12月12日至13日，苏联中亚地区的5个加盟共和国的领导人举行磋商，声明这些共和国准备以"平等的创建者"资格参加"独立国家联合体"。12月17日，叶利钦同戈尔巴乔夫商定，在今年年底前停止联盟中央机构的活动。12月21日，11个共和国——俄罗斯、乌克兰、白俄罗斯、哈萨克斯坦、乌兹别克斯坦、吉尔吉斯斯坦、塔吉克、土库曼斯坦、亚美尼亚、阿塞拜疆和摩尔多瓦的领导人在阿拉木图集会，共同签署成立"独立国家联合体"的文件，正式宣布"苏维埃社会主义共和国联盟停止存在"，由俄罗斯代替前苏联在联合国安理会的位置，并通知戈尔巴乔夫取消苏联总统的设置。新成立的"独立国家联合体"既不是国家，也不是国家之上的结构，只是一种协商机制。这样，苏联原15个加盟共和国都成为独立国家，其中格鲁吉亚以及早先已脱离苏联的立陶宛、拉脱维亚和爱沙尼亚未参加"独立国家联合体"。

  国际舆论认为，原来的苏联不复存在，但这世界1/6土地上的种种问题和危机并没有消失。前苏联各加盟共和国曾长期在统一的联盟国家内生活，相互间有着千丝万缕的联系，如今分开单干，面临许多尖锐问题：前苏联统一的武装力量究竟如何处理，如何确保对核武器的控制，财产和领土纠纷如何解决，不在本民族地区居住的7000多万人的命运如何，如何平息目前存在的一些民族冲突热点，联盟解体的冲击波对各共和国内部的民族矛盾将带来什么影响，"独立国家联合体"究竟将起什么作用，等等。种种复杂问题短时期难以解决，处理不当甚至可能演变成激烈的冲突。经济危机席卷各共和国，但是尚未滑到谷底，以往的经济联系遭到破坏，独立后各国之间在货币、关税、商品流通以及交通运输等领域将出现新的纠纷，为各国的社会经济增加更多困难。从明年1月初开始，俄罗斯和其他一些共和国将实行"休克疗法"，放开价格，加速私有化和转向市场经济的进程，在经济状况和人民生活继续恶化的形势下这将带来难以预测的影响。各共和国不同社会政治力量的斗争并未结束，政局仍动荡不安。形势究竟如何发展变化，尚需观察。

数十年过去，这篇国际述评让人感到客观平和，议论精当，经得住历史的检验。一个对苏联情况不熟悉，对苏联问题没有研究的人，是写不出这样的述评的。作者从头至尾没有站出来发表主观议论，但结论又是明确的：苏联解体不可避免。作者通过对苏联政治、经济和民族危机等事实的高度概括和客观叙述，说明导致苏联解体的原因。这一国际述评没有评论谁是谁非，但是非分明。在此基础上，作者通过对各种矛盾和危机的简单概述，预言"独立国家联合体"前途多舛，俄罗斯和其他一些共和国前途堪忧。作者用大量经过消化、分析、提炼的事实，从政治、经济、民族、社会等各个角度做了全面、客观的分析和阐述。述得充分，述得深刻，述得到位，述出了观点，述出了结论，评自然就在其中了。

国际新闻写作：评论的要素

国际评论是国际新闻写作中的重型武器，其重要性怎么强调都不过分。

国际评论是国际新闻报道的灵魂，它是国际新闻报道的核心竞争力，是国际新闻报道交响乐中的主旋律。当中国已经走到世界舞台中央之时，它是讲好中国故事的最强音。

中国老一辈革命家一直十分重视国际评论。毛泽东就经常自己动手写国际评论，他所撰写的《别了，司徒雷登》等名篇就是集文采、激情、思想于一身的国际评论。

1949年以后，在治理国家的进程中，国际评论也一直得到高度重视。毛泽东、周恩来、邓小平都曾对国际评论有过许多批示。

中国主流媒体的国际评论一直有着强烈的时代印记，这与中国的基本国情，中国主流媒体的基本定位、使命和任务密不可分，中国主流媒体不同时代的国际评论也因此有着不同的操作规范、选题倾向和文风。新时代的新闻媒体，面临着如何讲好中国故事、发好中国声音的新课题。中国媒体的国际评论是历史发展的生动写照。

在整个抗美援朝战争期间，特别是朝鲜停战谈判期间，中国国际评论特别高产，主要是配合中国政府进行外交斗争，其中"江南"撰写的国际评论和报道相当密集。"江南"是蒋元椿使用得最多的笔名。据蒋元椿回忆，1953年6月，吴冷西要蒋元椿起一个笔名。蒋元椿当时使用一支江南牌自来水笔，就起了笔名"江南"。1955年，为加强人民日报的国际报道力量，杨刚、蒋元椿等人被调到人民日报。时任人民日报副总编辑的杨刚要求蒋元椿几乎每天写一篇国际评论。

蒋元椿去世后，人民日报国际部出版了一部文集，名为《从江南到塞北：蒋元椿国际评论选集》。吴冷西为此文集写了序言，他在序言中说：

> 蒋元椿同志的评论，论点鲜明，逻辑严密，文笔犀利，饱含激情，

富有战斗性。这些评论能较好地掌握当时我国政府外交谈判斗争中的政策和策略，体现了斗争的意图和需要。在评论写作中，他善于抓住对方透露的信息和材料，分析其图谋，揭露事实真相，达到击中要害的目的。

当时国际评论工作能取得显著成绩，是党中央直接指导的结果。那时，新华社作为国家通讯社，担负着向全国人民和全世界人民报道谈判真相，揭露美方破坏谈判阴谋的重大任务。我当时任新华社社长，几乎每天都要接到周恩来总理亲自打来的电话或他的外交秘书杨刚同志和浦寿昌同志给我们布置撰写国际评论的任务，周总理常常直接指示就某个问题发表评论，甚至连评论的要点都做了具体指示。我们的评论写出立即送总理审定。总理日理万机，常在深夜或凌晨仍认真细致地用毛笔将送审稿逐句圈点，亲自修改，最后签字批发。从这些评论中，也可以体会到在当时极为复杂的国际斗争中周总理掌握政策和策略的思想和艺术。

吴冷西认为，在新的历史时期，随着我国改革开放不断取得新的成就，我国日益繁荣昌盛，国际地位和影响力日益提高。面对世界多极化的新趋势，南北差距日益扩大，超级大国霸权主义到处横行，国际斗争形势错综复杂，我国国际评论工作亟待大大加强，需要培养更多熟悉国际问题、熟练掌握国际斗争战略与策略的优秀国际评论员，为我国和平外交政策服务，为世界和平与进步事业服务。

晚年的蒋元椿这样看待国际评论：国际评论要发挥两方面作用。一是使读者了解当前国际时事动态和国际形势，了解国际事件发生的原因和背景、同其他国际事件的联系、可能发生的影响与后果，以及我们的态度。二是使世界了解我国对一般国际事务和具体国际问题的立场与态度，发挥我国在世界事务中应有的作用，增进我国人民与世界各国人民之间的相互了解与友谊。国际评论在对本国人民进行时事教育和配合外交工作方面，都具有重要的作用。他认为国际评论要具有政策性、准确性和思想性三个基本要素。

第一个要素是政策性。政策性是决定性的因素。一篇国际评论要不要写，能不能写，如何写，都取决于对政策的衡量。

从国际评论的选题可以看出历史的印记。随着时代的变化，20世纪五六十年代俯拾即是的题材到了改革开放以后就不适宜了。他认为，在过去中国被封锁、被孤立的年代，国际评论在配合我国外交斗争、揭露敌对势力方面曾起过积极的作用。这些评论基本上是论战型，以犀利见长。随着时代的变化，国际评论不能继续过去那种笔调，而要以心平气和的态度实事求是地分析推理，与对方讨论，以说服对方，争取国际舆论主导权。

题材选定之后，就要考虑如何按照中国的外交政策说明问题，要提出什么论点，达到什么目的。主题越明确，材料的选择、事实的分析、从分析引申的评论、评论层次的安排、标题的制作等方面就越势如破竹。题材有大小，主题有深浅，国际评论就应根据这种层次来决定评论的形式和篇幅的大小。既不可大题小做，也不应小题大做，评论应恰到好处。

原则上，一切国际事务都是国际评论的对象，但说不说，怎么说，还是有政策考虑的。有时不说话本身便是一种评论。

第二个要素是准确性。首先是政策的准确，其次是事实的准确，再次是分析的准确，最后是叙述的准确，这里也包括用语的准确。

第三个要素是思想性。评论不能以就事论事为满足，要通过分析和议论，表达某种思想。

曾任人民日报国际部主任的马世琨在谈到向蒋元椿学习写国际评论时说："出手快是搞评论的基本功。评论是个急活，要练就倚马可待的本领，慢慢腾腾、拖拖拉拉是完成不好评论任务的；评论最讲究分寸感，这除了理论修养和政策把握，驾驭文字的能力至关重要。评论要句子简短，用词严谨，切忌语言花哨和形容词过多；写评论要有激情，作诗与写评论看起来风马牛不相及，其实有很大的共同点，那就是要特别有激情。如果一个人遇事不会激动，爱憎不分明，是非观淡薄，那最好别干这一行。"新闻学的实践性非常强，只看不动笔，一辈子也不会写东西，一个品种写他个二三十篇总可以入门。

此后，在谈到国际评论写作时，他还谈到以下看法：

要做到进一步拓宽评论面。第一，要更加解放思想。要以积极进取和勇于负责的精神去开拓，切忌自捆手脚，自我束缚。除了中央直接掌握和特别敏感的问题之外，都是可以评的，记者的政策水平、理论修养、斗争艺术和写作技巧尤为重要。

第二，要正确处理新闻与外交的关系。新闻要为国家总体外交服务，但新闻不能等同于外交。新闻应运用自身特点的优势，充分发挥作用，记者在采访时可以从政策方面争取外交部的帮助。

第三，评论的重点应做相应转变。以往的评论多是论战性、批驳性的。为适应形势变化，记者应多写些正面论述的评论，解释我国政府的政策思想，分析国际形势中的重要现象和趋势，对具体国际事件进行客观分析。

随着历史发展，中国国际评论的基本使命没有改变，但在操作规程、选题思路、文风等方面已经力求创新和变化。这种变化的一个重要体现是正面阐述中国外交大政方针，全面解读中国在重大国际问题上观点、立场的国际评论增多。"国纪平"是2005年人民日报国际部打造的一个新的评论平台，旨在就具有全局性、宏观性、趋势性的重大国际问题和中国外交政策进行高屋建瓴式的阐述。最初的三篇是《建设和谐世界的两大命题——写在联合国成立60周年之际》（2005年10月24日第一版）、《携手应对全球性挑战》（2005年12月17日第一版）、《中国和平发展和世界共同繁荣》（2006年3月31日第一版）。每篇都是洋洋洒洒四五千字，都是放在一版，尤为醒目。

从近年来一些国纪平文章的标题可以看到这类国际评论的视角：《迎接中拉命运与共的历史新时期——写在习近平主席2016年拉美之行前夕》《让世界经济之水活起来——写在G20杭州峰会召开之际》《究竟谁在破坏国际法——菲律宾南海仲裁案事实与法理辨析》《为中东和平发展注入强大正能量——写在2016年习近平主席首次出访之际》《让亚太梦想绽放新光彩——写在习近平主席出席亚太经合组织第二十三次领导人非正式会议之际》《为全球经济治理注入中国动力——写在习近平主席启程出席二十国集团领导人第十次峰会之际》《开创合作共赢的"黄金时代"——写在习近平主席启程对英国进行国事访问之际》《合作共赢让世界更美好——写在习近平主席出席联合国成立70周年系列峰会之际》《瞩望新型大国关系新航程——写在习近平主席启程访问美国之际》《为世界许诺一个更好的未来——论迈向人类命运共同体》《让万隆精神绽放新的光彩——写在万隆会议召开60周年之际》。

随着时代的变化，各媒体国际评论的品种越来越多。栏目设置更加多样化，人民日报有《国际论坛》，还有《国纪平》《国际随笔》《国际札记》《大千絮语》《经济透视》《科技大观》《五洲茶亭》《人在旅途》《环球走笔》等栏目。新华社和中央广播电视总台也在国际评论方面不断加大力度。

马世琨还谈及评论要更加注重时效性。要改进评论写作，气度要从容，语言要平实，应注意写作技巧。

新华社一位前辈认为国际评论应具有新闻性、说理性、针对性、政治性、鲜明性。

他认为国际评论的任务是：一是运用辩证唯物主义和历史唯物主义的方法，对国际局势的最新发展和国际关系的最新变化做出实事求是的分析和判断，并引导国际社会对这些新发展和新变化有比较清醒、一致的认识，从而掌握对外宣传主动权。二是通过对国际局势和国际事务的分析评论，宣扬本国对外政策主张，为本国外交战略服务。三是国际评论常常是国际关系变化和外交行动的先导。四是声援世界各国人民的正义斗争，替第三世界伸张正义。五是向国际社会说明真相，澄清误解，驳斥谣言。

在谈到国际评论的实践问题时，他说，文章是一字一句写出来的，不是看出来的。这是最简单不过的真理，只适合于勤奋上进的人。只有千古不朽的《红楼梦》，未见流传百世的新闻篇。说法不错，但混淆了文学与新闻的界限与价值。文学的使命是记录生活，新闻的使命是记录历史。新闻与文学两者都是人类的精神食粮。新闻好比一日三餐，文学好比假日旅游，哪个对人类更实际，不言自明。如今许多人书橱里摆满了专供展示的精装四大名著，但每天真正看的还是电视新闻和网络信息。

在论及国际评论时，人民日报国际部原主任黄晴认为，国际评论写作涉及的因素很多：第一，它涉及对基本事实的了解和把握；第二，它涉及事件本身对有关各方的影响和利害；第三，它涉及写作者的眼光、判断、知识结构、历史感等理念因素；第四，它涉及写作者的认同、立场、价值取向等情感因素；第五，国际评论的写作也与写作的社会环境之间有一种互相制约和互相影响的关系。

他认为一篇好的国际评论应有两个特征：一是能充分体现新闻事件的重要性和敏感性。一般来说，国际评论的写作要选择重要或敏感的新闻话题。在国际评论的写作中，话题选择是第一位，也是最重要的工作。有些话题或许是当下的热门，有些话题或许比较冷，不太为人关注，在一些较冷的话题中发现较大的意义和重要性，对作者的功力是一个巨大的考验。对于较热的话题，则需要在纷杂的众多事实中明确主线，阐明事态发展的方向和真正影响所在。对于重大事件的评论，一定要揭示事件本身的内在重要性，在写作中一定要有一种"脉络感"，要写出事情的要点和走向。

重大事件必然具有敏感性。作为中国的国际评论写作者，应该有明确的国家立场，对自己国家的根本利益有清晰的了解。在当前的新闻和信息领域，西方处于强势地位，并在其中融入其价值观和利益要求。因此，中国国际评论在运用新闻信息时要意识到这种情况，首先要争取更多、更全面、更均衡的消息来源，其次要能分辨出信息中的事实因素和主观附加因素，跟中国相关的利害关系要做到心中有数。

二是有独特的思想和文字力量。关于国际评论的独特性，黄晴认为，一篇好的国际评论，要具有某种独特性，言人所未能言，才具有打动人的力量。这种独特性还体现在观点、逻辑、材料、叙述、文风等方面。所谓观点的独特性，就是一种"人人心中有，个个笔中无"的思想，一旦写出，大家能会意于心，恍然大悟。因为新闻是一种精神产品，它既不能太滞后，也不能太超前。太滞后，新闻时效性没有了，评论没有意义了；太超前，不能为世人理解，产生不了共鸣。

至于逻辑和叙述的独特性，这位前辈认为，一篇好的国际评论，或条理流畅清晰，或随意挥洒，形散而神不散。

材料的独特性体现在对新闻材料的组合上。这要求评论写作者对各种材料能充分把握，有较强的联想能力，善于进行内在的逻辑组合，从而使评论具有较强的说服力。

国际评论还应努力形成自己的文风。中国传统政论文章有两个特点：一是简洁，《古文观止》中许多文章不足千字，如高手比剑，绝无多余动作，点到为止；二是在议论中跌宕起伏，文似看山不喜平。

1995年，黄晴在华盛顿任人民日报驻美记者，时值李登辉寻觅各种机会，以个人身份访美。这是一件涉及中美关系和两岸关系的重大事件，作为人民日报驻美记者，黄晴一直密切关注该事件。台湾问题事关中国的领土主权完整，事关中国人民的民族感情，在报道此事过程中，黄晴产生了心里有话、不吐不快的冲动，在李登辉访美快结束时，他写了以下这篇评论。这篇评论后来在1996年获得第一届中国国际新闻奖一等奖。以下为这篇国际评论：

美国两面政策的玩偶

在美国外交政策的制定中，冷战思维和美国独大是两个基本的思想支柱，由此，美国国家安全委员会、国务院、国防部和参众两院外委会合作撰写的《东亚战略调整报告》做出了一个荒谬的结论："10年后（中国）会威胁美国的安全。"

基于这一思想，美国确定了典型的两面政策。一为"积极联系"，以打开中国市场，影响中国的未来走向；一为"多方遏制"，在中国周边投棋布子，在中国内政上搅浑水，等等，就是这一政策的具体体现。李登辉对美国的所谓"私人访问"，恐怕就是美国这种战略棋盘上迟早要动的一颗子。

李登辉对美国这一意向心领神会，近年多次觅机挤进美国。去年他设法在夏威夷停一宿，未蒙恩准，只好躲在飞机里生闷气。但此公涵养不浅，今年再鼓余勇，大撒银纸，以种种小动作介入美国的政治操作，以鼓动美国投下自己这颗子。今年5月，李登辉小志得遂后，雀跃之情，跃然如见。

李登辉的美国之行，从大者说，是罔顾民族大义，以两岸人民的关系前途做个人政治的孤注，甘心做外人在中国搅浑水的棍子；从小者来说，无堂堂之阵，无正正之旗，行状有类掩耳盗铃，亦可悲也。李登辉氏舍积极推进两岸关系的正途不走，是为不明；以鸡鸣狗盗的手法，不尴不尬的身份来美凸现李氏的"国际空间"，是为不智。不明不智，虽小得意，岂能久乎。

李登辉自甘棋子玩偶的角色定位，不免事事由人，稍有忘形之举，即被喊停，而且有苦说不得，只有低首下心之态。此中苦酸，当事人当心知肚明。

人必自侮而后人侮之。中国古代有个石敬瑭，为保其割据的一隅之地而上表称"儿皇帝"，成千古不齿之典。中国现代则有张学良将军，东北易帜，西安兵谏，均出于民族大义，虽一生坎坷，然史存华章。李登辉当择善而从，不要愈行愈远。

饱尝百年辛酸的中国人民已经站起来了，在维护国家尊严和领土完整上是不会有任何含糊的。无论任何方面的压力、横逆或小动作，都不能阻挡中国人民把自己的事情办好，走向繁荣富强之路。这里不妨劝告一下美国的某些当政者，不要总在过时的思维定式里打转，不要再像国防部前部长麦克纳马拉那样20年后写回忆录忏悔，说当年不了解他国的历史文化，不了解他国的国情，结果犯下了追悔莫及的错误。

在写作这篇评论时，黄晴并没有很清楚的架构，冲动之下，就写了出来，但因为她一直跟踪此事，情况较熟，因此评论还是形成了其内在的逻辑。

这篇评论的第一个要点是批评美国两面性的对华政策。在美国工作时，黄晴对美国对华政策的两面性，对美国基于本国利益而玩外交、玩平衡的手法感受良深，因此很自然地将这个问题作为评论的主题。

评论的第二个要点是批判李登辉挟洋自重，谋求"台湾独立"的做法，中国当时已提出和平统一的一系列方针，两岸的政治分歧是可以谈、可以各有保留的问题。事情的关键是国家认同和民族意识的问题。因此，评论从民族大义切入，用历史比拟的方式对李登辉进行批评。

此外，作者对李登辉与美国的关系，李登辉作为美国棋子和玩偶的处境，在评论中也做了一些讽喻式的述评。中国国际新闻奖评委会对这篇评论做了如下评价：

> 1995年6月，美国允许李登辉以"私人身份"访美，这是美国对华政策的一个严重倒退。李登辉访美，是台湾当局推行"银弹外交"的一个突出例证。《人民日报》驻华盛顿记者黄晴以敏锐的洞察力，把李登辉定位于美国对华两面政策的玩偶，这就抓住了美国对华政策和李登辉在美国拓展"国际空间"的种种举动之间的关键结合点。正确的立论为文章奠下了得以尽情发挥的基础。
>
> 李氏访美期间，美国及西方传播媒介对此事竭尽渲染和张扬之能事，似乎这是台湾当局的什么大胜利。作者则从美台相互利用这个角度入笔，把李访美比作美国"战略棋盘上迟早要动的一颗子"，李则以种种小动作介入美国的政治操作，以鼓动美国投下自己"这颗子"，所以，李访美成行不过是"小人得逞"而已。这种分析和结论，即使在西方舆论看来，也是无懈可击的。
>
> 对于李氏"甘心做外人在中国搅浑水的棍子"，充当"棋子玩偶的角色"，作者以生动的比喻和文字，穷形尽相，给予了淋漓尽致的抨击和奚落，并且以石敬瑭和张学良相对比，痛斥及规劝李氏。文中直接针对李氏的三段文字，虽无激烈的言辞，却理趣不凡，耐人寻味。
>
> 文章末段又回到美国的对华政策。它义正词严地表达了中国人民的决心，并且以麦克纳马拉的忏悔为例，劝告美国某些当权者要慎重行事。同规劝李登辉"不要愈行愈远"一样，文章对美国当局也留有余地，未把话说绝。
>
> 文章逻辑清楚，结构严谨，文字生动。不足千字的评论把几个大问题都说清说透了。由此可见，作者在正确立论之后，非常注意字句凝练。

在新的时期，国际评论也担负着分析国际形势中的重要现象、趋势和具体国际事件的使命。

中国已经走进了世界舞台的中央，面临着极为复杂的国际舆论。当此之时，国际评论是讲好中国故事的最强音。这个声音不仅要发，还要发得有理、有利、有节。要表明立场，分析利害。话要说得到位，理要讲得能够令人心悦诚服。获得第二十九届中国新闻奖一等奖的国际评论作品《美国"霸凌"经贸政策吃不开也行不通》在这方面做了有益的尝试。

美国"霸凌"经贸政策吃不开也行不通

美国总统特朗普22日签署总统备忘录，依据"301调查"结果，将对从中国进口的商品大规模征收关税，并限制中国企业对美投资并购。特朗普政府基于错误前提，动用过时的保护主义手段，这种蛮横的做法在国际上既吃不开，也行不通。

首先，美国近期采用的保护主义政策带着明显的旧时代印记，与新世界格格不入，有西方人士直斥其为"霸凌"政策。"301调查"是诞生于冷战时代的单边主义法律工具，它让美国同时身兼"警察""检察官""陪审团""法官""执法官"多重角色，其实质是利用优势贸易地位，强迫贸易伙伴做出利益牺牲。

在1995年世界贸易组织成立后，"301调查"这类单边主义贸易工具已基本退出历史舞台。特朗普政府为削减贸易逆差，强行复活"僵尸"贸易工具，推行"霸凌"政策，无异于将国际贸易"丛林化"。这既是对以规则为基础的国际多边贸易体制的公然蔑视与挑衅，也是对全球经济复苏的严重威胁，遭到包括美国传统盟友在内的主要经济体普遍反对。

其次，不能静态、孤立、割裂地看待对华贸易逆差乃至中美经贸关系。须知，在经济全球化日益加深的今天，中美双边贸易存在于各方依存、密切联动的全球多边贸易体系之中。比如，一部售价1000美元的苹果iPhone X，从全球进口零部件到中国，组装后再出口到美国。不能因为中国挣了几十美元的组装费，就要中国对这1000美元的美中贸易逆差负责。

特朗普政府应该看到，中国对下游消费者美国的贸易顺差，对应的是中国从供应链上游国家的进口项目，其中就包括来自美国企业的进口商品和服务。正如美国商界人士近日指出的那样，对中国输美商品加征关税会伤害那些向中国出售零部件的美国企业。无怪乎诺贝尔经济学奖得主、国际贸易理论专家保罗·克鲁格曼将美中贸易逆差称为"视错觉"。

再次，试图通过"霸凌"经贸政策、单边措施消解美国积年贸易逆差的手段也不会真正起到作用。经济学家们反复指出，美国贸易逆差的根源在于美国消费过度、储蓄率不足等内在结构性问题。

上世纪80年代以来，美国贸易逆差持续扩大，自里根政府以来美国所采取的各种贸易保护举措从未能逆转这一势头。事实上，特朗普政府上台一年多，美国贸易逆差反创下9年来新高。自己得病，却要让别人吃药，这种方法显然没有道理，也行不通。

鉴于美中分列全球头号和二号经济体，两国经贸高度依存，且互有所求，美国不可能在对华挥舞贸易保护主义大棒之后，自身毫发无损。

强迫不成买卖。近40年来，中美两国贸易规模增长了232倍，达到5800亿美元，双向投资累计超过2300亿美元。解决中美经贸关系中的问题，关键在于多做加法，通过扩大彼此市场准入等开放举措，在平等中探讨新路径，在合作中改善不平衡，在共赢中实现和谐共处。

中国从不刻意追求顺差，也对最坏的情况有充分准备。正如外交部发言人华春莹所说，中方不想跟任何人打贸易战，"但如果有人非逼迫我们打，我们一不会怕，二不会躲"。

中美经贸摩擦，既是经贸战，也是舆论战。美国时间2018年3月22日，时任美国总统特朗普宣布依据"301调查"对中国商品加征关税，这是中美关税战的起点。新华社精心策划，在关键时点发出关键之声，成功创设概念、设置议题、引导舆论。

在稿件采写和编辑过程中，记者原创性地将社会学中的"霸凌"概念"嫁接"到经贸问题上，成功设置了能够扩大传播效应的"概念抓手"，不仅扩大了舆论冲击力和传播力，而且还成功将美国政府在经贸问题上长期霸道、惯于恐吓的无理形象突显了出来。

新华社原创"贸易霸凌"概念的稿件被数百家媒体转载，此后，连续播发的十余篇"贸易霸凌"稿件令这一概念迅速普及化。

新华社创设的这一概念与英文中的"bully"呼应，一经提出就被彭博社、路透社、法新社、塔斯社等主要媒体广泛引用，成功在国际舆论场引发反响。

此外，在短短数月内，"贸易霸凌"概念先后被各类媒体、外交部和商务部发言人所引用，并最终为国务院新闻办发布的《关于中美经贸摩擦的事实与中方立场》白皮书采纳——第四部分标题为"美国政府的贸易霸凌主义行为"。

国际新闻写作：评论的光芒

好文章有共性，国际评论亦不例外。前人论诗文写作有"凤头""猪肚""豹尾"之喻，谓"起要美丽，中要浩荡，结要响亮"。国际评论同样需要第一时间的新闻由头、令人心悦诚服的核心观点及一篇"如行云流水，初无定质，但常行于所当行，常止于所不可不止，文理自然，姿态横生""情随境变，字逐情生"的生动文字表述。

国际评论是有感而发，必须言之有物，言之有光，能够照亮自己，照亮所论之事，照亮别人的心灵。简而言之，国际评论应有辩驳锋芒、理性之光、人性之光。

当今世界有诸多国际热点问题，国际新闻工作者必须依据问题的是非曲直，及时表明立场，伸张正义，针锋相对，批驳谬论。

在当今世界的国际舆论场中，中国主流媒体的国际新闻工作者担负着维护中国国家和人民根本利益的使命，也因此负有与各种敌意、成见、偏见斗争的使命，国际评论也因此须有斗争的锋芒。

2021年1月6日，即将卸任的美国总统特朗普的支持者在华盛顿冲进国会大厦，试图向正在进行的国会联席会议施压拒绝承认拜登胜选，导致现场一片混乱，一名女子在美国国会大厦内中枪身亡。黎巴嫩外交官穆罕默德·萨法在推特上说，如果美国看到美国正在对美国做的事，美国肯定会入侵美国，并从美国暴政者手中解放美国。

这是一则国际评论，以其人之道，论其人之身。理要说到点子上。何为说服力，此为一例。

2021年8月，阿富汗变天，塔利班重新夺取政权。民间流行着一个帖子："20年时间，换了4位总统，20 744名美国军人受伤，2461名美军死亡，花费超过2万亿美元，美国成功地将阿富汗政权从塔利班换成了塔利班。"

这也是一则国际评论，锋芒中不乏调侃，言简意赅，切中要害，难怪风行一时。

2014年3月1日，昆明发生一起暴力恐怖袭击事件。我在第一时间写出题为《十足的虚伪与冷酷》的国际评论。以下为这篇国际评论：

十足的虚伪与冷酷

3月1日晚，统一着装的暴徒蒙面持刀在云南昆明火车站广场、售票厅等处砍杀无辜群众，造成29人死亡、100多人受伤。这起暴力恐怖事件突显了犯罪者反人类、反文明、反社会的残暴本质，他们是不折不扣的恐怖分子。

但是，包括美国有线电视新闻网（CNN）、美联社、《纽约时报》、《华盛顿邮报》在内的一些西方媒体的报道阴阳怪气、逻辑混乱，甚至别有用心地挑拨离间。这些媒体一向在反恐问题上叫得最响，但在昆明火车站暴力恐怖事件上的群体性失明与乱语令人气愤。

大量事实充分证明，这一丧心病狂的暴行，是赤裸裸的暴力恐怖犯罪。但一些西方媒体在报道中不愿使用"恐怖分子"一词，并不顾事实真相，混淆黑白。CNN在相关报道中将恐怖分子打上引号，并居心叵测地称此类持刀袭击并非第一次，2010年和2012年也在校园发生过，但并无"政治联系"。美联社在相关报道中加上"官方所称的恐怖分子"这一前缀，《纽约时报》、《华盛顿邮报》等将恐怖分子称为"攻击者"。在讲述事件来龙去脉时，CNN、《纽约时报》、《华盛顿邮报》等无视新疆取得的巨大社会进步，毫不掩饰地挑拨中国民族关系。更有甚者，美联社在选择性引用某受访者的话时，竟声称"应让维吾尔人独立"。

在如此一清二楚的事实面前，这些媒体的表现已经不仅仅是虚伪，而是在偏见的驱使下全然露出一副冷酷嘴脸。你们不是说"人权"吗？你们看到那些倒在血泊中的无辜生命了吗？你们的文字中体现出了哪怕一点点对受害者人权的关心吗？如果这样的事情发生在美国，哪怕死亡人数少得多，你们又将会怎样评判事件性质，你们会如此吝啬使用"恐怖分子"一词吗？

偏见早已成为美国某些人观察中国新疆问题的痼疾。令人记忆犹新的是，就在不久前，美国政府不顾中国反对，将关押在关塔那摩基地军事拘留中心的最后3名中国维吾尔族囚犯移交给了斯洛伐克。这些嫌犯是联合国安理会认定的恐怖组织"东突厥斯坦伊斯兰运动"成员，是地地道道的恐怖分子。而美国的逻辑是，只要这些人不祸害美国，他们就不是美国眼中的"恐怖分子"。长期以来，美国政府一直不愿称疆独分子制造的种种血腥暴力事件为"恐怖主义事件"，转而指责中国的所作所为。美国政府对疆独分子的这一纵容态度无疑助长了其嚣张气焰。在昆明火车站发生的惨剧背后，美国媒体和政府难道不应该做更为深刻的反省吗?!

在恐怖主义及恐怖分子问题上，美国及一些西方媒体所奉行的双重标准实则损人不利己。搬起石头害人，说不定哪天石头掉下来会砸在自己脚上。

《十足的虚伪与冷酷》（刊登于2014年3月3日《人民日报》第三版《国际论坛》栏目）是一篇对重大突发事件做出迅速反应的国际评论。这篇国际评论于第一时间发出后，在国内外引起强烈反响，央视在当天的新闻联播节目中对此进行了播报。该评论为中国赢得舆论支持做出了贡献。

这是一篇倚马可待之作。2014年3月1日这起暴力恐怖事件发生后，人民日报国际部同事立即向我约稿，要求此稿于北京时间3月2日晚间上版，于次日（3月3日）见报。我见到此约稿邮件时已是北京时间3月2日晚间。经过一番分秒必争的高强度工作后，我于当夜及时将此稿传回人民日报国际部夜班同事，保证了《人民日报》在第一时间就这一重大突发事件发声。

倚马可待的基础首先在于胸有全局，是非分明。作为人民日报北美中心分社首席记者，时时刻刻了解、体悟和把握国际、国内两个大局对我而言有着格外重要的意义。这不仅仅是职业需要，更是一份沉甸甸的责任。从每天早上一睁眼到每晚休息前，我都在通过各种渠道跟踪国内、国际各种重大新闻事态的发展变化，这已成为我多年来雷打不动的工作习惯。我在第一时间了解到3月1日暴力恐怖事件的发生，新闻敏感立即驱使我通过各种渠道跟踪其事态发展变化。当国内同事向我发出这一约稿时，我对整个事件早已了然于胸。对于这样一篇分寸感极强的国际评论，立场鲜明至关重要。面对这样一起暴力恐怖事件，我早已义愤填膺，热血沸腾，一旦下笔，便思如泉涌，一气呵成。

倚马可待的基础还在于充分占有资料，论据翔实。这是一篇驳论，它不仅需要犀利，更需要以理服人，要拿出证据。为了完成这篇评论，我在很短时间内使用了两种资源：一是通览、研读了《纽约时报》《华盛顿邮报》和美联社、有线电视新闻网（CNN）等美国主流媒体的相关报道；二是调动了多年来对这些美国主流媒体在中国涉疆问题报道上的观察与思考的积累。这两种资源的运用相得益彰。如果仅仅平铺直叙美国主流媒体此次的报道情况后便开始抨击，势必单薄肤浅。有了对这些媒体多年来所暴露出的偏见、成见的清醒观察和认识，才能力透纸背，一针见血。

这是一篇言简意赅的国际评论。在谋篇布局之中，我运用了层层递进、环环相扣、步步紧逼、举一反三、结尾处戛然而止的笔法。

文章首先用尽可能精简的文字介绍事件并开宗明义，点出其实质是"这起暴力恐怖事件突显了犯罪者反人类、反文明、反社会的残暴本质，他们是不折不扣的恐怖分子"。接着笔锋一转，将目光对准包括美国主流媒体在内的一些西方媒体。在掌握大量事实依据的情形下，我明确指出一些西方媒体的报道"阴阳怪气、逻辑混乱，甚至别有用心地挑拨离间"，随之写下的"这些媒体一向在反恐问题上叫得最响，但在昆明火车站暴力恐怖事件上的群体性失明与乱语令人气愤"一句便是我在调动多年积累的基础上，以子之矛，攻子之盾，并以"令人气愤"明确表明了立场。

接下来，文章以明确的事实指名道姓揭露一些西方媒体如何"不顾事实真相，混淆黑白"。有了前面的事实基础，在接下来的段落中，我在做出了"在如此一清二楚的事实面前，这些媒体的表现已经不仅仅是虚伪，而是在偏见的驱使下全然露出一副冷酷嘴脸"的评判后，接连发问："你们不是说'人权'吗？你们看到那些倒在血泊中的无辜生命了吗？你们的文字中体现出了哪怕一点点对受害者人权的关心吗？如果这样的事情发生在美国，哪怕死亡人数少得多，你们又将会怎样评判事件性质，你们会如此吝啬使用'恐怖分子'一词吗？"此四问也是我调动了自己多年来对美国社会的观察和认识。我曾看到美国在"人权"问题上有着怎样的高调与虚伪，我曾看到美国媒体对其国内不断发生的枪击案有着怎样连篇累牍的报道与评判，我也曾细忖美国媒体对中国类似事件的报道总显"阴阳怪气"的余味。此四问既是有感而发，也是有感而问。经过深入观察后一针见血地质问，其穿透力、说服力和感染力自然强大。

接下来的段落举一反三，批判矛头已经不仅仅是某些美国媒体，而是直指美国政府。我明确指出"偏见早已成为美国某些人观察中国新疆问题的痼疾"，并以此前刚刚发生的新闻事实为强大佐证。十余年来，美国高喊"反恐"，但其双重标准显而易见。我以昆明所发生的暴力恐怖事件为由头，最终直指要害:"美国政府对疆独分子的这一纵容态度无疑助长了其嚣张气焰。在昆明火车站发生的惨剧背后,美国媒体和政府难道不应该做更为深刻的反省吗?!"

我力求将这一评论的结语成为耐人寻味的"豹尾":"损人不利己"的结果便是"说不定哪天石头掉下来会砸在自己脚上"。这种说法令对方不得不听,不得不想,不得不有所反省。后来中国国内再次发生类似事件后,美国国务院发言人的相关表态已有所变化,认为相关事件为"恐怖事件",作案者为"恐怖分子"。

博观而约取,厚积而薄发。深思以融会贯通,一发而击其要害。这篇评论就此进行了新的努力。

国际评论要做到"博""厚""深"。在美国工作时,我曾在诸多场合认真聆听各路所谓著名中国问题专家的高论。他们拿出来的微观数据可能并非子虚乌有,但宏观上却缺乏最为深刻的本质把握,因此在战略研判上便失之偏颇。他们缺乏什么呢?我感到他们中的许多人缺乏一种历史观和对中国基本国情的准确把握。没有这种历史观和对中国基本国情的把握,就很难看懂并准确研判今日中国所发生的一切。

在美国诸多的中国问题专家中,也有几位是能够保持相对客观、公正、理性的。其中一位是美国前驻华大使芮效俭。他出生在南京,对中国兵荒马乱的年月有深刻的记忆,也目睹了中国改革开放所取得的成就,这就使得他在观察中国问题上站得更高,评点时也更加平和、公允。

我曾在美国举办的一个研讨会上注意到,美国前驻华大使尚慕杰在论及如何看待美中分歧时说,如果中国的军机时不时到加利福尼亚近海侦察,美国公众会有何感受?在场美国人闻此言后多默默点头。

国际评论的锋芒在于以理服人,摆事实,讲道理,以其人之道还治其人之身,这样比粗暴的指责更容易被人接受。

除了必要时进行针锋相对的斗争外,国际评论还承担着高屋建瓴、指点江山、解惑答疑的使命。评论,评论,论的是理,这个理要论得令人有茅塞顿开、醍醐灌顶之感,有心悦诚服之效。评论应该具有理性之光。

黄晴的这篇国际评论便有这一特点:

盛极而衰

在人类历史上,每一种文明和国家都不免盛衰相连。衰落的开端往往是从盛世开始的。衰落的原因往往是国家的强大。盛唐的衰亡始于开元天宝。明的衰亡始于万历，这两个时代都是可以用盛世来形容的黄金时代。在欧洲的历史上，盛衰相延也是极为明显。1519年，西班牙的查理五世成为神圣罗马帝国皇帝；同年，西班牙的麦哲伦开始环球航行；科尔特斯建立了西班牙在美洲的殖民帝国。当时西班牙的领地包括西班牙、荷兰、比利时、意大利大部、法国东部、奥地利和新大陆，是名副其实的世界霸主。在仅仅不到40年之后，查理退位，又过了30年，无敌舰队战败，西班牙霸权已是明日黄花。更典型的例子是英国。1815年，拿破仑被流放到了圣赫勒拿岛，英国卧榻之旁的最大宿敌彻底失败，在工业革命中，英国领先一步，成为世界的工厂。而日不落帝国的旗帜也插遍了整个世界。然而，与此同时，英国的衰落也已经开始了。

　　1880年，英国经济被美国超过，1890年，又被德国超过，在一战中，如果没有美国的介入和俄国的介入，英国加法国恐怕也不是德国的对手。此时距拿破仑被流放只有100年。二战之后，英国已不得不仰仗与美国的关系，成了二等国家。

　　世界历史告诉人们，一个国家的盛世，往往是在战胜一个强大的对手后开始的，疯狂的牛市往往是股市崩盘的前兆，而战胜强大的对手却可能是衰亡的开端。竞争是发展的基础，而敌人是鞭策自己前进的动力。

　　后世的历史学家们认为，西班牙的衰亡之源是，从新大陆源源输入的金银使他们不必生产也能购入产品，所以优游度日，无心在工业上下苦功，听任英国成了制造业的中心；英国则是因为殖民地上的过度扩张导致原本友好的英德关系破裂。在殖民地轻易的军事得手使英国对德军的机关枪也贸然进攻，结果创下了一天死亡6万人的纪录。与之相反，后发的国家往往有更强的动力崛起。美国工业大发展之前遭受了美国历史上最惨烈的内战——南北战争，而在拿破仑战争中七天亡国的普鲁士（德国）几十年后成了欧洲第一强国，当时被认为还不会打仗的德国军队几十年后也让一切国家胆战心惊。

　　美国的超级大国地位也许成为它日后衰亡的原因。美国恐怕也看到了一个世纪前英国的教训，现在正忙不迭地寻找敌人，企图把敌人扼杀在襁褓之中。事实上，没有一个国家能长久地保持盛世，衰亡是可以延缓而不可避免的结果。

　　当前美国正处于一个多世纪前英国的地位，科索沃战争和股市狂升充分表现了美国政府和国民对美国实力和未来的自信。可悲的是，这种自信是十分危险的。有人说，美国在20世纪以来政治和经济的胜利标志着21世纪还是美国的世纪，但也许正是这种胜利决定了21世纪不再是美国的世纪。

正如日不落帝国标志着20世纪不再是英国的世纪一样。

以下这篇由金一南撰写的国际评论从美俄两国增加军费谈起，也有令人心悦诚服之效：

由美俄增加军费想到的

10月13日，美参院否决核禁试条约，这是半个多世纪以来，美参院首次拒绝接受一项军控条约。此事震动了美国乃至全世界。

此前，10月3日，一枚在外层空间飞行的弹道导弹于太平洋上空遭到拦截并被摧毁，美国的"国家导弹防御系统"获得重大进展。

10月5日，俄罗斯安全会议批准新版本《俄罗斯联邦国家安全构想》，指出针对俄罗斯的威胁不但没有减弱，反而还在加大，增强核战力和常规战力是当务之急。同一天，美国总统克林顿签署2889亿美元的下一财政年度国防预算，比本年度高出127亿美元，主要用于发展高技术装备，并使军队保持满员。

10月6日，俄罗斯政府总理普京也表示要大幅度提升军费。

10月7日，美国防部宣布调整军事指挥结构，重新规定9大作战司令部的作用任务；新成立的"联合部队司令部"在试验战法和训练部队方面被赋予很大职责。

…………

读着这些消息，使人不禁想起10年前的报纸。冷战结束将近10年，人们眼前飞翔的仍然不是毕加索的和平鸽，黑鸦一般的隐形战斗机在代替它。代替橄榄枝的则是精确制导炸弹。风萧萧，路迢迢，难道这真是人类自身的不归之程？

对于重整军备，不能一概而论。有人是事出有因，譬如俄罗斯。从1993年到1999年，俄罗斯经历了一个相当痛苦的调整过程。它以为北约是"和平伙伴"，大幅度削减西部驻军，北约却利用这个机会，大踏步扩张到了它的家门口；它以为通过集体安全合作和限制大规模进攻能力，就能使军队变成防御性集团，美国却在单方面发展技术优势，力图在各类冲突中占据压倒性地位，打赢两场大规模地区战争。"天真"的俄罗斯曾将军费一减再减，几乎准备铸剑为犁，以致远东战略核部队因为交不起电费被电力公司断电，连边疆的警戒雷达部队都因交不起电费开不了机；同一时间美国空军却在世界各地频频出动，空中作战次数比冷战时期增加100%。

这种反差极大的事态，使俄罗斯终于清醒。如果说俄罗斯调整国家安全战略，重整军备，不过是从理想世界回到现实世界的话，那么美国调整指挥结构，增加军费，就绝对不是想去做与风车搏斗的堂·吉诃德。美国的目的非常明确：保证在下个世纪"独一无二的领导地位"。它的手段也非常明确："武力以及使人相信可能使用武力，对保卫美国重大利益至关重要。"

这就是为什么天下本无事，美国陆军也要以"力量投送"为纲领，向远程投送型部队转变；美国空军也要以"全球到达"为纲领，向空天综合型部队转变；美国海军也要以"前沿交战、由海向陆"为纲领，由深海作战的"蓝色海军"向逼近对方海岸作战的"棕色海军"转变；这也就是为什么苏联垮台了，针对苏联的星球大战计划改换成"国家导弹防御系统"，仍然进行得如火如荼；这也就是为什么美国的防务开支已经相当于英国、法国、德国、俄罗斯、日本、中国6个国家国防开支总和的1.6倍，武器装备数量和质量不但远远甩下了对手，也远远甩下了盟友，国防经费仍然有增无减。1999年美国国会尤其大方，批准的国防预算甚至比克林顿提交的数字还多出了83亿美元。

西方流行一句名言：战争是人类的不幸，但没有战争又是军人的不幸。西方的名言用在西方最合适。美国哈佛大学流行的一则故事为这句名言提供了注脚：半夜总统被人叫醒，被告知美国利益在某处遭到挑战，该总统不管来自共和党还是民主党，第一个反应必定是："我们的航空母舰在哪里？"

人们很难相信美国人的反复表白，说他们很快要陷入孤立主义。它花了那么多钱，养护着那么多装备，拥有那么多海外驻军，什么时候变成了一个不愿多管闲事的孤独者？人们倒是通过其全球性扩张领悟出了另一面：当今世界，主权国家必须强固国防。一支军队若失去军威，一个国家必失去国威。

我在北京颐和园曾屡见这样的场景：中国老人用大毛笔在地上写字，引得诸多外国游客驻足观看。在那里，没有任何人做任何关于中国故事的介绍、宣传，但这些外国友人如铁钉遇到磁石一样在那里观看、拍照。我想，一定是有某种东西吸引住了他们。这些东西又是什么？至少可以说，双方最大的公约数就是，他们都是有血有肉的人，他们有着某种相通的人性。

国际评论还应具有人性之光，是因为当我们肩负着要加强国际传播能力建设，精心构建对外话语体系，增强对外话语的创造力、感召力、公信力，讲好中国故事，传播好中国声音，阐释好中国特色这一重要使命时，归根到底，我们是在做人的工作。

2015年9月22日，习近平主席在华盛顿州当地政府和美国友好团体联合举行的欢迎宴会上说，国家关系归根结底是人民之间的关系。中美两国人民友好交往源远流长。接着，他做出了一个"人"字的手势说："在汉字中，'人'字就是一个相互支撑的形状。中美友好，根基在民众，希望在青年。"国事即人事。纵观习近平主席那次国事访问，以人为本是一突出特点。天下大事，最终还是一个"人"字。

中国提出的"人类命运共同体"概念，已经开始在国际社会得到接受。这一概念已经说明人类是有共同命运的。无论是在欧洲、非洲还是在美洲，小到环境、医疗、教育、住房、安全等方方面面的民生事宜，大到整个世界的和平与发展，人类都有着共同的关切，也因此构成了可以沟通、交流，相互了解、认识和理解的基础。

2012年2月，时任国家副主席的习近平访美期间讲述了"鼓岭故事"。1992年春天，时任福州市委书记的习近平在《人民日报·海外版》看到一篇海外中国留学生的文章《啊！鼓岭》，提到儿时曾在中国生活的美国人加德纳临终前仍不断念叨着"Kuling, Kuling"。加德纳夫人为了找到丈夫一生魂牵梦萦的地方，多次到中国寻访。看了这篇征文之后，习近平当即邀请加德纳夫人伊丽莎白到福州访问，安排她走访丈夫在世时念念不忘的鼓岭。习近平在访美时深情讲述往事，打动了美国民众的心。这件很有人情味儿的事本身也成为讲好中国故事的范例。

国务院原新闻办公室主任赵启正曾说，交流，在本质上应该是人与人之间信息的传递、交换，人或人群可以分别是或同时是发送者、接收者和反馈者。他认为，"communication"这个词被翻成中文后，在学术界和新闻界产生了很大的偏差，使得一些人认为传播就是"communication"的全部含义，减弱了其中交流、沟通、参与的意思，而被更多地理解为一种单向的信息流动，传播又回到了过去那种信息单向流动的宣传模式。

他认为,作为人类最基本活动的交流,其重要性不言而喻,但它却为人们所忽视,没有登堂入室成为学问。实际上人与人之间的信息交流是人与人之间社会关系的直接体现。这种交流传递信息的渠道多,方式灵活,感觉直接,互动性强,效率也高,是一种高质量的传播活动。交流的效果小到只是传递一个信息给对方,或许可以影响一个人的思想或行为,大到可以影响国际关系和一个国家或政府的国际形象。

有效的交流应该是,信息的传递者将自己想要讲的话以接收者容易理解的形式告诉他,在传递信息中也能激发起对方的兴趣,引起对方的关注。要做到这一点,态度应该坚持朴实与诚实,从而建立交流中的信任感。同时,要坚持以人为本的交流原则,在交流中,我们要牢记,我们谈话的对象是人,我们谈论的既是典型的政治、经济、文化问题,也是人和人的活动。

近年来,包括赵启正在内的很多人都在如何讲好中国故事方面做了有益尝试,其中曾任中国驻英国大使傅莹的努力也值得我们学习。

傅莹认为,对外传播要心里装着"人"。沟通和传播是有明确对象的。不论是对外演讲、接受记者采访还是出席国际论坛,对象虽然不同,但有一个基本共同点——面对的都是人,是有思想和各种文化习惯的人。我的体会是,开展国际传播心中始终要装着"人",包括三个渐进的层次:了解、重视和尊重。尊重就是对人的尊重,对人性的尊重。

2016年12月,傅莹在美国纽约大学以"国际行为中'人'的因素"为题进行演讲时,表达过对这方面的一些思考:多年的实践让她观察到,在现代文明环境下,无论是多么富有激情的理念,无论有什么样的道义和目的,对国际行为的最终判断,还是要看它给人和家庭带来什么样的影响。她认为,讲实实在在的中国故事,讲事实,讲数据,讲困难,讲作为,是最有说服力的。毕竟,真实的故事最能打动人、说服人。

据不完全统计,仅2008年和2009年两年间,傅莹在英国媒体上至少发表了8篇文章(不包括公开演讲)。其中,《如果西方能够倾听中国》被认为是傅莹的标志性作品,刊登在2008年4月13日《星期日电讯报》上。

如果西方能够倾听中国

4月6日那天早上,我看着窗外漫天飞舞的雪花,不禁想:今天的北京奥运火炬伦敦段的传递将会怎样?

大约八个小时以后,当第80位火炬手、英国著名中长跑运动员霍尔姆斯手举祥云火炬,跑上千年穹舞台,点燃了圣火盆时,场内4000多名观众一片欢腾。

这一天将以北京和伦敦之间的一次碰撞留在人们的记忆中,这个碰撞火花四溅,充满躁动,中国是首次举办奥运会的发展中国家,而英国则是迎接火炬的第一个西方国家。

在返回机场的大巴上,北京奥组委年轻的女士们,包括前奥运冠军乔,都坚定地认为是全英国的人在跟她们作对。一个女孩说:"这哪里是养育了莎士比亚和狄更斯的国家啊!"另一个说:"英国人的绅士风度到哪儿去了?"我花了很长时间试图说服她们,但从她们潮湿的眼睛中我明白,我没有做到。

我完全理解她们的看法。她们一整天都在车辆间来回穿梭,照应火炬手,鼻子冻红了,双手冰凉,前一天晚上只睡了三个小时的觉,有些人刚刚吃上午餐留下来的三明治。更糟糕的是,她们一路上还要反复经受暴力冲抢火炬的行径。

而我很幸运地坐在后面的车上,有机会看到数万伦敦人顶风冒雪前来欢迎火炬,有挥手致意的老人,也有在风雪中表演节目的演员们。

夜幕降临,看着奥运包机慢慢滑动到跑道上,我不禁想,飞机是否变得更加沉重了?北京奥运火炬全球传递这个艰难的旅程将让13亿中国人民可以更好地认识这个世界,也让世界更好地了解中国。

一个年轻朋友看了BBC对火炬伦敦传递的转播,他在给我的信中写道:"此刻百感交集,有悲哀、愤怒,也有不解。"像他一样,很多人可能从中领悟到,中国融入世界不是凭着一颗诚心就可以的,挡在中国与世界之间的这堵墙太厚重了。

最近,在中国两亿网民中最流行的不仅是有人企图抓抢火炬的场景,更是一些感人至深的场面,例如火炬在巴黎段的传递中,坐在轮椅上年轻纤弱的中国残疾人运动员金晶,用自己的双手和身躯紧紧护住火炬,使冲抢火炬的暴徒无法得逞。中国网民们对一段时间以来,西方一些媒体不惜使用移花接木的手段和来自别国的假照片攻击中国进行所谓"镇压",也感到尤为愤怒。

而在这堵墙的另一边,情况则完全不同。像我这样身处中西方之间的人,不能不对中国和西方国家公众之间彼此印象向两个不同的方向下滑的趋势深感忧虑。

我不禁要问：为什么在涉及中国的问题上，一些媒体的一概而论的随意批评能够被西方公众不加思考地接受，为什么没有人质疑，这样的批评到底涉及哪些具体问题，确切情况如何？为什么一些报道，包括数字，能够在毫无事实依据的情况下连日登载在新闻里面？

那些大声抗议和示威的人里，很多可能从来没有见过西藏。对于中国人民来说，西藏是备受喜爱的一片热土，关于西藏的信息也很充足。每年有四百万游客到西藏观光旅游，过去五年，西藏农牧民收入增长了83.3%。2006年，西藏全区有学校1000多所，在校学生50多万人。西藏有宗教活动场所1780余处，平均每1600人一处，比英格兰地区每3125人一座教堂的比例还要高。西藏也面临复杂的问题，有人让宗教卷入政治，但是一个基本事实是，人民群众衣食无忧，居住条件不断改善，而解决温饱问题正是历届中国政府多少个世纪追求的政策目标。西藏有自己的自然特色，不会像东部城市一样完全工业化，但是它会以符合自己条件的方式，与中国其他地方一样不断取得进步。

我亲身经历了中国逐步扩大的开放过程，一直是改革开放的坚定支持者。

1980年后出生的中国年轻一代成长在国家不断繁荣富强、人民教育水平不断提高、社会自由度不断扩大的年代。在最近事态的冲击下，他们开始对西方世界进行新的集体的反思。我的女儿也是西方文化的爱好者，在我们周末长时间的网上交谈中，她至少问了几十个"为什么"。我深深地感受到她的困惑。很多对西方持有浪漫看法的年轻人，对西方媒体妖魔化中国的企图十分失望，而妖魔化往往会引发相应的反作用。

我衷心希望通过这些事情中国的年轻一代能够对西方有一个更加全面的认识，西方国家仍然是中国改革进程中的重要伙伴。

在西方很多人抱怨中国对媒体不够开放。而在中国，我们则认为西方媒体也应该学会如何努力获得尊重。如果西方媒体能够更加关注和报道今天中国的真实情况，而不是纠缠一些不存在的或者陈旧的问题，这将有助于改善他们的声誉。

我在英国的这一年里，深感外界对中国的报道比80年代中期我在英国留学时多多了。大多数的报道还是贴近中国的实际的。中国也处于信息爆炸的年代。希望西方国家能有越来越多的人能够努力跨越语言和文化的障碍，更多了解真正的中国。

世界曾等待中国融入世界，而今天中国也有耐心等待世界认识中国。

这并非是傅莹在英国媒体发表的第一篇作品。2008年4月5日，她就已经在《泰晤士报》发表文章《奥运会属于我们大家》：

每次看到大昭寺门前磕长头的善男信女，看到藏族老妇人转动着经轮，看到年轻的喇嘛热辩经文，谁又能不感动于他们的虔诚……西藏自从13世纪就是中国版图的一部分，藏族同胞是56个民族的中华大家庭的一员，而我本人也来自其中的一个少数民族。

她发表在《每日电讯报》上的《不能说中国对"能源贪婪"》一文则举了一个国内读者耳熟能详的例子：

在中国西北的甘肃省，有的地方非常缺水，一个村子的农民一辈子只洗三次澡，出生的时候、结婚的时候、死的时候……如果我们不能要求富人放弃洋房、汽车，我们能告诉那些中国农民：你们无权拥有他人拥有的生活吗？中国的使命在于，如何使13亿人都有机会实现他们的梦想，但要以对环境负责的方式来实现。

在新疆爆发"7·5"打砸抢烧暴力犯罪事件时，傅莹采用了一贯的比拟性表达方式：

中国有一支家喻户晓的歌《我们新疆好地方》。歌词说，我们新疆好地方，天山南北好牧场，戈壁沙滩变良田，葡萄瓜果甜又甜。
…………
就像在其他大家庭和多民族地区一样，民族之间有时难免会有误解和摩擦。在中国，我们称之为"人民内部矛盾"，就是说这些问题可以通过协商解决，并非你死我活的斗争……

提起中国的今非昔比，傅莹经常喜欢拿"吃饭"举例。在剑桥大学"中国的发展：和谐与和平演讲"中，傅莹说："我记得一直到上大学的时候，路上碰到老师或者同学，相互的问候语都是'你吃了吗？'但是今天你要是问年轻人'你吃了吗？'他们会反问：'你不会有问题吧？'"

接着，她开始讲述整体："今天，31万个中国家庭拥有超过100万美元的资产，这个数字到2011年还会翻一番。中国城市居民中，每100个家庭拥有153部手机、47台电脑和4辆小汽车。"

紧接着，她说："但中国领导人会告诉来北京访问的朋友们，中国仍是一个发展中国家。中国的人均GDP只有英国的1/18。正如温家宝总理所言，对于一个13亿人口的国家而言，多么小的问题，乘以13亿就会变得很大；多么大的经济总量，除以13亿，都会变得很小。"

傅莹说："我认识到，人类的共同之处远远大于差异，完全可以通过相互接触和交流加深人民之间的精神纽带，而不应在敌对意识形态的面具下相互排斥。这也与中国古代哲学倡导的'君子和而不同'的思想不谋而合。我对普世的人性有了信心。"

对人的观察、理解与认识是我在美国工作期间的着力之处。在多次探访美国"建国之父"华盛顿在弗农山庄的故居后，我从人的角度写了《智者华盛顿》一文。文章首先论及后人的一些做法"或许并非生前力戒张扬的乔治·华盛顿所愿见到"。以下为这篇国际评论：

智者华盛顿

在美国，"华盛顿"是一个常见的地名：除首都华盛顿外，位于美国西北角的州亦取名华盛顿。美国各地以华盛顿命名的县、镇不下40个，有着同样名称的街道更是不计其数。高达169.3米的华盛顿纪念碑是首都华盛顿的标志性建筑，美国早有法规明指华盛顿市内任何建筑不得高于此碑。毋庸讳言，所有这些命名均与美国首任总统乔治·华盛顿有关。而后来人的这些做法，或许并非生前力戒张扬的乔治·华盛顿所愿见到。

华盛顿的伟大既在于他为赢得美国独立和打下建国根基所做出的巨大贡献，也在于他浓烈的平民情怀和朴素智识；既在于惨烈战场上的坚韧威猛，也在于勤政治国中的如履薄冰；既在于时代呼唤中的临危受命，也在于高瞻远瞩的急流勇退。

理解华盛顿一生的最好去处莫过于位于华盛顿市以南20公里外的弗农山庄。在华盛顿67年的人生岁月中，他在这里居住了45年，并最终长眠于此。从弗农山庄出发，华盛顿屡屡承担起浴血中创建新生国家的大任。1775年，43岁的他从这里前往费城出席第二届大陆会议，并被推举担任大陆军总司令，开始书写美国历史上反抗英国殖民压迫的英雄史诗的开篇。1789年4月，57岁的他从这里启程，经过8天的旅途后，在纽约宣誓就任美国首任总统。

华盛顿每每离开弗农山庄时，心情都是如临深渊般沉重，甚至发出"犹如罪犯走向刑场"的感喟。他深知"民众热情如此高涨，合众国的前途又是如此变幻莫测，假使自己尝试失败，势将成为历史罪人"。他也深知，"我走在尚未坚实的土地上，我的所作所为将可能成为以后历届总统的先例"。位于权力巅峰的华盛顿谨言慎行，不务虚名，他拒绝了将自己的头像镌刻在硬币上等多个"有君王之嫌"的建议。当站在历史的十字路口时，华盛顿除了以杰出的政治才干和廉洁自律的个人品行不辱使命外，还以深谋远虑的冷静与淡泊挥去了建国后的诱惑与迷茫。美国独立战争胜利后，有军官上书拥立华盛顿成为"美国的恺撒"，在王冠与共和国的选择中，华盛顿严词拒绝，态度鲜明。1783年12月23日，华盛顿平静地向国会交出了兵权，回到弗农山庄。在担任两届美国总统后，华盛顿再次拒绝权力的诱惑，从而开创了对国家最高权力进行制度约束的先河。中国近代开眼看世界先驱人物徐继畬赞曰："不设王侯之号，不循世袭之规，公器付之公论，创古今未有之局，一何奇也！泰西古今人物，能不以华盛顿为称首哉！"

在返回弗农山庄的路上，华盛顿难掩欣喜："我体会到了一个肩挑重担、精疲力竭的行人，在经过千里迢迢步履艰难的旅行后终于到达终点时的轻松。""我终于成了波托马克河畔的一名普通百姓。在自己的葡萄架和无花果树下乘荫纳凉，听不到军营的喧嚣，也见不到公务的繁忙。我此刻享受着的这种宁静与幸福，是那些孜孜不倦地追逐功名的军人，那些朝思暮想图谋策划不惜灭亡他国以谋私利的政客，那些时时刻刻察言观色以博君王一笑的佞臣所无法想象的。我盼望能独自散步，心满意足地走自己的生活道路。"

在弗农山庄的日子里，华盛顿极尽务农之乐，尽显平常人之心。除身体力行改良土壤、作物轮种等创造性的劳动外，他还要求山庄内的花工了解如何保持花园四时之序，适时播种花籽，掌握温室知识，学习在温床上种植。那时的华盛顿已表现出强烈的环境保护意识。他在写给管家的信中说："一个人尽可以随心所欲地砍倒一棵树，然而，当大地被砍光之后，要想再种树成材则耗时多年。"尽管弗农山庄内树木很多，但华盛顿要求家人不要砍树生火，而用倒下的死树作为木柴，并要求多种植冬青和雪松，以代替弗农山庄的木栅栏。

桃李不言，下自成蹊。乔治·华盛顿是一位勇者、强者，更是一位智者。

2003年，我受美国国务院邀请，作为"国际访问者"访问美国。当陪同人员带领我们参观白宫时，我见到一个小帐篷立在白宫对面。这立即引起我的注意和好奇，便走了过去，和帐篷的主人康妮聊了起来，不经意间挖掘到一个新闻。此后，我到美国常驻之后，又多次对康妮进行采访。

2016年康妮去世后，我撰写了以下这篇国际评论：

康妮走了，留给世界一只和平鸽

1月25日，80岁的康妮在位于华盛顿的女性无家可归者收容所辞世。有人慨叹，也有人窃喜……

她在美国首都华盛顿是一位备受争议的人物。白宫的地址是宾夕法尼亚大街1600号。自1981年以来的35年间，自称住在"宾夕法尼亚大街1601号"的康妮一直在白宫对面坚守和平守夜抗议活动。作为五位美国总统最近的邻居，康妮此举使她获得了"美国历史上时间最长政治抗议者""反核奶奶""示威钉子户"等称谓，也有人将其斥为"愚蠢""有病"。

这个世界本来就有病。恰如皇帝身上那件从未穿上的新衣一样，当有人打破沉默突然喊出一句的时候，不少人对于戳破麻木的直觉竟是很不舒服。

康妮本名康塞普赛昂·皮奇奥托。早年生活的不幸令她对世界的病痛更为敏感。不幸会将一些人压垮，却也会赋予另一些人过人的勇气。康妮从小便是孤儿，将她拉扯成人的祖母过世后，她来到纽约寻梦。在工作、婚姻上接连遭到打击后，又深陷为获得孩子监护权的官司之中。从纽约来到华盛顿，"美国梦"的破灭将康妮一步步从个人不幸带到了视野更为开阔的伸张正义。1981年，她结识并共同参与威廉·托马斯发起的白宫反核和平守夜活动。

寒来暑往三十余载，那个多由硬纸板、塑料布搭就的小帐篷渐成华盛顿一景，也是华盛顿警方及相关机构多年来心头一患。在遭遇了无数次骚扰、呵斥、拆除与拘捕后，康妮没有放弃执着的坚守，其影响渐渐扩大。911事件发生后，康妮及同伴反核、反战、要和平的诉求更加呼应了美国国内反战浪潮，白宫旁"反战守夜人"小帐篷的镜头屡屡成为《华氏911》《宾夕法尼亚大街之启示》等纪录片的叙事内容并受到国际媒体的关注。

自2003年以来，我曾多次在白宫现场与康妮交谈。身材瘦小的她在饱经风吹雨打后面色紫红、粗糙，口中牙齿几近脱落，头上戴着假发。她的身边有一个分门别类、各种语种的资料箱。"你来自中国吗？"在得到了肯定答复后，她举起了用中文写有"世界和平"的标语牌。她说，她为自己的行动牺牲了许多，经受了许多磨难，但这一切都是值得的。

望着眼前这位瘦小的女性，再回头望一眼不远处的白宫，总感到一种反讽的意味。特别是近八年来，入主白宫者曾获诺贝尔和平奖，也曾倡议在华盛顿召开世界核峰会，主张"无核世界"。在经历了伊拉克、阿富汗两场战争后，美国并非不再动武，而是更加隐身。无人机和特种部队的运用更加频繁，核武库的存货则更为高、精、尖。康妮所呼吁的"无核世界"与白宫所谈论的"无核世界"完全是两回事。至近者至远。这位白宫最近的邻居也注定不会成为白宫的座上宾。

多少年来，世界和平一直是人类社会的理想。康妮是一位理想主义者。人们尽可以对她的诉求方式乃至整个人生进行各种各样的解读，但她对世界和平的呼唤终究闪烁着人类良知的光芒。

康妮走了，留给世界一只和平鸽。

人之初，性本善。老祖宗的话还是有道理的。只要国际评论能够从论理、论据、文风等各方面更加以人为本，更加具有人性之光和理性之光，它必然具有更为强大的民心穿透力，也就更能取得良好的传播效果。